戦国時代の表と裏

渡邊大門

東京堂出版

はじめに

戦国時代は長い日本の歴史のなかで、最も人気がある時代です。理由は言うまでもないですが、戦国という争乱の時代において、織田信長《おだのぶなが》、武田信玄《たけだしんげん》、上杉謙信《うえすぎけんしん》といった著名な大名が華々しく戦いを繰り広げたからでしょう。群雄が割拠し、各地で激闘を繰り広げた戦国大名の虜《とりこ》になった人はたくさんいると思います。言うなれば、戦国時代の「表」の話です。

戦国時代には軍記物語や編纂物などの二次史料で、ユニークな逸話がたくさん伝わっています。日本各地には、戦国大名にまつわる逸話や伝承が数多く残っているのです。あるいは、本能寺の変で信長を殺した明智光秀《あけちみつひで》の背後に黒幕はいたのか、いなかったのかのような、日本史上最大のミステリーもあります。興味は尽きません。

ところで、本書は特定の戦国大名の生涯をたどったり、特定の合戦の経過を分析したりするものではありません。また、戦国史上のさまざまな謎を解明すべく、ある事件のこれまでの研究史を紐解《ひもと》きながら新説を提示するものでもありません。言うなれば、戦国時代のあまり表に出ないテーマを中心に据え、解説を試みたものです。つまり、戦国時代の「裏」に焦点をあてました。

第一部では、合戦と支配を中心に取り上げています。個別の合戦を検討したものではないですが、合戦の準備から戦後処理、軍配師、武器、城郭、合戦図、商人、武家家法などをテーマとして選びました。

戦国時代の合戦を主題とした本はたくさんあり、それぞれの合戦の経緯を具体的かつ詳細に記述しています。しかし、合戦の準備から戦後処理などに関しては、一貫して取り上げられることは多くありません。合戦後の死体の処理なども、ご存じない方が多いと思います。商人の役割なども、知らない方が多いかもしれません。

第二部は生活文化を中心に据え、娯楽、宗教、食事、茶道を取り上げました。ちょっと変わったところでは、名前の付け方や温泉の話題も選びました。生活文化はテーマとして地味なので、なかなか積極的に調べてみようという方は少ないと思います。ところが、争乱の時代と言われる戦国時代にも、日常生活があったのは事実です。

本書は戦国時代の裏側を探ろうというものであり、これまでとは違った戦国社会が見えるかもしれません。各テーマはそれぞれ独立していますので、どこから読んでいただいても結構です。知られざる戦国社会の一端を知っていただければ、望外の喜びです。

戦国時代の表と裏　目次

第七章　戦国大名と御用商人

第九章　戦国時代の宗教

189

第一部　戦国時代の合戦と支配

第一章　戦国時代の支配

戦国大名とは

戦国大名とは、非常に定義の難しい存在です。戦国大名という言葉は、戦国時代の史料には現れません。戦前には「分国《ぶんこく》大名」「領国《りょうごく》大名」などと呼ばれていましたが、戦後になって戦国大名という言葉が定着したと言われています。

私たちがイメージする戦国大名と言えば、越前（福井県）の朝倉《あさくら》氏のように一ヵ国を支配する大名、北条《ほうじょう》氏や毛利《もうり》氏のように複数国を支配する大名が思い浮かびます。しかし、最近の研究では、戦国大名という概念や言葉そのものの見直しが進んでいます。たとえば、一郡程度の支配領域しか持っていなくても、自立的な権力体（＝戦国大名）と認知されるようになりました。なお、以下は混乱を避けるため、便宜的に戦国大名という言葉で統一します。

戦国大名の資格としては、裁判権を有し、判物《はんもつ》を発給することが一つの条件でしょう。判物とは将軍・守護・大名の発給する文書で、上位の者より下位へ向かって発せられ、発給者が自ら花押を据えた文書のことを言います。戦国大名は地域の統括者として、紛争解決のための裁判権を有し、分国法《ぶんこくほう》を制定しました。あるいは配下の者に知行を与えることは、非常に重要な意味を持ちました。

戦国大名は城下町を形成して経済発展を促し、検地によって年貢徴収のシステムを築くなど、経済圏を確立することも必要でした。そして、商工業の育成や保護、寺社の所領安堵等を行い、同時に他国からの侵攻に備えて、軍事力の強化に努めたのです。

とはいえ、一律に戦国大名が右の諸政策を実現し得たわけではありません。たとえば、すべての大名が分国法を制定したわけではありませんし、検地もすべての大名が実施したわけではありません。中世的な荘園制に基づく収取機構に拠っていた大名も、少なくありませんでした。軍役の負担についても、明らかになっていない例が多いのです。

戦国大名の出自はさまざまですが、比較的多いのが鎌倉・室町期の守護の出身者でしょう。陸奥の伊達《だて》氏、薩摩（鹿児島県）の島津《しまづ》氏、豊後（大分県）の大友《おおとも》氏、周防（山口県）の大内《おおうち》氏などは、その代表と言えます。戦国大名は守護権を梃子《てこ》にして支配を進めたので、最も近道だったのかもしれません。出雲の尼子《あまご》氏は、山陰地方に実権を握ってから守護職を獲得しました。実態としての守護には意味がなかったのかもしれませんが、形式的には意味があったようです。

守護配下の守護代から戦国大名になった例としては、備前（岡山県）の浦上《うらがみ》氏、越前（福井県）の朝倉《あさくら》氏、出雲（島根県）の尼子氏が知られています。彼らは守護が在京している間に在地で実権を掌握し、大名権力を築き上げたと言えます。また、国人《こくじん》から戦国大名に成り上がった例としては、安芸（広島県）の毛利《もうり》氏、備前（岡山県）の宇喜多《うきた》氏、近江（滋賀県）の浅井《あざい》氏などがいます。毛利氏の場合は、地域の盟主としてほかの国人に推戴された存在でした。

変わり種としては、全くの下地がなかった人々がいます。美濃（岐阜県）の斎藤《さいとう》氏は、父子二代にわたって戦国大名になりました。豊臣秀吉に至っては、一介の百姓に過ぎませんでしたが、織田信長に登用されたことで天下人になりました。異例の存在と言えるでしょう。

家臣団の編成

家臣といっても、種類はさまざまでした。大名家に仕える純粋な家臣もいましたが、いわゆる国《くに》衆《しゅう》レベルで大名に従う家臣もいました。前者は「家中型家臣」、後者は「国衆型家臣」と称されています。「国衆型家臣」は一定領域の支配を任されるなど、自立性の高い家臣でした。

室町時代末期から戦国時代にかけて惣領制（惣領が庶子を統制するシステム）が崩壊し、やがて単独相続制が普通に行われるようになりました。こうした経緯を踏まえて生まれたのが寄親寄子《よりおやよりこ》制で、庶《しょ》子《し》と私的な関係で結ばれた擬制的な主従関係のことを意味します。戦国時代になると、戦国大名は土《ど》豪《ごう》や地侍《じざむらい》まで寄子の対象を拡大し、家臣団へ取り込みました。それは、単に合戦への従軍を求めるだけにとどまらず、寄親が寄子に所領や扶持を与えるまでになっていたのです。

家臣といっても、役割はさまざまです。宿老《しゅくろう》と称された、家中の意思決定に関わる重臣もいました。祐筆《ゆうひつ》は当主の代わりに文書を発給し、大名家の文書や記録を管理しました。大名は多忙であるために自筆で書状を書くことは少なく、多くは祐筆が代筆したのです。検地や訴訟などの実務は、実務に長《た》けた奉行人が担いました。彼らは大名家のさまざまな実務を取り仕切っていたのです。

戦争が勃発すると、軍事に才覚のある者が軍目付《いくさめつけ》に任命され、戦争の遂行に辣腕《らつわん》を振るいました。和睦を結ぶときは、取次《とりつぎ》と呼ばれる交渉人が当主の代わりに交渉を行いました。このように大名家の家臣にはさまざまな役割があり、分担をして領国経営を行ったのです。

家臣の種類と役割

家臣には一門衆や譜代衆などの家格がありましたが、同時にそれぞれに役割が与えられました。宿老とは経験を積んだ年老いた人のことで、宿徳老成の人のことを言いました。もともとは鎌倉幕府の評定衆・引付衆、室町幕府の評定衆を指しており、戦国大名の下では重臣を意味するようになります。宿老は大名の家中で大きな発言権を持ち、一門衆や譜代衆から選ばれました。

惣領家が最も頼りにしたのは、血縁関係のある一門衆（一族衆とも）でした。一門衆とは惣領家の一族・庶子で家臣になった者で、血縁が最も近いため、宿老と称される重臣に登用されることが多かったのです。家中で物事を決するとき、重臣層である一門衆の発言権は大きく、惣領であっても決して無視できない存在だったのです。

譜代衆は最初から大名家家臣として仕えた家柄で、血縁関係のない家臣です。主に検地や裁判などの実務的な面で大名を支えました。なかには、一門衆を凌ぐような勢力を持つ者も存在しました。一門衆と譜代衆は、家臣のなかでも家格が高かったと言えます。

一方、外様衆は仕えていた主君の滅亡、もしくは何らかの事情で主家を離れ、途中から大名家に加わった家臣のことです。譜代衆（古参衆）に対する新参衆を意味します。大名は領土の拡大と共に新しい家臣を登用する必要があったので、外様を新たに家臣に加えました。しかし、譜代と外様の関係が悪化することもあり、家中騒動に発展することもありました。

このように大名は家臣団を編成し、彼らの意見を聞きながら、さまざまな決定を行いました。とはいえ、決して大名が専制的で、自分で好きなように物事を決めたわけではありません。家臣たちの意見は重要で、決して無視できませんでした。家臣の意向を無視した場合、大名が見放されてしまうことも珍しくなく、滅亡の危機に瀕することになります。天正七年（一五七九）、丹波・八上城《やかみじょう》（兵庫県篠山市）の城主波多野秀治《はたのひではる》は家臣から明智光秀に降参することを勧められたにもかかわらず、これを拒否しました。結果、秀治は家臣に捕らえられ、光秀に差し出されたといわれています。

家督の継承も同様で、現当主が自由に後継者を決められたわけではありません。あくまで家臣の同意が必要でした。仮に現当主が家督継承者を強引に決めようとした場合、家臣が別の家督継承者の候補を立てて争うこともあったのです。毛利元就《もうりもとなり》は、当主を務める兄興元《おきもと》の嫡男幸松丸《こうまつまる》の死後、毛利家の家督を継承しました。しかし、尼子《あまご》氏から後継者を招こうとした家臣、あるいは元就の弟相生元綱《あいおうもとつな》を擁立しようとする家臣もいたのです。

検地の実際

戦国大名が領国支配を行ううえで、土地支配は根幹となるものでした。なかでも検地は、領国の財政基盤を形成するうえで、極めて重要だったと言えます。では、検地とはいかなるものなのでしょうか。毛利氏を例に考えてみましょう。

検地とは、戦国大名が支配下の所領を把握するため、百姓の保有する田畑・屋敷地の面積・石高を調査するものです。その調査に基づき、村高・村境などを把握し、年貢高を決定するのです。それらの内容は、検地帳に記載されました。

検地は毛利氏に限らず、駿河（静岡県）の今川《いまがわ》氏、甲斐（山梨県）の武田《たけだ》氏、伊豆（静岡県）の北条《ほうじょう》氏なども実施しました。中国地方では、備前・美作（岡山県）の宇喜多《うきた》氏も実施しています。方法としては、検地奉行が実際に村々に入って測量を行うもの（丈量《じょうりょう》検地）、もしくは村からの申告によるものがありました（指出《さしだし》検地）。実際問題として、広範な領国内をすべて測量し尽くすことは困難だったので、多くは指出検地がベースになっていたと考えられます。

戦国期における毛利氏は、領国全体にわたる検地を実施しておらず、貫高制《かんだかせい》を採用していました。貫高とは、土地に賦課された税額を銭貨の高（貫文）で表したものです。それは収納高を示しており、同時に「何貫文の地」などのように地積を示していたのです。この制度は、貫高制または貫文制《かんもんせい》と称されています。

豊臣政権下で戦争に動員された毛利氏は、軍役賦課に対応すべく検地を実施する必要がありました。こうして実施されたのが、天正十五年（一五八七）から十八年にかけて行われた、惣国《そうこく》検地（天正検地）なのです。この検地では、太閤《たいこう》検地の基準を用いておらず、三百六十歩＝一段（約一㎢）の古制が採用されていたことが明らかになっています。

現存する『打渡坪付帳』によると、面積表示は三百六十歩＝一段の古制に基づいて、大（三百六十歩）・半（百八十歩）・小（百二十歩）制を採用しています。田畠が課税対象となり、田は分米高、畠は分銭高で表示されています。これは原則として田方は米納、畠方は銭納することを意味していたのです。屋敷の記載も確認できますが、大部分は屋敷数しか記していません。

毛利氏は基準升として「京升」を用い、基準銭となる「鍛《ちゃん》」を組み合わせ、銭と米の交換レートを反映した石高換算基準を創出したと指摘されています。最終的に一貫文＝一石という基準となり、それは「石貫制《こっかんせい》」と称されています。こうして毛利氏は「石貫制」を採用することにより、領国全体の所領を石高で表示したのでした。

この検地によって、毛利氏は一定の在地掌握を果たし、さらに領主らの知行替えを行いました。そして、多くの踏出地《ふみだしち》（新たに判明した土地）や上地《あげち》（没収した土地）が判明するなどし、それらは毛利氏の蔵入地《くらいりち》（直轄領）に編入されたのです。一方で、一部の有力国人の知行替えには成功したものの、本領を維持する国人も存在し、必ずしも思い通りにはいかなかったのです。

慶長の惣国検地

毛利氏の惣国検地は徹底したものと言えず、天正二十年（一五九二）に始まる一連の朝鮮出兵では、軍役賦課基準の充足に苦労しました。つまり、各給人《きゅうにん》（知行地を与えられた人）が支配する所領の実態を正確に把握し、それを石高に換算して軍役賦課基準を算出することが喫緊の課題だったのです。慶長二年（一五九七）からその翌年にかけて、毛利氏は再び検地を実施しました。この検地は検地奉行の兼重《かねしげ》和泉守元続《もとつぐ》と蔵田《くらた》与三兵衛尉元連《もとつら》が担当したことから、「兼重・蔵田検地」と称されています。

この検地では三百歩＝一段、三十歩＝一畝《せ》（約百㎡）を採用し、田畠の等級を六段階あるいは九段階に区分し、屋敷も課税の対象としました。また、原則として一地一作人とし、検地帳に耕作地の所持を認められた名請人《なうけにん》が登録されたのです。畠や屋敷は分銭高で表示されています。この検地は太閤検地の原則に従っており、さらに一貫文＝一石という「石貫制」を徹底することで石高表示を可能としたのです。

検地の実施に際しては、兼重・蔵田の検地奉行のほかに、検地の実務担当者がおり、天正の惣国検地のように年寄層が関与することはありませんでした。検地では家臣らの人的な影響も見られず、公平に行われたと言われています。検地の結果、毛利氏領国の総石高が確定し、防長両国の田畠面積は三万七千九百余町歩、石高二十九万八千四百八十石余、物成（年貢）二十一万七千八百九十石余に定まりました。同時に各給人の所領支配を把握することができたのです。つまり、給人たちの中世的な支配構造を解体することに成功したと言えるでしょう。

毛利氏の天正・慶長検地は、これまでの不安定な土地支配から脱却し、領国全体の統一的な知行制を確立し、軍役体系を築き上げた点で評価がなされています。

ところで、太閤検地の実施後、あるいはそれ以前に、武士たちは専業の戦闘集団になったという説がありますが、実際はそうではありません。城持ちの上級家臣は別として、在地性の強い土豪クラスの者は、農作業に従事していたのです。彼らは平時には農作業で汗を流し、いざ戦争になると出陣しました。当時の史料では、自分で耕作することが「手作《てさく》」などと記されています。

太閤検地や刀狩《かたながり》によって「兵農分離《へいのうぶんり》」が進んだと言われていますが、ことは簡単ではなかったとの指摘もあります。在地性の強い土豪たちを城下に集住させることが困難だったからです。検地が行われたとはいえ、実施は不徹底なことも多く、兵と農との分離は即座に達成できたわけではありません。地域の実態に即して、緩やかに行われたのです。実際には「兵農未分離」の状態が長らく続き、完全に達成されるには長い時間を要したと言えます。

岡山城下町の形成

戦国大名が領国を形成するうえで、城下町の形成は不可欠でした。以下、備前・美作の戦国大名である宇喜多《うきた》氏を例に考えてみましょう。

天正十年（一五八二）の宇喜多直家《なおいえ》の歿後、家督を継承した秀家《ひでいえ》は岡山城（岡山市北区）を修築し、やがて城下町の整備に着手しました。岡山城の近くには山陽道が通っており、近くの旭川は瀬戸内海に流れ込んでいました。つまり、岡山城の周辺は陸上、河川・海上の交通の便が非常に良かったのです。

城下町の整備に際しては、いくつかの方針が定められました。文禄二年（一五九三）と推定される秀家の掟書には、次の三点の事項が記されています（「備藩国臣古証文」）。

①天瀬《あませ》（岡山市北区）に侍屋敷を設定し、商人は住んではならないこと。
②商人が家を造る場合は、新町をはじめ、いずれの屋敷に限らず、古い屋敷を取り壊してもよいが、二階建てとすること。
③大河に橋を架けるので、川東に新しい屋敷を造ることを勧め、いずれの給人が支配していても、一軒ずつ請銭《うけせん》（税の一種）を徴収すること。

①と②は、武家と町人との混住を避け、それぞれの住む居住区を定めたもので、当時の城下町によく見られたものです。③は大河に橋を架け、新しい土地に居住空間を築くことを認めていますが、同時に一軒あたりに税を課すとしています。城下町の形成によって多くの人々が集住するのですが、人口拡大に対応した政策と言えるでしょう。

文禄二年（一五九三）の秀家の判物写には、「岡山普請町替」が行われたとあり、城下全域で居住区の再編が行われたと指摘されています（「備藩国臣古証文」）。岡山城下では武家と商家などの身分をある程度厳密に区分し、町割を通して居住区が編成されたのです。また、のちには寺の移動が行われ、寺町が形成されました。

産業政策の実施

宇喜多氏の領国支配に関わる諸政策は、城下町の形成や商業関係にとどまらず、産業や農業の分野でも積極的に実施されました。

秀家は産業振興に取り組んでおり、名産の備前児島《こじま》酒にまつわる史料が少なからずあります。慶長の初年には、さまざまな日記などに「美酒は備前児島酒である」とか「名酒備前児島酒」などと記されています（『鹿苑日録《ろくおんにちろく》』『義演准后日記《ぎえんじゅごうにっき》』）。実際に秀家も、慶長二年（一五九七）に備前児島酒を鹿苑院《ろくおんいん》（京都・相国寺《しょうこくじ》の塔頭《たっちゅう》）に大樽を贈っていることが確認できます（『鹿苑日録』）。このように、備前児島酒は美酒として、京都でも非常に有名であったと考えられるのです。

文禄四年（一五九五）になると、秀家は備前国内の酒造りについて、岡山以外での製造を禁止しています（「黄薇古簡集」）。酒を造りたい者は、岡山で造るように命じており、違反者には処罰を下すことが明記されています。もともと児島酒は、岡山城下に程近い、平井地区（岡山市中区）の清水を使用して造られていました（「吉備前鑑」）。岡山で造る目的は、酒造りの拠点を城下に移すことにより、確実な徴税を行うところにあったと考えられます。

新田開発と治水

秀家は新田の開発、堤防の構築や用水普請にも取り組み、農業のインフラ整備を積極的に行っています。天正十年代の初頭、秀家は児島湾の大規模な干拓事業を実施し、新田村《しんでんむら》を造成しました。それに相当する場所が、岡山県早島町の海岸部です。現在では、通称「宇喜多堤」と称されています。秀家は新田村を造ると、新たな給地として家臣らに給与しました。

秀家は新田村の農業が円滑に進むよう、現在の倉敷市酒津から早島町にかけて、十二ヶ郷用水という用水路の整備を行いました。その起源は平安時代初期に遡るとされ、十二世紀後半に平氏の家人《けにん》・妹尾兼康《せのおかねやす》が大改修を行ったという伝承があります。このうち高梁川《たかはしがわ》の八ヶ郷用水は、倉敷市酒津に設けられた堰から取水が行われ、同市北部・東部および早島町一帯を灌漑する農業用水です。

八ヶ郷とは、灌漑《かんがい》する地域が浜郷、東阿知《ひがしあち》郷、子位庄《こいのしょう》郷、三田《みつだ》郷、西庄《にししょう》郷、五日市郷、二日市郷の八つの郷からなっていたことに由来します。江戸時代になると、二子《ふたご》、松島、徳芳《とくぼう》、鳥羽、中芳《なかぼう》の五ヶ村が加えられました。この酒津堰は、おおむね明応年間（一四九二〜一五〇一）に完成したと言われています。当初の規模は小さく、浜郷だけに設けられましたが、のちに秀家によって規模が拡充されたと伝わっています。

秀家は、倉敷・児島付近に新田を開発し、天正十二年（一五八四）に酒津堰の改修・整備を行いました。これがのちの八ヶ郷用水の基盤となり、農業振興政策の一環となったのです。一連の工事は、宇喜多氏家臣の岡豊前守が担当したと言われています。水の管理には番水制が採用され、既存の水路は定水川と称し、常時給水する特権が認められました。番水制とは、渇水時の灌漑用水配分制度のことで、順番に従って引水することです。

東阿知郷など七ヶ郷に注ぐ水路は番水川と称され、番水制によって配水が行われました。定水川の余った水は浜川用水、倉敷用水、冨久用水を通り、付近一帯を灌漑すると、一部は倉敷川へ注流されました。番水川では、約二週間を単位として番水制が実施されました。その詳細は、天正十三年（一五八五）に成立したという「八ヶ郷始り覚書」に記されています。

石見銀山の開発

全国で戦国の争乱が打ち続くなかで、武器の材料となる鉄などの鉱物資源の確保は、いずれの戦国大名も腐心しました。古くは刀や槍などが主要な武器でしたが、西洋からもたらされた鉄砲は、軍事革命と言うべきものであり、作るには良質な鉄が必要となりました。同時に金や銀などの貨幣価値を持つ貴金属類も重要であり、戦国大名は採掘可能な鉱山を奪取すべく争いました。とりわけ中国山地はそうした鉱物資源の宝庫であり、戦国大名らの注目を集めたのです。ここでは、石見銀山《いわみぎんざん》（島根県大田市）を例にして取り上げます。

戦国期に至ると、日本海をめぐる水運が著しく発達し、東北・北陸や九州の商人が山陰方面を訪れることが多くなりました。商人のなかには、出雲鉄などの鉱物資源を求める者もあったのです。同時に山陰方面各地には、港湾都市が形成され、貿易が活発化する原動力となりました。こうして山陰方面の鉱山開発の契機が生まれたのです。

大永六年（一五二六）、石見銀山は開発されました。開発に関わったのは、出雲・鷺銅山《さぎどうざん》（出雲市）の銅鉱石を買い付けに来た博多商人の神谷寿禎《かみやじゅてい》と山師の三島清右衛門《みしませいえもん》です。寿禎は博多の貿易商として知られていますが、生歿年は不詳で謎の多い人物です。七年後の天文二年（一五三三）、寿禎は吹工の宗丹《そうたん》と桂寿《けいじゅ》を連れて、再び石見銀山に入りました。このとき、銀を精錬するために用いられた技術が灰吹法《はいふきほう》です。

灰吹法とは、朝鮮からもたらされた精錬技術のことです。銀の精錬は、次に示す三段階に分かれて行われました。最初の工程は「鏈拵《くさりこしらえ》」と言い、「要石《かなめいし》」の上に乗せた銀鉱石を金鎚で砕いたあと、水のなかで揺すってより分けます。次の「素吹《すぶき》」という行程では、鉛とマンガンなどを細かな銀鉱石に加えて溶かし、浮き上がる鉄などの不純物を取り除いて、貴鉛《きえん》（銀と鉛の合金）を作ります。最後の「灰吹」の行程では、灰吹床で貴鉛を加熱して溶かし、鉛を灰へ染み込ませることによって、銀だけが灰の上に残るよう分離させるのです。その後、同じ作業を繰り返して灰吹銀の純度を上げました。

当時の最新技術である灰吹法を用いることによって銀の純度は上がり、産出量も飛躍的に上昇しました。それは国内というレベルにとどまらず、東アジア最大の規模を誇りました。当時、石見銀山は世界第二位の規模で、世界の銀の三分の一を産出していたと言われています（世界一位は、メキシコのポトシ銀山）。つまり、質量共に世界的な規模を誇っていたのです。

分国法の制定

戦国大名は、領国支配を行うために分国法《ぶんこくほう》を制定しました。分国法とは戦国大名が領域（分国）支配・統制を実現するために制定・発布した法典のことで、分国および家臣団統制の基本法として、恒久的効力を持つ集成法です。戦国家法などとも称されます。分国法を大別すると、家臣団統制のための法と、領国支配のための民事・刑事の法に二分されます。なお、家訓は家の存続と繁栄を願って親が子孫に残した訓誡《くんかい》のことで、厳密には分国法に分類されません。

戦国大名は必要に応じて、随時個別法を制定していましたが、やがてそれらをベースにしながら分国法を制定しました。制定に際しては、鎌倉時代に制定された武家の基本法典「御成敗式目（貞永式目）」などの武家法を継承し、そのほかに相互規制を目的とした一揆契状《いっきけいじょう》などの在地慣習法、一族や子孫を対象とした家訓なども参照されています。次に「御成敗式目」について触れておきましょう。

「御成敗式目」は、貞永元年（一二三二）七月十日に制定された鎌倉幕府の基本法典です。全文は五十一ヵ条で構成されており、「貞永式目」「関東式目」と称されることもあります。執権北条泰時《しっけんほうじょうやすとき》の提起により、評定衆のなかでも法律に詳しい知識を持った矢野倫重《やのともしげ》、佐藤業時《さとうなりとき》、斎藤浄円《さいとうじょうえん》、太田康連《おおたやすつら》らが中心となって検討し、最終的に評定衆の合意を得て制定されました。なお、五十一ヵ条の制定後、追加法が必要に応じて制定されています。

関東では律令《りつりょう》や公家法とは異なり、平安時代末以来の東国武士の間の法慣習を基礎とする武家独自の法秩序がありました。鎌倉幕府の初代将軍源頼朝《よりとも》は独裁的な権力によって、それらを「右大将《うだいしょう》家《け》の例《れい》」として定着させたのです。しかし、承久二年（一二二一）に勃発した承久の乱後、幕府支配圏の拡大によって、御家人と荘園領主などとの紛争が問題となり、幕府支配を安定させる必要性から「御成敗式目」が制定されたと言われています。

「御成敗式目」の根本的な考えは、「道理」という理念に集約されます。「道理」は武士の正義感をもとに、裁判担当者の公正な観念によって具体化されるもので、定義が難しい概念でもあります。「御成敗式目」は律令や公家法、本所法《ほんじょほう》（荘園を支配するための法）を否定しないのですが、幕府支配圏においては排除しているので、その優越性が明らかと言えます。「御成敗式目」は、その後に制定された武家法に大きな影響を与え、分国法もその例外ではないのです。

『今川仮名目録』のように室町幕府の権威を否定するなど、分国内における独自の公権の確立を高らかに宣言したものもあります。むろん、分国法を編纂せず、毛利氏などのように個別法令の制定によって対処した戦国大名も存在しました。どちらかと言えば、持たない戦国大名のほうが多かったのです。関東を広く領有した北条氏も独自の分国法を持たず、「国法」という領国内の基本法規があったと指摘されています。

ただし、単行法令は別として（判決が出ているので）、「『今川仮名目録』の第○条に基づき、このように判決します」といった文書はほとんど残っていません。あるいは、史料上で分国法の規定を守っていることをうかがわせる記述も乏しいと言えます。したがって、分国法は、単に政治理念や方向性を示しているという性格も色濃く見えるのです。

官位と官途の意味

官位とは、律令制下の官職と位階（官僚の序列）の総称のことを言います。律令制の施行に伴い、中央には二官（太政官《だじょうかん》）・（神祇官《じんぎかん》）と八省（中務省《なかつかさ》・式部省《しきぶ》・治部省《じぶ》・民部省《みんぶ》は左弁官局《さべんかんきょく》、兵部省《ひょうぶ》・刑部《ぎょうぶ》省・大蔵省《おおくら》・宮内省《くない》）を中心とする官職が置かれました。また、地方には国司《こくし》などが設置され、これを官と称したのです。

律令官人制機構では、位階による官人の序列と、機構における官職の位置との対応関係がありました。これを官位相当制と言います。たとえば、太政大臣になるには、正一位《しょういちい》または従一位《じゅいちい》という位階が必要となるなどです。鎌倉時代において、源頼朝は御家人が朝廷から直接官職を授けられることを禁じました。基本的に頼朝が推挙することとし、以後も基本的にこのスタイルが継承され、叙位任官も幕府による御恩の一つとなったのです。

室町幕府においては、一般的に叙位任官（叙任）は次のような手続きを踏まえて行われました。叙任を希望する者は、窓口である室町幕府の官途奉行に申請を行います（申請先には例外があります）。申請は官途奉行から、叙任の概要を記した文書（挙状《きょじょう》など）を添えて、朝廷の叙任を担当する職事《しきじ》（弁《べん》官《かん》・蔵人《くろうど》）へ伝えられました。

叙任の件は、職事から上卿《しょうけい》（業務を指揮する公卿）を経て、さらに外記局《げききょく》（除目・叙位などの儀式を執行する職）に詳細が伝えられました。そして、口宣案《くぜんあん》という辞令書、位記《いき》（位階を授けるときに与える文書）または宣旨《せんじ》（天皇の命令書）を作成します。口宣案などは職事から幕府を経て、申請者に届けられました。その後、申請者は相応の謝礼を幕府や朝廷に届けて完了です。

右の手続きが正式なものですが、戦国時代になると簡素化されました。それよりも重要なことは、申請して官位を獲得する例よりも、私称する例のほうが多いということです。それは、おおむね室町幕府の三代将軍足利義満《あしかがよしみつ》の時代から顕著になると言われています。つまり、多くの武将は正式な手続きを踏まえず、勝手に「播磨守」などと名乗っていたのです。

官位相当制

	貴族（上級官人）												
	貴《き》				通貴《つうき》								
	正《しょう》一位・従《じゅ》一位	正二位	従二位	正三位	従三位	正四位 上	正四位 下	従四位 上	従四位 下	正五位 上	正五位 下	従五位 上	従五位 下
神祇官									伯				大副
太政官	太政大臣	左大臣	右大臣	大納言	中納言		参議			左中弁 右中弁	左小弁 右小弁		少納言
中務省						卿				大輔		少輔	侍従
他の七省							卿				大輔 大判事		少輔
衛府					大将				中将	衛門督	少将	兵衛督	衛門佐
太宰府					帥					大弐			少弐
国司												大国守	上国守

※正六位以下の下級官人は省略。

むろん、それはあくまで私称なので、周囲からそう認識される必要がありました。極端に言えば、太政大臣などと私称しても無視されるだけなので、ほどほどの相応しそうな官途を名乗っていたようです。

戦国時代の官位申請

戦国時代に至ると、幕府を経ずに、直接、朝廷に官位を申請する例が急増します。それは、室町将軍が畿内の争乱によって京都を離れる期間が長くなったからでした。一方で、朝廷では財政が窮乏化するという苦しい台所事情もあり、大名からの礼金を目当てにして、官位を売る事例が頻繁に見られるようになります。しかし、大名の格はさすがに考慮されたようで、地方の武将が身分不相応な官途を申請するなど、著しくバランスを逸する場合には拒否することもありました。それは、室町幕府も同じです。

陪臣《ばいしん》（大名の家臣）は、原則的に正式なルートによって任官されることはありませんでした。ところが戦国時代になると、大内義隆《おおうちよしたか》の家臣や織田氏（守護の斯波《しば》氏の家臣）が正式な手続きを踏まえて任官されるようになります。ただし、これは例外的な措置と指摘されています。

近年、ホットな論争を巻き起こしたのは、受領官途《ずりょうかんと》（三河守など）を大名が得ることによって、領国支配を円滑に行ったり、対外的に優位に立ったりする効果があったのか否かという問題です。これを在国受領の在地効果説と言います。従前、戦国時代の官途は、あまり意味がなく空名であると言われてきたのですが、そのような通説に対する問題提起でもありました。

官途の実利的な効果の例としては、織田信秀《のぶひで》と今川義元《よしもと》の三河守、あるいは大内義隆の太宰大弐《だざいだいに》、筑前守、伊予介があります。ところが、右の事例については、受領官途の在地効果を検証するに際して過大評価、もしくは不適当であると指摘されています。また、播磨国守護の赤松《あかまつ》氏が隣国の官途（美作守、備前守）を名乗ることによって在地効果があったという説もありましたが、そもそも基づいた史料が二次史料など不適切なもので、現在では完全に否定されています。

ちなみに、受領官途と支配する国との関係は考慮されているのか、という問題がありますが、それは特に関係がないようです。受領官途と支配する国は、一致する例もありますが、関係ないものが少なくありません。たとえば、羽柴（豊臣）秀吉は筑前守を名乗っていましたが、別に筑前国支配に関わっていたわけではないのです。

官途は受け取る側が何らかの効果があると思い、有効的に支配を進めるための名分に過ぎないのかもしれません。支配される領民やほかの大名がどう受け取るのかは別の問題といえ、そのことを史料に基づいて実証するのは極めて困難なことなのです。

〔主要参考文献〕
木下聡「戦国期の武士と官途」（渡邊大門編『真実の戦国時代』柏書房、二〇一五年）
黒田基樹『百姓から見た戦国大名』（ちくま新書、二〇〇六年）
黒田基樹『戦国大名　政策・統治・戦争』（平凡社新書、二〇一四年）

鈴木将典「戦国・織豊期の検地」（渡邊大門編『真実の戦国時代』柏書房、二〇一五年）
長澤伸樹「戦国時代の都市・流通政策」（渡邊大門編『真実の戦国時代』柏書房、二〇一五年）
西島太郎「戦国大名論」（渡邊大門編『真実の戦国時代』柏書房、二〇一五年）
平野明夫「戦国大名の分国法」（渡邊大門編『真実の戦国時代』柏書房、二〇一五年）
堀越祐一「戦国・織豊期の家臣団編成」（渡邊大門編『真実の戦国時代』柏書房、二〇一五年）

第二章　室町幕府と天皇・公家

室町幕府の開創

室町幕府を開幕した足利氏《あしかが》は清和源氏《せいわげんじ》の流れを汲む名門で、前九年・後三年の役で勇名を轟かせた、源義家《よしいえ》の孫義康《よしやす》が足利氏の祖とされています。名字の地は、下野国足利荘（栃木県足利市）ですが、同じ足利氏には藤原秀郷《ふじわらのひでさと》の流れを汲む一族もあるので注意が必要です。

義康の妻は源頼朝《よりとも》の母の妹で、鎌倉幕府の設立に寄与しました。子息の義兼《よしかね》の妻も北条時政《ほうじょうときまさ》の娘で、代々にわたって幕府と強い繋がりを有していました。それゆえ、足利氏は三河（愛知県）・上総国（千葉県）の守護に任命され、各地に所領を有するなど、有力な一族だったのです。ちなみに、室町時代に台頭する細川《ほそかわ》、畠山《はたけやま》、斯波《しば》などの諸氏は、いずれも足利氏の流れを汲む一族です。

足利尊氏《たかうじ》が誕生したのは、嘉元三年（一三〇五）です。父は貞氏《さだうじ》、母は上杉清子《うえすぎきよこ》です。最初は高氏と名乗っていましたが、のちに後醍醐《ごだいご》天皇から諱《いみな》（「尊治《たかはる》」）の一字を与えられて尊氏と名乗りました。元弘元年（一三三一）に後醍醐天皇が打倒鎌倉幕府の兵を挙げると、尊氏は呼応して挙兵し、建武《けんむ》政権の樹立に貢献します。しかし、独善的な建武政権の政策は広く受け入れられず、窮地に陥りました。

建武二年（一三三五）、尊氏は突如として後醍醐に反旗を翻し、翌三年（一三三六）一月には入京を

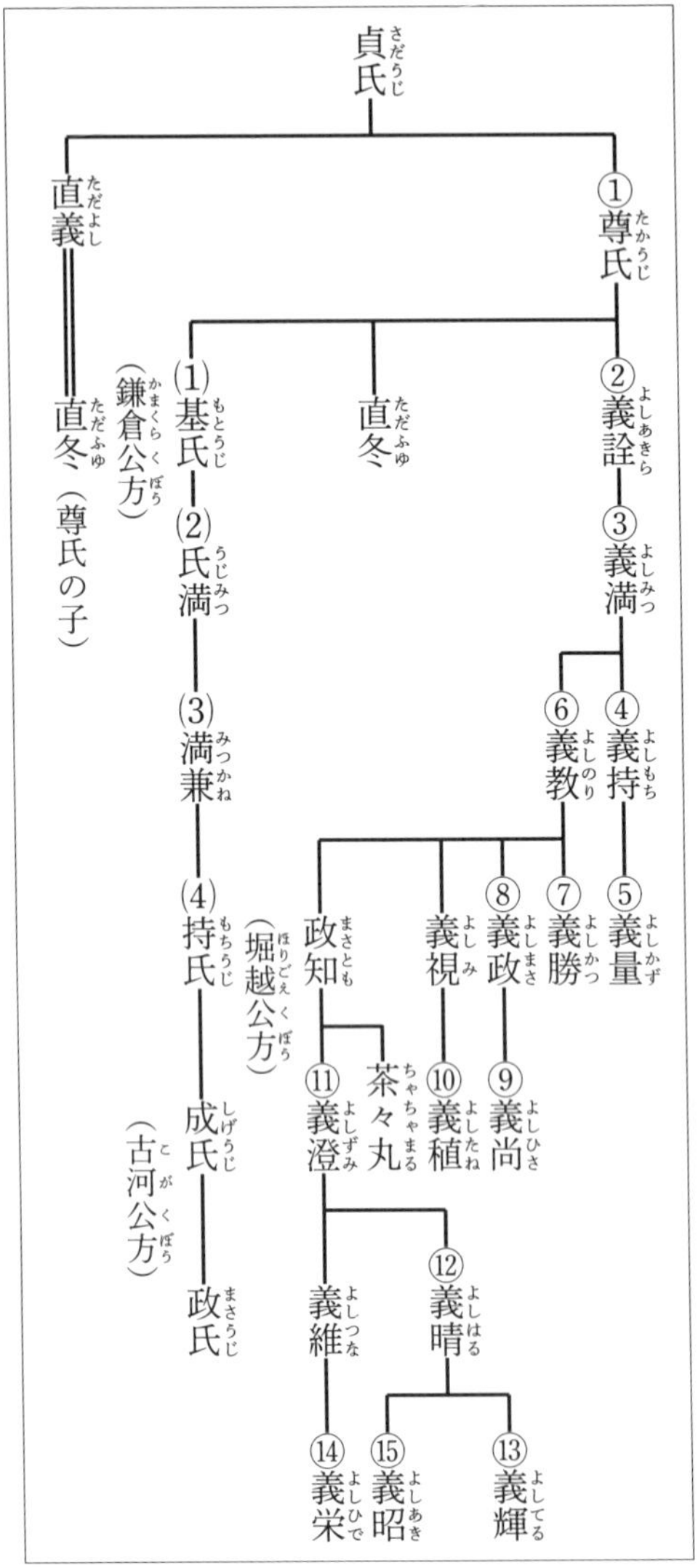

‖は養子関係　○数字は将軍就任順　( )数字は鎌倉公方

足利氏略系図

果たしました。敗れた後醍醐は比叡山《ひえいざん》に逃亡し、室町幕府が誕生しました。同年十一月に尊氏が制定した「建武式目」は、幕府の施政方針を示したものです。なお、尊氏が正式に征夷大将軍に就任したのは、暦応二年（一三三九）のことです。

その後、尊氏は北朝を支持し、南朝の後醍醐と死闘を繰り広げました。しかし、事態は尊氏の思い通りに進まず、弟直義《ただよし》との確執（観応の擾乱《かんのうのじょうらん》）や、南朝の激しい抵抗に遭うなど、たびたび苦境に陥りました。戦いが全国的に広まるなか、尊氏は延文三年（一三五八）に京都で病死しました。死因は、合戦で受けた背中の矢傷による腫物だったと伝わっています。以後、義詮《よしあきら》、義満《よしみつ》、義持《よしもち》、義量《よしかず》、義教《よしのり》、義勝《よしかつ》を経て、八代将軍義政《よしまさ》の代に戦国時代へ突入するのです。

室町幕府の組織

室町幕府の組織に触れておきましょう。管領《かんれい》は幕府における政務の最高責任者として、将軍を補佐した職です。開幕当初には執事《しつじ》という職があり、高師直《こうのもろなお》や仁木頼章《にっきよりあき》、細川清氏《きようじ》ら足利一門の人々が任命されました。管領は細川《ほそかわ》、斯波《しば》、畠山《はたけやま》の三家が担当し、三職《さんしき》、三管領と称されました。

政所《まんどころ》は幕府、将軍家の財政を管理し、政所沙汰（債権や動産物権関係の訴訟）を担当しました。二階堂《にかいどう》氏（のちに伊勢氏）が執事に任命され、二十名内外の寄人《よりゅうど》を統轄しました。問注所《もんちゅうじょ》は裁判機能を早い段階で失い、記録の保管を担当していましたが、実際は文書の真偽を判定するくらいの権限しかなかったと言われています。執事は、町野・太田の両氏が担当しました。

室町時代中期の幕府機構略図

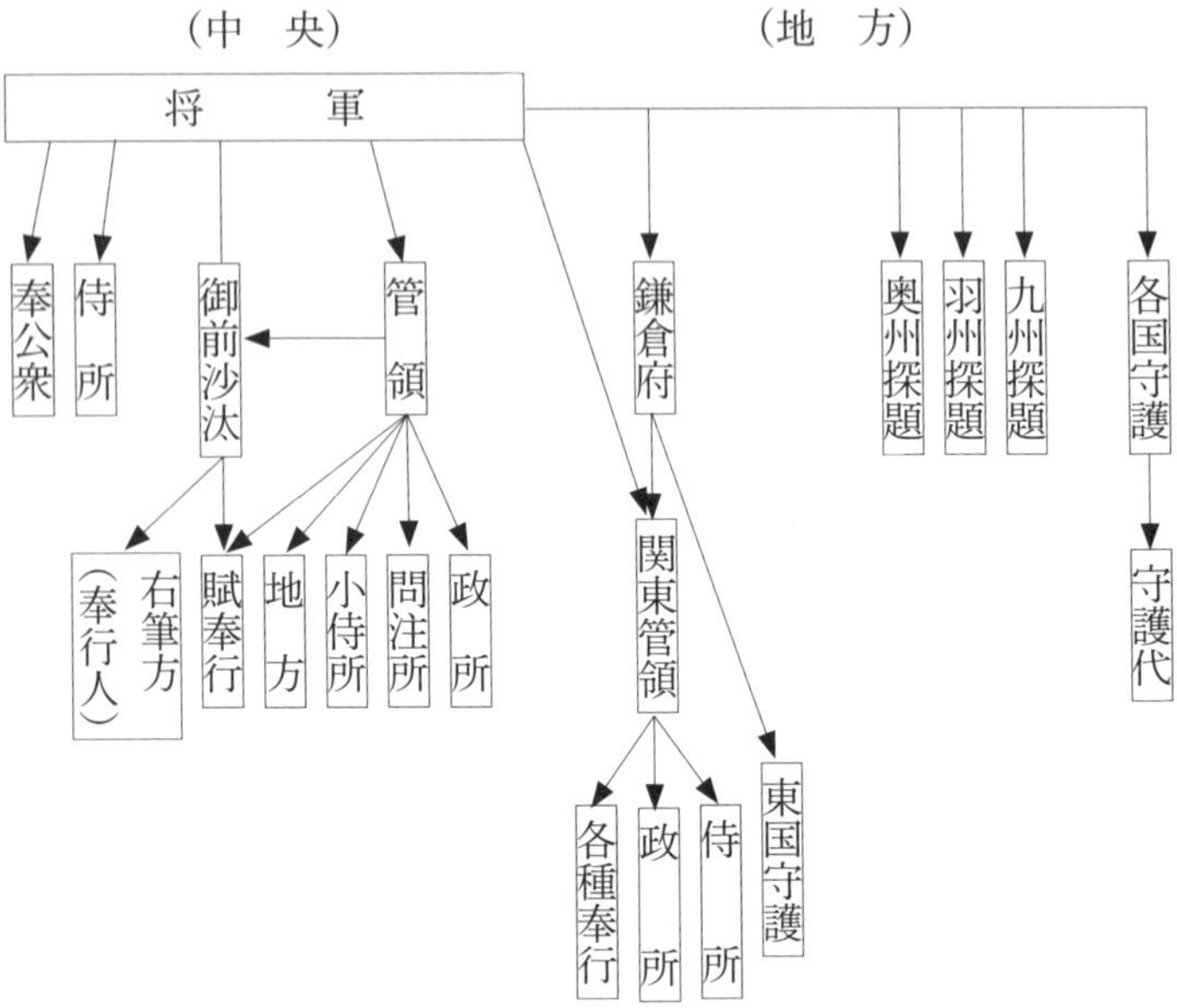

もともとの侍所《さむらいどころ》の職務は、合戦後の戦功認定でした。十四世紀後半頃、検非違《けびい》使庁《しちょう》が管轄した京都市中の治安・警察・民事裁判などの権能を吸収し、京都の市政機関になり、侍所所司《しょし》（長官）は山城国守護職を兼ねました。赤松、京極《きょうごく》、一色《いっしき》、山名《やまな》の四家が所司を担当し、四職《ししき》と称されました。

室町幕府が鎌倉に設置した地方行政機関として、鎌倉府があります。鎌倉府の統轄した国は、義詮・基氏《もとうじ》時代は十一ヵ国（伊豆、甲斐、信濃、相模、武蔵、上野、下野、上総、下総、安房、常陸）でしたが、のちに信濃が室町幕府の管轄となり、代わりに陸奥、出羽両国が鎌倉府の支配下に入りました。鎌倉府は鎌倉公方《くぼう》と関東管領（鎌倉公方の補佐役）を中心として、各国の守護を通して統治を行いました。成立当初は軍事権だけを保持していましたが、観応の擾乱頃から統治権を強め、やがてその権限は警察権や土地支配権などにまで広がるのです。

　このほかの地方行政機関としては、陸奥国を管轄した奥州探題《おうしゅうたんだい》、出羽国を管轄した羽州《うしゅう》探題、九州を管轄した九州探題がありますが、おおむね応仁・文明の乱を境に形骸化していきました。

　幕府の財政は御料所《ごりょうしょ》（直轄領）から賄われ、将軍の直臣（奉公衆など）たちが管理していました。しかし、主要な財源はほかにもありました。幕府は京都市中の商工業者を支配下に置き、酒屋や土倉《どそう》（高利貸し業者）から納銭方《のうせんかた》を通じて多額の役銭（税の一種）を徴収していたのです。また、日明《にちみん》貿易の利益も貴重な財源でした。御所の造営や大規模な仏神事の際には、諸国に段銭《たんせん》や国役《くにやく》などの臨時税を賦課しています。

　守護は各国に配置されました。守護は刈田狼藉《かりたろうぜき》（他者の知行する田畑の作毛を実力で刈り取る行為）や使節遵行《しせつじゅんぎょう》（室町時代に幕府の命を受けた守護や守護代が守護使や遵行使を現地に派遣し、幕命を執行すること）を行使し、裁判権の一部を管轄しました。

　その後、守護は闕所地宛行権《けっしょちあてがいけん》（国内の闕所となった所領の自由な処分権）、守護請（定量の収納と引き換えに所領の実質的支配権の獲得）や半済《はんぜい》（所領の収納物の半分を割り取ること）などの権限も獲得し、国衙《こくが》（各国の政庁）の機能を吸収するなどして、広範な行政権を獲得しました。

　関東、九州などの地域を除き、守護は在京する義務が課せられたので、現地の支配は守護代に任され、さらに国内の各郡には郡代《ぐんだい》が置かれました。そして、守護のもとには、訴訟などの案件を処理する奉行人《ぶぎょうにん》がいました。

応仁・文明の乱の勃発

七代将軍足利義勝《あしかがよしかつ》の死により、家督を継承したのは弟の義政《よしまさ》でした（初名は義成《よししげ》）。当時、義政はわずか八歳の少年に過ぎなかったので、細川持賢《ほそかわもちかた》、畠山持国《はたけやまもちくに》、山名持豊《やまなもちとよ》（宗全《そうぜん》）ら重臣のサポートを必要としました。実際に義政が征夷大将軍の職に就いたのは、文安六年（一四四九）のことです。義勝の死後、しばらくは実質的に将軍不在の期間が生じていたのです。

義政は若くして将軍になったものの、その前途は多難でした。義教《よしのり》の時代には各守護家の家督継承に介入したのですが、そのツケが回ってきて、守護家のなかには家督をめぐる紛争の収拾がつかない家が続出したのです。畠山氏や斯波氏などの有力守護がその状態にありました。関東でも永享の乱以降の争乱が決着せず、混乱の状態が続いていました。つまり、幕府権力が衰退し、国内の統制がほとんどできなかったのです。

同時に幕府内においても、義政の存在は軽んじられる傾向にあり、母の重子《しげこ》、乳母の今参局《いままいりのつぼね》らが政治的な実権を握っていました。特に、影で政治を操った今参局、烏丸資任《からすますけとう》、有馬持家《ありまもちいえ》の三人は、共に「ま」の字が名前につくことから、「三魔」と称されたほどです。義政は、主導権を十分に発揮できなかったと言えます。

康正元年（一四五五）、義政は日野富子《ひのとみこ》と結婚しましたが、これが悲劇の始まりでもあったのです。

富子は兄の勝光《かつみつ》や政所執事の伊勢貞親《いせさだちか》、そして蔭涼軒主《いんりょうけんしゅ》の季瓊真蘂《きけいしんずい》らと幕政に関与したため、さらに義政は政治に意欲を失うことになります。寛正二年（一四六一）には寛正の大飢饉が起こりましたが、義政は梅津（京都市右京区）に山荘を造営し、後花園《ごはなぞの》天皇から戒められることがあったくらいです。

義政には実子がいなかったので、寛正五年（一四六四）に弟の義視《よしみ》を養子に迎え、後継者にする心づもりでした。しかし、その翌年に実子の義尚《よしひさ》が誕生すると、事態は急変するのです。やがて、有力守護家の家督騒動に将軍家の家督騒動が連動し、応仁元年（一四六七）に応仁・文明の乱が勃発します。当初、戦いの舞台は京都でしたが、のちに戦火は地方に広がっていきました。この間、義政は戦争の終結に消極的で、戦乱は十年の長きにわたったのです。義政は東山《ひがしやま》に山荘を造営し、東山文化という独自の文化を生み出しましたが、政治的手腕はほとんど評価されませんでした。

征夷大将軍の地位は義尚に譲りましたが、義尚は延徳元年（一四八九）の近江六角《ろっかく》氏討伐の最中に鈎《まがり》の陣（滋賀県栗東市）で病歿しました。そして、息子を亡くし、失意のどん底にあった義政も、翌年にあとを追うようにこの世を去ったのです。義政の失政は後世に影響を及ぼし、世は本格的な戦国時代へと突入しました。

明応の政変の勃発

延徳元年（一四八九）と翌年に義尚と義政の父子が相次いで亡くなると、幕府は迷走を続けます。それは、本格的な戦国時代の到来を告げるものでした。

義尚の死後、義政が将軍職に復帰しましたが、義政が亡くなったあとは義視の嫡男義稙《よしたね》が跡を継ぎました。日野富子の推薦があったのは、誠に皮肉な話です。義稙は初名を義材《よしき》といい、さらに義尹《よしただ》、義稙と改名しました。当初、義稙は義尚の遺志を引き継いで延徳三年（一四九一）に六角氏討伐を敢行し、同時に将軍権力の強化に腐心しました。

明応二年（一四九三）、義稙の立場を揺るがす大事件が勃発します。同年二月、義稙が畠山基家《もといえ》を討伐すべく河内（大阪府）に出陣した際、細川政元《ほそかわまさもと》が日野富子と結託してクーデターを起こし、現職の将軍義稙を排斥したのです。代わりに新将軍に擁立されたのは、堀越公方《ほりこしくぼう》の足利政知《まさとも》の子息義澄《よしずみ》でした。義澄も清晃《せいこう》（法名）、義遐《よしとお》、義高《よしたか》と何度も改名しています。義稙は河内で捕らえられ、翌年には越中（富山県）へと逃れました。

その後、義稙は越前（福井県）の朝倉《あさくら》氏を頼ったり、周防（山口県）の大内《おおうち》氏のもとへ逃れるなどしましたが、将軍職に復帰することができませんでした。しかし、永正四年（一五〇七）、仇敵の細川政元が暗殺されると、翌五年（一五〇八）に大内義興《よしおき》の助力を得て入京を果たします。そして、義澄を追放し、念願の将軍職に返り咲いたのです。義稙を支えたのは細川氏と大内氏でしたが、永正十五年（一五一八）に義興が周防に帰国すると、再び義稙は窮地に陥りました。

大永元年（一五二一）、義稙は細川高国《たかくに》（政元の養子）と対立して、阿波（徳島県）へと逃れましたが、将軍職への復帰を願いつつも同地で客死したのです。義稙は「流れ公方」あるいは「島の公方」と称されました。

一方の義澄について触れておきましょう。義澄は先述の通り堀越公方の足利政知の子息で、もとは清晃と名乗り、京都・天龍寺香厳院《てんりゅうじこうげんいん》の喝食《かっしき》（食事の進行などを告げる僧侶）に過ぎませんでした。明応二年の細川政元らのクーデターによって、突如として将軍に擁立されたのです。しょせん義澄は政元の傀儡に過ぎず、永正四年に政元が暗殺されると、たちまち苦境に陥りました。翌年、義稙が入洛すると、義澄は近江（滋賀県）に出奔し、永正八年（一五一一）に不遇のうちに病歿したのです。

大永元年に義稙が阿波に出奔後、跡を継いだのが義澄の嫡男義晴《よしはる》です。義晴は生後間もなく父を亡くしたことから、播磨国守護である赤松義村《よしむら》のもとで養育されました。義稙の出奔後、義晴は細川高国によって擁立されたのです。

しかし、細川高国は一族内での争いが絶えず、義晴も巻き込まれることになりました。大永七年（一五二七）、高国は一族の細川晴元《はるもと》と三好元長《みよしもとなが》との戦いに敗北すると、義晴を伴って近江に逃亡しました。その後、義晴の異母兄である義維《よしつな》が和泉堺に政権を樹立し（「堺公方」）、畿内政権として活動しました。政権を支えたのは、細川晴元と三好元長の二人だったのです。

混乱する室町幕府

天文元年（一五三二）、晴元と元長は対立し、戦いの結果、元長は戦死しました。これにより、義維は阿波（徳島県）へ敗走しますが、畿内では法華一揆勢や一向一揆勢などが活発に活動しており、ようやく義晴が帰京を果たしたのは、天文三年（一五三四）のことでした。義晴は存在感を示すべく、自身の「晴」字を各地の大名に与えたり、官途を授けたりすることによって求心性を保とうとしたのです。

やがて、三好長慶《みよしながよし》が台頭すると、天文十五年（一五四六）に義晴は嫡男義輝《よしてる》に将軍職を譲り、自身は近江（滋賀県）へと逃れました。その四年後、義晴は入京を果たすことなく、無念のうちに近江で歿したのです。義晴の後継者として、十三代将軍に就任したのが義輝です。初名は義藤《よしふじ》です。天文十五年、義輝は近江に逃れているさなかに元服を果たしました。義輝も戦国期の将軍の例に漏れず、畿内の有力な勢力の動向に左右されました。

近江に在国中、義輝を補佐していたのは、父の義晴と細川晴元、六角定頼《ろっかくさだより》の二人でした。天文十六年（一五四七）になると、義輝は晴元の対抗勢力である細川氏綱《うじつな》らに与同したため、同年には晴元から京都を追放されるという事態に陥ります。翌十七年（一五四八）に義輝は晴元と和解しますが、天文十八年（一五四九）に晴元が長慶と戦って敗れました。義輝は晴元と共に近江へ逃れ、次に入京を果たしたのは天文二十一年（一五五二）のことでした。このときは、再び細川氏綱と三好長慶に推戴されるというありさまだったのです。

天文二十二年（一五五三）になると、義輝は再び晴元と行動を共にし、近江国朽木谷《くつきだに》（滋賀県高島市）へと逃れ、ここで五年もの苦しい歳月を送りました。五年後の永禄元年（一五五八）、六角義賢《よしかた》の仲介もあり、義輝は長慶と和睦を結び、念願の入京を果たしたのです。一方、義輝は新兵器である鉄砲に大きな関心を示し、剣術を塚原卜伝《つかはらぼくでん》に習ったと伝わっています。

永禄二年（一五五九）以降、義輝は織田信長や上杉謙信（当時は長尾輝虎《ながおてるとら》）と謁見するなど、各地の大名と連絡を取り合うようになりました。こうして義輝は、畿内を勢力下に収める長慶に対抗したのですが、永禄七年（一五六四）に長慶が亡くなりました。翌八年（一五六五）、長慶の権力を奪還した松永久秀《まつながひさひで》や三好三人衆（三好長逸《ながやす》・三好宗渭《そうい》・岩成友通《いわなりともみち》）が、義輝の仮御所を急襲しました。義輝は自ら刀を手に取って応戦し、刃こぼれすると畳に刺した新しい刀と交換して戦いましたが、最後は無念にも自刃したのです。

足利義昭の登場

義輝の死後、十四代将軍の座に就いたのが堺公方足利義維《よしつな》の嫡男義栄《よしひで》でした。義栄は父と共に阿波（徳島県）で逼塞《ひっそく》した生活を送っていましたが、それに飽き足らず、何度も上洛を試みて失敗しました。永禄八年（一五六五）に義輝が横死すると、義栄は三好三人衆に擁立され、その三年後の永禄十一年（一五六八）に念願の将軍になりました。ところが、同年九月に織田信長が足利義昭《よしあき》を推戴して上洛を開始すると、畿内を押さえていた三好三人衆はあっけなく敗北を喫し、さらに同じ九月には義栄も病歿してしまったのです。

足利義晴の次男で義輝の弟である義昭は、天文十一年（一五四二）に関白近衛稙家《かんぱくこのえたねいえ》の猶子《ゆうし》となり、奈良の興福寺《こうふくじ》一乗院《いちじょういん》に入室していました。義昭は義輝が自刃したことを知ると、興福寺を脱出し、最終的に越前の朝倉義景《あさくらよしかげ》を頼ります。しかし、義景から上洛するための支援を得られず、永禄十一年七月に義昭は美濃国立政寺《りゅうしょうじ》（岐阜市）を訪れました（『信長公記』）。同年九月、信長は義昭を奉じて上洛するため、近江の六角承禎《じょうてい》（義賢《よしかた》）に協力を求めましたが、承禎が拒否したので、信長はこれを打ち破って上洛したのです。

永禄十一年十月、信長は畿内近辺の三好三人衆らの諸勢力を攻略し、畿内周辺を平定しました。こうして信長は、義昭を推戴して入京を果たしたのです。信長の軍事行動は、室町幕府再興を目指す義昭のためでしたので、信長の正当性が担保されていたのでしょう。重要なことは、信長は義昭を傀儡《かいらい》とし、自身が天下を獲ろうとは考えていなかったことです。

永禄十一年十月十八日、正式に義昭は将軍宣下《せんげ》（将軍になる辞令書）を受け、室町幕府再興を果たしましたが、宣下を受ける前から義昭は「室町殿（＝将軍）」と称されていました。要するに、周囲が将軍であると見なすことが重要であり、義昭は流浪の段階から将軍と認識されていたのです。入京した義昭は将軍宣下を受け、その存在価値がいっそう高まったと言えます。

入洛時の信長は、義昭と協力して天下（＝畿内）の安泰を図ろうとしました。ただし、義昭は室町幕府の再興を果たしたせいか、かなり安心したようです。将軍宣下を受けた直後の十月二十二日、義昭は十三番の能楽の興行を命じましたが、信長はまだ隣国の平定が終わっていないので、十三番から五番に短縮させました（『信長公記』）。信長の目的は室町幕府の再興だけでなく畿内平定にあったので、こうした措置を取って義昭に釘を刺したのです。

その後、義昭は信長に副将軍か管領職《かんれい》を与えようとしましたが、信長は辞退しました（『信長公記』）。

永禄十二年（一五六九）三月、正親町《おおぎまち》天皇は信長を副将軍に任じるため、勅旨《ちょくし》を下しましたが、最終的に信長からの回答はありませんでした（『言継卿記《ときつねきょうき》』）。義昭は信長を副将軍や管領に任命し、手なずけようとした感がありますが、それは見事に失敗したのです。

永禄十一年十月、義昭は信長に対し、三好三人衆を退治したことを賞すると共に、室町幕府再興に尽力した礼を述べる感状を送りました（『信長公記』）。義昭は信長の武功を「武勇天下第一」と称え、宛先には「御父織田弾正忠殿」と記し、信長の武功を最大限に評価して父のように慕っているのです。同時に、義昭は信長の「大忠」に報いるため、将軍家が用いる桐《きり》紋と二引両《ふたつひきりょう》の紋を与えています。ただ、このときの義昭は三十二歳、信長は三十五歳でしたので、とても父子とは言えません。

永禄十二年一月、信長は「殿中掟九ヵ条」と、追加「七ヵ条」を定めました。「殿中掟九ヵ条」と追加「七ヵ条」は、すでに室町幕府で規定されていた基本的な事項であり、信長は幕府を機能させ、京都や畿内の秩序維持を期待したと言われています。信長は室町幕府―守護体制の再構築や公武統一政権の可能性を模索したとは考えられないので、旧来の室町幕府のシステムをそのまま復活させようとしたのではないでしょうか。

信長と義昭の決裂

元亀三年（一五七二）九月、信長は義昭に対して、「異見十七ヵ条」を突きつけ（『尋憲記』など）、ついに二人の関係は決定的に破綻しました。「異見十七ヵ条」は信長の義昭に対する金言（戒めや教えとして手本とすべき言葉）を意味しましたが、義昭は「金言御耳に逆り候」という考えだったので、受け入れませんでした（『信長公記』）。

元亀四年（一五七三）七月、義昭は山城・槙島《まきしま》城（京都府宇治市）で挙兵しましたが、わずか十七日で信長の前に屈しました。これにより、室町幕府は事実上崩壊したのです。しかし、以後も義昭は屈することなく、上杉、武田、毛利などの有力大名や本願寺《ほんがんじ》に檄を飛ばし、「信長包囲網」を形成しました。自身も天正四年（一五七六）に備後国鞆《とも》（広島県福山市）に拠って、毛利氏の支援を受けつつ鞆幕府を設立しました。以後、丹波・八上《やかみ》城（兵庫県篠山市）の波多野《はたの》氏、播磨・三木《みき》城（兵庫県三木市）の別所《べっしょ》氏、摂津・有岡《ありおか》城（兵庫県伊丹市）の荒木氏などが次々と信長から離反し、一時は反信長勢力が有利になったのですが、信長は逆に敵を討ち果たし、天正八年（一五八〇）には本願寺も屈服したのです。

天正十年（一五八二）三月以降、羽柴（豊臣）秀吉の中国計略が最終段階に至り、毛利方の城将清水《しみず》宗治《むねはる》が籠る備中高松城（岡山市北区）の攻防が大きな焦点となります。ところが、同年六月二日、信長は明智光秀の急襲を受けて、本能寺で横死しました。これが、義昭の運命を大きく変えたのです。結果、毛利氏は信長の後継者である秀吉に屈服し、義昭の将軍復帰という夢は潰《つい》えました。

天正十六年（一五八八）、義昭はようやく入京を果たしましたが、出家して昌山《しょうざん》と号し、のちに准《じゅ》三后《さんぐう》（太皇太后など三宮に准じる待遇）に処遇されました。晩年は秀吉の御伽衆《おとぎしゅう》（主君の側で話をする職）に加えられ、朝鮮出兵時には肥前・名護屋《なごや》城（佐賀県唐津市）にも参陣しました。そして慶長二年（一五九七）八月、義昭は病によって大坂でその数奇な生涯を閉じたのです。

貧しかった戦国時代の天皇

戦国時代の天皇は、著しく衰退したと言われていますが、古代においてはむしろ真逆でした。天皇は政治のトップに位置し、摂関家の藤原氏を中心に公家が政権を支えていました。ところが、平安時代末期に武士たちが台頭し、その立場は徐々に逆転します。十二世紀後半、源頼朝《よりとも》が樹立した鎌倉幕府は、その大きな画期でした。承久三年（一二二一）、後鳥羽上皇《ごとばじょうこう》は果敢にも幕府に戦いを挑みましたが、失敗したのは周知の通りです。

打倒鎌倉幕府をスローガンに掲げ、古代のあるべき天皇像を目指したのが後醍醐《ごだいご》天皇です。その試みは紆余曲折を経ながら、元弘三年（一三三三）に実現しました。これが建武《けんむ》政権です。しかし、後醍醐天皇の政策は武士どころか公家からも不評で、政権はわずか三年で瓦解しました。以後、天皇家は北朝と南朝に分かれ、その状態は明徳四年（一三九二）の南北朝合一《ごういつ》まで続いたのです。

後醍醐以後、幕府に対抗しようとする天皇はいなくなりましたが、天皇の権威が完全に喪失し、全く無力になったとは言い難いと思います。嘉吉元年（一四四一）、播磨など三ヵ国守護の赤松満祐《あかまつみつすけ》が六代将軍足利義教《よしのり》を謀殺した際（嘉吉の乱）、幕府は「治罰の綸旨《じばつのりんじ》」の発給を後花園《ごはなぞの》天皇に求めました。この場合の「治罰の綸旨」とは、天皇が赤松氏討伐にお墨付きを与えることを意味します。ところが、本来「治罰の綸旨」は天皇や国家に対する反逆があったときに発給されるものであり、武家間の私闘では発給されなかったので、それだけ天皇の権威が認められていたことになります。

天皇の財政基盤の中心をなすのは、全国各地に散在した禁裏《きんり》（天皇）領でした。その数は圧倒的で、日本最大の地主と言っても過言ではなかったのです。ただ、武士の台頭が進むと、徐々に各地の禁裏領から年貢などが納入されなくなり、壊滅的な打撃を受けました。

そのことを決定づけたのは、応仁元年（一四六七）に始まる応仁・文明の乱です。この乱は、主に有力守護家の家督争いを端緒として、全国各地に広がりました。天皇家にとって大きな痛手となったのは、京都の町が焼かれたことです。これにより、内裏《だいり》（天皇の住居）・仙洞御所《せんとうごしょ》（上皇《じょうこう》の住居）はすっかり荒廃し、後土御門《ごつちみかど》天皇らは避難生活を強いられるありさまでした。同時に始まったのが、これまでにない窮乏生活なのです。

さまざまな逸話

誤解があってはいけないのですが、戦国時代の天皇が窮乏生活を強いられていたというのは、衣食住という基本的な生活が成り立たなかったということではありません。儒医江村専斎《えむらせんさい》の手になる『老人雑話《ろうじんざつわ》』によると、長い戦乱で内裏《だいり》はすっかり荒廃し、築地塀《ついじべい》すらなく、竹垣に茨《いばら》を混ぜたもので代用していたといいます。内裏の修繕費が十分に賄えなかったのは事実かもしれませんが、こうした逸話によって「天皇窮乏説」は広まりました。ただ、それらの逸話は窮乏ぶりを誇張するか、あるいは揶揄《やゆ》したもので、事実を正確に伝えるものではないのです。

天皇が窮乏化したとされるポイントは、朝廷における諸儀式が行えなかったことにあります。即位式、大嘗祭《だいじょうさい》（天皇が即位後、初めて行う新嘗祭《にいなめさい》）、改元などの儀式を正式なスタイルで催すには、莫大な費用を要しました。朝廷では、それらの負担を賄いきれなかったのです。それは、節会《せちえ》（正月などに廷臣を招いて催す饗宴）などの日常的な行事にも及びました。それどころか、天皇の葬儀すら満足に行えなくなったのです。

そこで、天皇が頼ったのは各地の戦国大名たちですが、献金を受けるに際しては一定の見返りが必要でした。その見返りとして最も好まれたのが官位です。官位とは官職と位階のことで、たとえば織田信長の場合は、天正二年（一五七四）に「従三位参議《じゅさんみさんぎ》」に叙任されています。戦国大名はこぞって天皇に献金し、箔づけのために官位を獲得したのです。それまで、ほとんどの大名は「○○守」などと自称していましたが、天皇から口宣案《くぜんあん》（辞令書）を得ることによって正式に任官したのです。こうした点から、戦国時代に至って天皇の権威は浮上したとの説もあります。

このように、天皇は生き残り策を図ったのですが、なぜ諸大名によって滅ぼされなかったのかは未だ不明です。天下人である織田信長や豊臣秀吉でさえも、天皇へ崇敬の念を抱いていました。このあたりは、永遠の課題となるでしょう。

信長と正親町天皇

かつて、織田信長は正親町《おおぎまち》天皇を圧迫し、皇位を簒奪しようとしたという説が唱えられました。果たして、この説が正しいか否か、暦《こよみ》の事例を取り上げて考えてみましょう。

天正十年（一五八二）一月、信長は宣明暦《せんみょうれき》（京暦）を取り止め、尾張（愛知県）などで用いていた三島暦《みしまごよみ》の採用を要望しました。宣明暦とは中国から伝来した暦法で、当時は普通に使用された暦です。

信長が三島暦を用いるよう要望したことは異例であり、信長は天皇の持つ「時の支配」を掌握し、正確な暦法の確立を目指したという指摘があります。宣明暦には日食や月食の記載があっても、不正確であるという問題があったのです。信長は、その事実を知っていたようです。

信長は、宣明暦では天正十一年（一五八三）正月が閏月《うるうづき》になっていましたが、三島暦では天正十年十二月が閏月であることから、三島暦のほうに合わせるよう要望したのでした。ところが、結果的には、宣明暦の天正十一年正月に閏月が定められました。信長の提案は受け入れられず、いったんは納得したようです。

ところが、本能寺の変の前日にあたる天正十年六月一日、公家衆が信長の滞在する本能寺を訪問した際、再び信長は公家衆に宣明暦から三島暦に変更するよう迫りました。信長がこだわった大きな理由は、宣明暦が六月一日の日食を予測できなかったからです。当時、日食や月食は不吉なものと考えられており、日食や月食が起こると、朝廷では天皇を不吉な光から守るために、御所を筵《むしろ》で覆っていました。信長が暦の変更を強く迫ったのは、天皇を不吉な光から守るためだったのです。

信長は宣明暦では不十分であり、三島暦のほうが正確であると、公家衆に伝えようとしました。信長はあくまでも天皇の身を案じたのであり、自身が慣れ親しんだ三島暦を用いるよう強要したのではありません。信長は、別に天皇の職権を侵そうとしたのではなかったと指摘されています。ただし、近年の研究によると、宣明暦も日食や月食を正しく予想していたと言われ、右の説の再検討が迫られています。

このほかにも、天正九年（一五八一）二月の馬揃えで、信長は自らの軍事力を正親町に誇示し圧迫したと言われてきましたが、逆に正親町は大喜びしたという記録があります。また、信長は嫌がる正親町に譲位を迫ったとされますが、当時は天皇が譲位して上皇《じょうこう》となり、「治天《ちてん》の君《きみ》」となるのが通常の在り方でした。むしろ、正親町は信長の譲位の申し出に感激したのです。この点について、もう少し詳しく触れておきましょう。

中世において、天皇は早い段階で皇位を譲り、自らは上皇（＝治天の君）となって院政を敷くことが自然な流れでした。ところが、現役の天皇が譲位をして、新しい天皇が即位式を行うのには莫大な費用がかかります。それゆえ、戦国時代の天皇は、現役の天皇のまま崩御《ほうぎょ》（死去）するという、異常な事態が続いていたのです。次に、信長が勧めたという正親町の譲位問題を取り上げます。

元亀四年（一五七三）十二月三日、信長は正親町に譲位を求めました。信長の申し出を受けた正親町は、関白二条晴良《にじょうはれよし》に譲位の時期について勅書（天皇の命令を書いた文書）を遣わしました。すぐに晴良は信長の宿所を訪問し、信長の重臣林秀貞《はやしひでさだ》に正親町が譲位の意向を示している旨を申し伝えました。

晴良は「御譲位・御即位等次第」について余すところなく伝えると、秀貞は「今年はすでに日も残り少ないので、来春早々には沙汰いたしましょう」と答えました。正親町は信長の譲位の勧めに対して、「後土御門天皇以来の願望だったが、なかなか実現に至らなかった。譲位が実現すれば、朝家再興のときが到来したと思う」と感想を述べています。言うまでもなく、正親町は大変喜んでいるのです。

これまで、信長は正親町に譲位を迫って朝廷を圧迫した、という説がありました。しかし、実際には、譲位の申し出を受けた正親町は、感謝の気持ちを持っていました。それは先例に倣い、自身も早く譲位して、上皇（＝治天の君）になりたかったからなのです。

このように見ると、信長には皇位簒奪の意図がないことが明瞭です。信長が足利義昭と決裂した要因は、義昭が朝廷への奉仕を怠ったことが理由の一つにあります。むしろ信長は、天皇の権威を重んじていたのでした。

秀吉と後陽成天皇

織田信長と違い、豊臣秀吉が皇位を簒奪《さんだつ》するといった、大それた考えを持ったという話はありません。むしろ、最大限に活用した節があります。

秀吉の御伽衆大村由己《おおむらゆうこ》の手になる『関白任官記《かんぱくにんかんき》』によると、秀吉の母大政所《おおまんどころ》は萩中納言に仕え、朝廷に奉仕していたとされています。重要なのは、秀吉を天皇の御落胤《ごらくいん》としていることです。そもそも秀吉は一介の百姓の出身に過ぎません。しかも、萩中納言という公家は、存在しないことが明らかになっています。つまり、秀吉は出自を詐称しているのです。

その発端は、天正十三年（一五八五）に秀吉が関白に就任したことにあります。関白とは天皇を補佐して政務を執行する職で、本来は五摂家《ごせっけ》（近衛《このえ》、九条《くじょう》、二条《にじょう》、一条《いちじょう》、鷹司《たかつかさ》）しかなれない職でした。ところが同年、二条昭実《あきざね》と近衛信輔《のぶすけ》（のちの信尹《のぶただ》）の間で関白の地位をめぐって争いが生じると（「関白相論《かんぱくそうろん》」）、秀吉はその隙に乗じて関白に就任しました。その後、関白は五摂家に返上されず、そのまま養子の秀次《ひでつぐ》が継承したのです。さらに翌十四年（一五八六）になると、秀吉は「豊臣」姓を後陽成《ごようぜい》天皇から下賜《かし》されました。

関白になった秀吉は、天正十四年に政庁兼邸宅である聚楽第《じゅらくだい》（京都市上京区）の建築に着手しました。造営に際しては各地の職人を動員しただけでなく、当時の最高水準の建築技術を駆使し、絢爛豪華さを競ったと言われています。翌十五年（一五八七）に聚楽第が完成すると、秀吉は大坂から移り住み、政務を執り行いました。天正十六年（一五八八）四月、秀吉は聚楽第に後陽成を招いて饗応しました。このことは、天下に秀吉の武威を宣伝するパフォーマンスとなったのです。つまり、後陽成は秀吉の権力を誇示することに利用されたわけです。

天正二十年（一五九二）になると、秀吉はかねてからの念願だった朝鮮出兵を実行に移しました。当初、日本軍は破竹の勢いで朝鮮半島を席巻しました。その勢いもあり、同年五月、秀吉は驚くべき構想を披露しています。天皇の関連で言えば、①後陽成を北京に移し、周囲の十ヵ国を進上する、②後陽成の後継者には、皇太子の良仁親王《ながひとしんのう》か皇弟の智仁親王《としひと》を充てる、というものでした。つまり、中国を支配する際にも、天皇の権威を必要としたことになりますが、当の後陽成は朝鮮出兵に反対していたと言われています。

秀吉は自らの出自にコンプレックスがあったこともあり、天皇を活用する志向性を持っていました。特に、独自の武家官位制を創出し、諸大名をコントロール下に置こうとしたことも、その一つと言えるでしょう。天皇から下賜された「豊臣」姓を諸大名に与えたのも同じことです。

したがって、秀吉は天皇の権威や官位制度を熟知し、それらを活用することによって、その地位を確固たるものにしたと言えるのです。

即位式ができなかった天皇

明応九年（一五〇〇）十月二十五日、亡くなった後土御門《ごつちみかど》天皇の跡を受けて、後柏原《ごかしわばら》が新しい天皇になりました。しかし、通常行われるはずの即位式は、予算不足のために即座に行われることはなかったのです。

文亀元年（一五〇一）三月、朝廷は室町幕府に命じて、即位式を行う費用を用意させようとしました。その額は五十万疋（約五億円）という大金ですが、実際に献じられたのは、但馬国（兵庫県）からのわずか三千疋（約三百万円）に過ぎませんでした。その後も、献上されたのはわずかな額ばかりで、即位式を担当する人材すら払底していました。細川政元《まさもと》は、即位式を執り行うことが無駄であると暴言を吐いたほどです。

その後も後柏原は屈することなく、費用を捻出するために奔走しました。しかし、問題は費用だけにとどまらなかったのです。後柏原が即位式を行おうとすると、日取りが悪いとの意見が出され、断念せざるを得ないこともありました。永正七年（一五〇九）には、越前（福井県）の朝倉氏から五万疋（約五千万円）もの大金が寄せられましたが、まだ資金不足などの理由により、なかなか即位式の挙行にまでは至らなかったのです。

このように後柏原は粘り強く資金調達に奔走し、ようやく目途が付いたのは、天皇の位に就いて二十一年後の永正十八年（一五二一）三月でした。実は、ここまで遅れたのは、資金難だけが理由ではありません。執り行う日取りの吉凶、衣装などの準備、儀式を進める人材の不足などの問題があったのです。こうして翌三月、後柏原は無事に即位式を挙行したのでした。

官位を売る天皇

天皇が財政を潤すため、戦国大名に官位を売っていたことはよく知られています。ここでは、即位式の費用調達を試みた後奈良《ごなら》天皇と、周防(山口県)の大内義隆《おおうちよしたか》の例を挙げておきましょう。天文五年(一五三六)二月二十六日、義隆は後奈良の即位費用として二十万疋（約二億円）もの大金を献上し、後奈良の即位式は紫宸殿《ししんでん》で執り行われました。しかし、これは必ずしも善意の寄付ではなかったのです。

遡ること享禄二年（一五二九）十二月二十三日、義隆は従五位上《じゅごいのじょう》に叙されましたが、それは三条《さんじょう》西実隆《にしさねたか》らに贈り物をし、官位獲得運動を行ったからです。享禄三年（一五三〇）十月、義隆は左京大夫《さきょうのだいぶ》に昇進しましたが、その後も繰り返し朝廷に物を贈るなどしました。そして、天文元年（一五三二）十月には正五位下《しょうごいのげ》・周防介《すおうのすけ》に任じられ、ついに翌二年（一五三三）八月には筑前守を兼ねることになったのです。

天文三年(一五三四)四月、義隆は位階をさらに上げて従四位下《じゅしいのげ》を与えられました。同年九月、義隆は、お礼として内裏の日華門《にっかもん》の修理費用を提供しています。さらに同年十二月、義隆は大宰府のナンバー2である太宰大弐《だざいだいに》を申請しました。後奈良はいったん許可し、口宣案《くぜんあん》（辞令書）の作成を指示しましたが、しばらくして態度を硬化させ、義隆の太宰大弐の任官を拒否しました。

当時、金さえ払えば、一定の官位を得ることは可能でしたが、ほかの大名とのバランスや先例も考慮され、拒否されることもあったのです。一定の節度は保たれていたと言えるでしょう。

葬儀ができなかった天皇

明応九年（一五〇〇）九月二十八日、後土御門《ごつちみかど》天皇が亡くなりました。十月四日に後土御門の御入棺の儀が執り行われ、十月二十一日に「後土御門」の追号（生前の功績を称え、死後に贈る名）を賜りました。後土御門の遺骸は泉涌寺《せんにゅうじ》（京都市東山区）に移されたのですが、葬儀が一向に行われる様子がありませんでした。葬儀が行われたのは、なんと亡くなってから四十三日を経過した十一月十一日のことだったのです。いったい何があったのでしょうか。

十七世紀に成立した史書『続本朝通鑑《ぞくほんちょうつがん》』によりますと、葬儀を待つ間に後土御門の遺体の損傷が激しかったと書かれています。しかし、長享三年（一四八九）に九代将軍足利義尚《よしひさ》が近江国鈎《まがり》（滋賀県栗東市）で亡くなった際には、口・目・鼻に水銀を入れて防腐処理を行っていた例もあるので、しかるべき措置が取られたとの意見もあります。遺体をそのまま放置したとは考えにくく、水銀による防腐処理のほか、あらゆる手段によって腐敗を遅らせるよう努力したに違いありません。

このような経過を経て、ようやく死後四十三日目に後土御門の葬儀が執り行われました。葬儀当日、近衛政家《このえまさいえ》は自身の日記『後法興院記《ごほうこういんき》』のなかで、前代未聞のことだと書いています。葬儀が遅れた理由は実に明白なことで、後土御門の葬儀の費用が工面できないからでした。十一月八日に、武家方から一万疋（約一千万円）などが支給されたことで、ようやく最小限の費用で葬儀が執り行われる見通しが立ったのでした。

このように天皇の葬儀には莫大な費用がかかるため、その調達も大変だったことがわかります。

地方に下向する公家

天皇のもとで、政務を担当したのが公家です。公家は清涼殿《せいりょうでん》への昇殿を許可された堂上家《どうしょうけ》、許可されなかった地下家《じげけ》に二分されます。一般的に公家と言えば、堂上家のことを意味します。ただし、公家といっても家格があり、家柄によって昇進できる官職はおおむね決まっていました（例外もあります）。たとえば、関白・摂政になることができるのは、摂関家（近衛、九条、二条、一条、鷹司《たかつかさ》）に限定されていたのです。

では、公家の収入源はどうなっていたのでしょうか。一般的に公家の収入源となっていたのは、全国に散在する荘園でした。公家は京都に住んでいたので、現地の代官に支配を任せ、一定の手数料を払って、年貢の収納を任せていたのです。ところが、平安時代末期に武士が台頭すると、荘園は彼らに年貢を奪われるありさまでした。現地の代官も無力であり、ときに武士とグルになって、年貢を横領する始末だったのです。こうして公家は、徐々に窮乏していくのでした。

しかし、公家たちも黙って指を加えていたわけではありません。文亀元年（一五〇一）、摂関家の九条政基《まさもと》は家領《けりょう》の一つ和泉・日根荘《ひねのしょう》（大阪府泉佐野市）に下向して、直接経営に携わりました。その期間は約三年に及び、日根荘の状況を記した『政基公旅引付』は、貴重な史料となっています。こうした例は、少なからずあります。応仁元年（一四六七）の応仁・文明の乱の勃発後、摂関家の一条教房《のりふさ》は、家領の土佐・幡多荘《はたのしょう》（高知県四万十市ほか）に下向しています。以降、子孫は同荘に土着し、在地領主化しました。

ところが、こうした状況は決して好ましいことではなかったのです。それは、朝廷における政務が滞るという点にあります。公家が地方に下向することで、出仕する人数が減ったのです。地方に下向した公家が昇進すると、不公平であると抗議する事例もありました。それゆえ、下冷泉《しもれいぜい》家のように、父子が交互に京都と家領の播磨・細川荘（兵庫県三木市）を行き来する例もありました。ちなみに、下冷泉家の為純《ためずみ》は、天正六年（一五七八）に別所長治《べっしょながはる》の襲撃を受けて死亡しています。

大名に招かれた公家

一方、公家のなかには、戦国大名の招きに応じて地方に下向する者も存在しました。たとえば、上《かみ》冷泉《れいぜい》家の為広《ためひろ》は、能登（石川県）の畠山氏や播磨（兵庫県）の赤松氏に招かれて歓待されました。為広は和歌や連歌に優れていたので、彼らを指導して収入を得ていたのです。また、戦国大名の求めに応じて、『源氏物語』等の文学作品、『古今和歌集』などの歌集を書写して与え、何らかの対価を得ていたのです。

周防・大内氏の山口、越前・朝倉氏の一乗谷《いちじょうだに》（福井市）は、多くの公家が招かれ、さながら小京都の様相を呈していました。朝倉氏の場合は和歌や連歌にとどまらず、『論語』などの講義も行われていました。公家がそうした地を訪れることは、招いた大名のステイタスにもなったのです。こうして地方文化が隆盛を極めたのは、公家の窮乏化に伴い、地方に下向するという皮肉な事情があったのです。

地方に下向する公家がいる一方で、京都にとどまった例もありました。その一人が三条西実隆《さんじょうにしさねたか》です。実隆は文化人として名を馳せた人物であり、宗祇《そうぎ》から古今伝授《こきんでんじゅ》（『古今和歌集』の秘伝の解釈を伝えること）されるほどの和歌の腕前でした。実隆は将軍家と親交を深め、和歌などの指導に当たりましたが、それだけでは収入が足りなかったようです。地方大名の求めに応じて古典を書写し、その対価を得ることで、何とか生活を支えていたのです。なかには、名の知られていない武将からの依頼もあったようです。摂関家の一条兼良《かねよし》もこの例に入るでしょう。

大名と公家の婚姻関係

戦国大名が公家の娘を妻に迎えることもステイタスとなりました。ここでは、駿河（静岡県）の今川氏親《うじちか》の例を挙げておきましょう。氏親の妻寿桂尼《じゅけいに》は、中御門宣胤《なかみかどのぶたね》の娘でした。氏親と寿桂尼が結婚した時期は詳しくわかっていませんが、永正二年（一五〇五）説と永正五年（一五〇八）説があり、前者が有力視されています。

氏親と寿桂尼が結婚した理由については、①氏親の曾祖父範政《のりまさ》と中御門家との交流があったこと、②氏親の姉が正親町三条実望《おおぎまちさんじょうさねもち》の妻だったこと、が挙げられています。②により、正親町三条家を通して、中御門家と婚姻関係を取り持った可能性が高いと言えます。後年、実望はたびたび駿河国へ下るほど今川家と関係が深かったのですが、その背景には厳しい経済事情があったようです。

このように考えるならば、中御門家側が氏親に対して、経済的な援助を期待したことは想像に難くないでしょう。実際に宣胤の日記『宣胤卿記』には、氏親からの金銭的援助を受けた記録が残っています。逆に、氏親にとって都から妻を迎えることは、誇らしいことだったに違いありません。つまり、氏親と寿桂尼の婚姻は、何らかの経済的支援を望む中御門家と、公家から妻を迎えたいという今川家の思惑が一致したところに成立したのです。

それゆえ、大名が公家の娘を妻に迎えたと詐称する例も少なくないのです。信濃（長野県）の真田《さなだ》昌幸《まさゆき》の妻は菊亭晴季《きくていはるすえ》の娘と言われ、播磨の赤松義村《よしむら》の妻は一条教房《のりふさ》の娘と言われていますが、家格を考慮すると、とうてい信じ難いことです。それだけ憧れの念が強かったのでしょう。
このように、公家は大名と持ちつ持たれつの関係を維持し、生き残ったのでした。

〔主要参考文献〕

榎原雅治ほか編『室町幕府将軍列伝』（戎光祥出版、二〇一七年）
神田裕理「戦国時代の天皇と公家衆」（渡邊大門編『真実の戦国時代』柏書房、二〇一五年）
神田裕理『ここまでわかった　戦国時代の天皇と公家衆たち――天皇制度は存亡の危機だったのか？』（洋泉社歴史新書y、二〇一五年）
木下昌規「戦国時代の室町幕府と足利将軍」（渡邊大門編『真実の戦国時代』柏書房、二〇一五年）
丸山裕之『図説　室町幕府』（戎光祥出版、二〇一八年）
山田康弘『戦国時代の室町幕府』（吉川弘文館、二〇一一年）
渡邊大門『逃げる公家、媚びる公家――戦国時代の貧しい貴族たち』（柏書房、二〇一一年）
渡邊大門『戦国の貧乏天皇』（柏書房、二〇一二年）

第三章　合戦の準備から戦後処理まで

戦国時代と合戦

戦国時代は、文字通り戦争の時代でした。戦国時代の期間は、おおむね応仁元年（一四六七）年に始まる応仁・文明の乱を起点とし、織田信長が十五代将軍足利義昭《よしあき》を京都から追放した元亀四年（一五七三）頃までとされています（諸説あり）。

しかし、研究者によって見解はまちまちであり、実際には豊臣秀吉が小田原（神奈川県）の北条氏を討伐し、奥州仕置を完了した天正十八年（一五九〇）頃までは戦いが続きました。その後も文禄・慶長の役、関ヶ原の戦いと戦争は続き、実際には慶長二十年（一六一五）に終結する大坂の陣が、大戦争時代の終わりを告げると言ってもいいでしょう。

戦国時代の戦争については一次史料だけでなく、多くの軍記物語に描かれています。軍記物語のほとんどは後年になって整理・執筆されたもので、当然、執筆の目的や意図がありました。勝者は自身の正当性を誇示し、敗者は敗北した理由の弁解をしたりします。記述内容に信頼性が高いものもありますが、そうではなく、荒唐無稽な記述に終始している作品もあります。

たとえば、福岡藩黒田家の『黒田家譜』は、黒田家の顕彰を目的として書かれています。そこでは、藩祖たる孝高《よしたか》や長政《ながまさ》について、一切悪いことは書かれていません。また、軍記物語には率いた軍勢の数や行軍ルートが書かれることもありますが、それが事実か否かは別途良質な史料によって裏づけが必要です。軍記物語は史料としての制約があるので、注意が必要なのです。

後年になって執筆された史料には、覚書《おぼえがき》や軍功書上《ぐんこうかきあげ》があります。これらの史料は合戦時のことを詳しく書いていますが、子孫に対して自身の軍功を語り継ぐために執筆されるので、必ずしも正しいことばかりが書かれているわけではありません。

このように戦国時代を語るうえでは、史料上の様々な制約があります。以下、合戦についての流れを確認することにしましょう。

準備1　武道の訓練

戦国時代において、武将たちは文武両道を求められ、日頃から学問や武道の修練を怠りませんでした。文とは教養を高めることで、支配に生かす必要がありました。武の部分では、来たるべき戦《いくさ》に備えて、弓矢や乗馬などの訓練を決して欠かすことができませんでした。尾張（愛知県）の織田信長もその一人であり、武道で鍛錬する姿は『信長公記《しんちょうこうき》』に書かれています。

若き信長と言えば、「虚《うつ》け者」として知られていますが、武道の修練を欠かさなかったことでも知られています。十代後半頃の信長は、夏には水練に励み、連日のように馬の稽古を行っていました。馬を乗りこなすことは、古来より武士としての嗜みであり、伊勢宗瑞（北条早雲）の定めた家訓

「早雲寺殿《そううんじどの》廿一箇条《にじゅういっかじょう》」でも勧められています。

当時、まだ目新しかった鉄砲の腕も磨いています。師匠は橋本一巴《はしもといっぱ》といい、鉄砲撃ちとして評判の高かった人物でした。信長は新しいものに関心を示すことが多かったのですが、鉄砲もその一つで、天正三年（一五七五）の長篠の戦いで用いたことはよく知られています。

信長は、戦場でよく使われる弓の稽古にも熱心に取り組みました。師匠は市川大介《いちかわだいすけ》なる人物です。兵法は平田三位《ひらたさんみ》のもとで学びました。信長の師匠たる橋本一巴、市川大介、平田三位は、いずれも来歴が不明な人物です。

そうした人物に教えを乞うた信長は、実力さえあれば出自や身分を問わなかったのでしょう。それは、以後の家臣の登用にも表れています。また、信長の武道鍛錬の場の一つが鷹狩で、実際に鷹を用いて獣を狩ることにより、実戦における勘を養ったと考えられます。

信長の武道鍛錬のなかでユニークなのは、竹槍を用いた模擬合戦です。当時、用いられた槍の長さは、二間から二間半（約三・六〜約四・五メートル）と言われています。ところが、信長は三間か三間半（約五・四、約六・三メートル）という長い槍を用いました。実際に模擬合戦を通じて、長い槍の優位性を確認したのです。

武道に秀でていたのは徳川家康も同じです。イメージ的には臆病な感じがしますが、決してそうではありません。元亀三年（一五七二）の三方ヶ原の戦いでは、退却する途中に武田軍の兵卒を弓で何人も射たと言われています。弓だけでなく、剣術については新陰流《しんかげりゅう》を会得し、馬術は大坪流《おおつぼ》を学んでいました。家康は鉄砲の名手でもあり、信長と同じく鷹狩を好んでいました。まさしく武道の達人だったのです。

家康について特筆すべきは、中国の古典『六韜《りくとう》』『三略《さんりゃく》』などの兵法書を読破していたことです。土佐長宗我部《ちょうそかべ》氏の武家家法『長宗我部氏掟書』には、軍法（この場合は兵法の意）に通じることを説いています。兵法は適切な軍事行動、作戦を指示するうえで必要な知識でした。

著名な武将を中心に取り上げましたが、配下にある家臣たちもほぼ同じように、日頃の鍛錬を欠かさなかったのです。

このように武将たちが熱心に武道の修練に取り組むのには、大きな理由がありました。それは、戦場で活躍する以外に、家臣からの求心性を高めるためでした。武士である以上、武道に秀でていなくては、尊敬を集めることができません。それゆえ戦国武将は、以上の二つの意味で武道鍛錬に励んだのでした。

準備2　軍評定

戦争に際して詳細に作戦を練るのは、今も昔も変わらないことです。戦国時代では、「軍評定《いくさひょうじょう》」と呼んでおり、当主はもとより重臣層らが出席して催されました。当主は重臣層と作戦の合意形成をしたうえで戦いに臨み、ときには戦いを止めて和睦《わぼく》に転じることもありました。決して独断ではなかったのです。軍評定にまつわるエピソードは、数多く残っています。

天正六年（一五八二）三月、織田信長から中国計略の命を受けた羽柴（豊臣）秀吉は、播磨国加古川（兵庫県加古川市）の糟谷館《かすややかた》で軍評定を開催し、今後の方策を練ることにしました（『別所長治記』など）。このとき、三木城《みき》主別所長治《べっしょながはる》の家臣三宅治忠《みやけはるただ》が作戦を献言したところ、秀吉によって退けられたという逸話があります。一説によると、播磨赤松氏の流れを汲む別所氏は、卑しい出自の秀吉に従う必要はない、と家中で相談したとも言われています。

このことが原因となり、別所氏は織田方を離反したと言われていますが、実際は毛利方の調略に応じた説が有力視されています。秀吉は中国計略に際して、播磨国衆《くにしゅう》の助力が必要だったのですが、軍評定で路線が異なった場合は、決裂することがあったことを示す事例です。

永禄三年（一五六〇）の桶狭間の戦いに際して、信長は軍評定を催すこともなく、「敦盛《あつもり》」（幸若舞《こうわかまい》）を舞ったのちに出陣したことで知られています（『信長公記』）。出陣を決意したのは突然のことでした（天理本『信長公記』には軍評定を催したとあります）。ときには重臣の意見を聞かず、独断で作戦を遂行することもあったのです。

天正十八年（一五九〇）に豊臣秀吉が小田原北条氏を攻撃する際、北条方では連日のように軍評定を開き、協議をしました。しかし、和睦、籠城、出撃などの案が議論されたものの、なかなか結論には至りません。それゆえ「小田原評定」と言えば、結論の出ない会議の代名詞となりました。

右の事例の多くは、軍記物語など後世の編纂物に書かれたもので、ドラマチックに描かれています。軍評定の全貌を確かな史料で復元するのは難しいのが実情です。関ヶ原の戦いの際の小山《おやま》評定は、今では〝なかった〟という説が提起されているほどです。

出陣日については、実際の軍評定で陰陽道《おんみょうどう》などに通じた軍配師《ぐんばいし》が吉日を選んだと言います。その際、籤《くじ》を用いることもあり、神慮なるものも重視されていたのです。おおむねそのような手続きを経て、当主と重臣層が納得のうえ、出陣に及んだと考えられます。軍評定とは、最終的な作戦の合意形成の場だったのです。

準備3　陣触れ

戦《いくさ》が始まる合図として用いられたのが、陣鐘《じんがね》や法螺貝《ほらがい》です。この合図に応じて、兵卒らは当主のもとに馳せ参じました。

天正三年（一五七五）、武蔵・鉢形城《はちがたじょう》（埼玉県寄居町）の北条氏邦《うじくに》は、陣鐘や法螺貝が鳴った際の対応を掟として定めています。その内容とは、法螺貝や陣鐘が鳴った場合には足軽衆らがすぐに馳せ参じるようにというものです。もし応じない者があった場合は、厳しい処分を科すばかりか、足軽衆を取りまとめる上級領主にも同じ処分を科すと書かれていました。戦争という急を要する事態においては、迅速な行動が要求されたのです。

下総結城氏の武家家法『結城氏新法度』にも同様の規定がなされています。それは、結城氏の居城で法螺貝が鳴った場合、下級の侍は使者を居城に遣わし、ただちに出陣するというものでした。ちなみに法螺貝の音が小さい場合は内部の問題であり、大きい場合は支配領域外の事件を意味していました。このように音を聞き分け、判断することを日常的に求められていたのです。

出陣の詳細については、陣触を担当する使者が口頭で伝えていました。書状で伝える場合もあったのですが、急を要する事態なので、口頭のほうが明らかに早かったと言えます。機密上の問題もあったかもしれません。北条氏の例で言えば、触口《ふれぐち》という役目があり、陣触を担当していました。出陣命令は北条氏から各郡代に伝えられ、そこから触口が諸所に伝達していったのです。

以上のように、戦国大名は危機管理の一環として、戦が始まる際の情報伝達経路を整備していました。アナログな方法ながらも、かなりシスティマティックだったのです。

準備4　戦場の持ち物

動員をかけられた兵卒らは、一定の装備をしたうえで戦場へと赴きました。それらはおおむね自分で用意する必要がありました。

重要なのは武器です。刀、弓矢、鉄砲などは必需品です。鉄砲を使用するには、火打石や火縄も携行する必要がありました。同時に、身を守るための防具として具足《ぐそく》も着用していましたが、戦いに適した軽量のものが好まれました。ゆとりのない雑兵は、それらを借りることがあったと言います。既製品ではなく、自作したものもありました。

戦国時代に徴用された兵卒は、基本的に腰兵糧《こしびょうろう》と呼ばれる携行食を自弁で用意しました。薬や兵糧などは、打飼袋《うちがいぶくろ》という筒状の細長い袋に入れて携行したようです。どうしても腰兵糧を準備できない場合は、借用も可能だったと言われています。長期戦になると自弁だけでは賄えず、大名が商人から食糧を調達して準備をしましたが、価格交渉が難航することもありました。調達した食糧は、小《こ》荷駄隊《にだたい》が運搬にあたりました。

とはいえ、食糧が不足することもあり、そのときは現地で調達するしかありません。たとえば、山芋を掘ったり、野草を採集したり、魚などを捕まえたりして食べることもありました。戦場で商人が米や雑炊を売ったという記録もあります。『雑兵物語』には、「食べられるものがあったら拾っておけ」というくだりがあり、食糧事情の厳しさを物語っています。むろん食糧を村人から略奪することもあり、配給した米で酒を造る不心得者もいたと伝わっています。

変わったところでは、鍬《くわ》、鉈《なた》、鉞《まさかり》、鶴嘴《つるはし》などの道具も必要でした。これらは防御用の柵を作るために木や竹を伐り出したり、城郭の補修をしたり、堀を掘ったりするときなどに欠かせない道具です。非戦闘員である百姓は、戦闘に参加するよりも、工兵的な役割や物資の運搬などに従事していました。

上級家臣は立派な具足を身に纏い、切れ味の鋭い刀を携行していましたが、雑兵はそうではなかったのかもしれません。日頃の彼らは農業にも従事しており、合戦に際しては手製の粗末な装備で出陣したと推測されます。

準備5　着到

陣触が終わったのち、着到《ちゃくとう》が付けられました。着到とは、各部将が率いるべき兵卒の数や武器などを調達したものです。戦《いくさ》に際して着到が必要なのは、どれだけの軍勢がいるのかを把握してなければ話にならないからです。そこで、戦国大名の多くは「着到定書（着到書出）」により、侍の知行高に応じて、あらかじめ軍勢の人数や構成などを割り当てていたのです。

元亀三年（一五七二）一月九日、「北条氏改定着到書出」が宮城泰業《みやぎやすなり》に宛てられました（「豊島宮城文書」）。武蔵国内の知行の貫高二百八十四貫四百文に対して、割り当てられた出陣人数は三十六人です。そして、次のような分担がありました。

①大小旗持―三人。
②指物持―一本。
③弓―一人。
④鉄砲―二人。
⑤槍―十七人。
⑥騎馬―七人。
⑦騎馬（本人）―一人。
⑧徒歩武者―四人。

①と②については、自軍であることを示す旗などを持つ役割で、基本的には非戦闘員が担当しました。当時の主要な武器である槍の担当者が多く、弓や鉄砲は少なかったようです。それぞれには、具足や皮笠《かわがさ》などの着用が義務づけられました。当人に至っては面頬（顔を守る防御具）を着用し、馬には

馬鎧《うまよろい》を着せる必要がありました。これは、一目見て隊を率いる侍とわからせるためで、軍装にも厳しい決まりがあったのです。

元亀三年一月十日、北条氏光《うじみつ》が市野善次郎に宛てた「改定着到書出」では、十貫文に対して二人の割り当てを行っています（「武州古文書」）。「改定着到書出」の末尾には「軍法で定められているので、一騎一人でも不足する場合は知行を召し上げる」と厳しい言葉で結ばれています。ほかの例では、軍装や武具に手抜かりがあった場合は、厳しい処分を科すとまで書かれています。戦争という一大事なので、当然のことかもしれません。

ところが、なかには窮乏のあまり、要求に応じられない者もいました。北条氏の例で言えば、西野与太郎は借米《しゃくまい》返済のために着到を免じられています（「大竹文書」）。やはり軍役の負担は、重いものがあったと言えます。軍事動員は侍衆に限らず、北条氏領国では百姓にも動員がかけられました。百姓は武器を持参し、支城や定められた場所に集められました。そして、一定の検査を受けて、戦場に臨んだのです。

天正二十年（一五九二）に勃発した文禄の役の場合は、原則的に中国・四国の大名は総知行石高内の役高百石につき四人、九州の大名は五人の軍役が課されたと考えられています。文禄の役の陣立書《じんだてしょ》を確認すると、十五万八千七百人の兵力だったことが判明しますが、実際に渡海したのは十五万八千八百人と考えられます。翌文禄二年（一五九三）の第二次晋州《チンジュ》城攻めでは、九万二千九百七十二人が渡海しました。

慶長五年（一六〇〇）の関ヶ原の戦いでは、一万石につき三百〜六百人程度の軍役が課されていたと推定されています。これを百石単位に換算し直すと、三〜六人という計算になります。ただし、薩摩（鹿児島県）の島津義弘《しまづよしひろ》は率いた軍勢が大変少なく、百石換算で一・二人でした。義弘は兄の義久《よしひさ》と折り合いが悪く、わずかな軍勢しか与えられませんでした。つまり、大名にはそれぞれの事情があるので、一定の軍役を課しても、必ずしも守られていなかった可能性があるのです。

戦いの作法

平安時代末期における武士の戦いは、互いに大音声《だいおんじょう》で自らの名前を叫び、姓名を確認してから一騎打ちとなるのが通例であったと言われています。『平家物語』などの軍記物語には、よく見られるシーンです。それゆえ、正々堂々とした一騎打ち（白兵戦）こそが、当時の戦い方のスタンダードと思われているのではないでしょうか。

この常識が変わったのは、十三世紀後半の元寇《げんこう》（元の日本侵攻。文永・弘安の役）であると言われています。集団戦を得意とする元に対して、日本は従来通りの一騎打ちで臨んだというのが通説的な考え方でした。しかし、最近の研究によると必ずしもそうとは言えず、日本も集団戦で戦ったことが元側の史料で確認することができます。

実際、平安・鎌倉時代には白兵戦がさほど行われず、弓矢によって遠隔から攻撃を仕掛けたと指摘されています。刀の出番は、最終的に相手の首を掻き切るところにあったようです。むろん、刀を用いた戦闘がなかったとは言いませんが、主要な武器ではなかったことが指摘されています。さまざまな史料を見ても、刀疵はさほど多くなく、矢疵が圧倒的に多いようです。主要な武器は弓矢だったのです。白兵戦から集団戦へという考え方は、見直されつつあります。

鎌倉時代末期に槍が登場すると、徐々に槍の優位性が認識されるようになりました。槍は相手を刺すだけでなく、敵をはたいたりして用いました。天文十二年（一五四三）に鉄砲が我が国にもたらされると（伝来した年は諸説あります）、戦国大名は主要な武器として用いるようになりました。さらにのちには、より殺傷能力が高い大砲が出現します。こうして刀の占める位置は、より副次的なものになっていくのです。

変わったところでは礫《つぶて》（投石）があります。大永七年（一五二七）三月の安芸・世能《せの》鳥子《とりこ》城（鳥籠山《とこのやま》城とも。広島市安芸区）の攻防において、益田《ますだ》尹兼《ただかね》の配下で戦った怪我人のなかには、「石疵」なる記述が散見します（「益田家文書」）。石と言えば原始的な武器なのですが、相手に負傷を負わせるのには十分な効果があったのです。

慶長五年（一六〇〇）八月の、関ヶ原の戦いの一環となる安濃津《あのづ》城（三重県津市）の戦いでは、槍疵と鉄砲疵が負傷の大多数を占めています（「吉川家文書」）。鉄砲出現以前は、矢や石で遠くから戦いを仕掛け、槍で接近戦を挑んだことがわかります。ところが、鉄砲の出現後は、鉄砲を遠くから放ち、敵に接近してから槍を用いたものと考えられます。やはり刀疵は少ないのです。

戦《いくさ》では軍法に基づき、規律に則った行動をしなくてはなりません。戦闘行為で言えば、矢や鉄砲を一斉に放つことは、タイミングを考え、合図によって行われたはずです。しかし、いざ敵と遭遇した場合には、マニュアルなどはありません。各個人の経験と勘により、とっさに行動しなくてはならなかったのです。それゆえ、戦闘行為を画一的に論じることは、難しい側面があることを補足しておきます。

軍法の制定

戦いにおいては、軍の行動の統率を図るものとして軍法が定められました。一例を挙げておきましょう。加賀・前田家では大坂の陣に際し、慶長十九年（一六一四）十月に「軍法定」を制定して、全軍の統率を図ろうとしました。そのうち重要な条文を列挙すると、次のようになります（『三壺聞書』）。

第一条――行軍や布陣で備《そなえ》の統制を守ること。
第四条――小姓・馬廻や後備の者は、先陣に紛れ込んではならないこと。
第五条――利常《としつね》の指示に従わなければ、手柄を立てても認められないこと。
第六条――諸事につき奉行人の指示に従うこと。
第七条――利常の使いの身分がいかなる者であっても、その指示に従うこと。
第十条――牢人衆は、先陣に加わってはならないこと。

第一・五・六・七の各条は、指揮命令系統を確認したもので、特に藩主である利常の命令が絶対であることを強調しています。また、第四・十の各条は、小姓・馬廻や後備の者、牢人衆が功名心から先陣に潜り込むことを防ごうとしたものです。こうしたことがあった場合は、兵卒の統率が乱れ、戦《いくさ》に悪影響を及ぼすのは明らかでした。

それでも戦乱に巻き込まれた人々は、城のなかに逃げ込みました。慶長十九年に始まった大坂の陣では、徳川方が十九万五千人、豊臣方が九万七千人と推定されており、史上稀に見る兵力だったと言われています。ただし、豊臣方の場合は、大坂城内に周辺の住民が逃げ込んだので、実際の戦闘員はこれより少なかったとの指摘もあります。

統率が取れなかった前田勢

前田家はわざわざ軍法を規定したにもかかわらず、実際の戦い（真田丸の攻防）で統率が取れなかったようです。その事実は、「大坂冬御陣後御不審御尋之事」に実情をうかがわせる史料が残っています（『国事雑抄』上編）。

この史料はタイトルが示すように、大坂冬の陣での敗北を聞き取り調査した結果を記したもので、親類・知音《ちいん》であっても贔屓偏頗《ひいきへんぱ》なく報告するという性格のものです。作成されたのは大坂冬の陣の翌年のことですが、内容的には問題ないと言えます。史料の内容は、次の四ヵ条になっています。

①陣替（陣所を移すこと）のとき、組頭《くみがしら》の命令に従わず、先へ行こうとしたこと。
②鉄砲の者を連れながら、撃たさなかったこと。
③退却するとき、鉄砲の者を召し連れ、首尾よくいかなかったこと。

④組の鉄砲頭が先へ出ようとしたとき、正確な戦いの状況が伝わらなかったこと。
①を見るとわかるように、すでに陣替の段階で指揮命令系統が混乱しており、功を焦った兵卒らが先駆けをした様子がうかがえます。そうした状況のため、鉄砲部隊をうまく活用できず、退却の際も同様だったようです。④の通り、鉄砲部隊が前に出たときは、すでに混乱が最高潮に達しており、情報が正しく伝わらなかったことがわかります。

この事実を裏づけるように、『菅家見聞集《かんけけんぶんしゅう》』『長氏家記』『西尾隼人肉書の家記』（いずれも『越登賀《えつとが》三州志《さんしゅうし》』に所収）などの史料によると、前田家の家臣団は競うようにして、真田丸になだれ込んだ様子がうかがえます。これらの史料は後世に成立したもので、軍功を強調する傾向があるのですが、逆のマイナス面を書いているがゆえに、高い信憑性があると言えるのではないでしょうか。

制札・禁制の発給

軍勢が押し寄せてきた場合、一番困ったのは村や寺社の人々でした。人々は難を避けるために、禁《きん》制《ぜい》などの制札《せいさつ》の交付を大名にお願いしました。制札を代表とする文書には、ほかに高札・禁制、掟書・定書などさまざまな名称があります。

この文書は大名などの権力が寺社・郷村《ごうそん》・宿町などに宛てて発給し、ある特定の行為（兵卒による濫妨狼藉《らんぼうろうぜき》や竹木の伐採など）の禁止を布達することで、それらを保護しようとしたものです。

制札の授受過程や機能については、次の通りです。

①制札は大名から一方的に与えられるものではなく、必要とする者の要請によって下付されます。下付に際しては、制札銭（礼銭）の献上が必要です。
②制札には領主が領内に下付するものも多いですが、敵方である侵攻軍の大将から発給される場合もあります。この制札は、軍勢の濫妨狼藉を抑止するのに一定の効果を有しました。
③制札が存在することをもって、その軍隊が駐留したことを意味しません。制札の取得は、軍勢の到着を予想しての行為です。

制札は紙のほか、木に書いたものもありました。木に書いた制札には、釘の跡があるものも存在するので、実際に町の目立つところに掲示されたのかもしれません。

天正五年（一五七七）以降に羽柴（豊臣）秀吉が侵攻した播磨国と摂津国では、単に軍勢の濫妨狼藉を抑止する禁制だけでなく、百姓の還住令や楽市令に関する制札が発給され、都市法としての機能が追究されてきました。

物や人の略奪

戦場においては戦うだけでなく、物や人を略奪することも、戦利品として認められていました。甲斐（山梨県）の武田氏や小山田《おやまだ》氏の動向をはじめ、当時の生活や世相を記録した『妙法寺記』（『勝山記』とも）という史料があり、数多くの人の略奪の記録が残されています。

天文五年（一五三六）、相模国青根郷《あおねごう》（神奈川県相模原市緑区）に武田氏の軍勢が攻め込み、「足弱《あしよわ》」を

乱取りの実際（『大坂夏の陣図屏風』より。大阪城天守閣所蔵）

百人ばかり獲っていったようです。「足弱」とは、女性、老人、子供を意味しました（足軽を意味することもあります）。つまり、武田氏の軍勢は戦争のどさくさに紛れ、戦利品として「足弱」を強奪して国へ戻ったということです。時代を問わず、女性、老人、子供は常に「弱者」でした。

　この前年、武田信虎《のぶとら》は今川氏輝《うじてる》・北条氏綱《うじつな》の連合軍と甲斐・駿河の国境付近で戦い（万沢口《まんざわぐち》の戦い）、敗北を喫していました。武田氏が両者に対して、大きな恨みを抱いていたのは当然として、出陣した兵たちは略奪によって懐を潤していたのです。

　天文十五年（一五四六）には甲斐国で飢饉があり、餓死する者が非常に多かったと言われています。そうした状況下、武田氏の軍勢は他国に侵攻し、男女を生け捕りにして甲斐国へと連れ去りました。生け捕られた人々は、親類が引き渡しに応じれば、二貫、三貫、五貫、十貫で買い戻されていったようです。現在の貨幣価値に換算すると、一貫＝約十万円です。したがって、おおむね約二十万円から百万円で買い戻されたことになります。連れ去られた人の値段は、身分あるいは性別や年齢で値段が決まったと推測されます。

生け捕りにされた「足弱」は、売買される以外では、農作業などの貴重な労働力になったと考えられます。このように、戦場において人あるいは物を強奪することを「乱取《らんど》り」と言います。戦場で兵が分捕ったものは、自分のものになったのです。ある意味で、戦争に参加するのは「乱取り」が目的とも思えるほどでした。

同様の事例は、大坂の陣でも確認できます。『義演准后日記《ぎえんじゅごうにっき》』によりますと、大坂の陣で勝利を得た徳川軍の兵は、女・子供を次々と捕らえて、凱旋したことを伝えています。徳川方の蜂須賀《はちすか》軍については、約百七十人の男女を捕らえたようです。そのうち女が六十八人、子供が六十四人であり、女・子供が多くを占めているのは共通した点です。

大坂の陣を描いた「大坂夏の陣図屏風」には、逃げ惑う戦争難民の姿が活写されていますが、とりわけ兵に捕まった女性たちの姿が目を引きます。兵たちは戦争そっちのけで強奪に熱中しており、それが彼らの稼ぎとなっていたのです。そして、捕らえられた女性たちは、売り飛ばされたと考えられます。戦場での略奪は、日常茶飯事だったのです。

戦いの決着のつけ方

合戦における戦いの決着には、実にさまざまなパターンがありました。最もわかりやすいのは、敵の大将を討ち取ることです。

永禄三年（一五六〇）五月の桶狭間の戦いでは、今川義元《よしもと》が織田信長の配下にあった毛利良勝《もうりよしかつ》に首を獲られました。義元の首が獲られたとの情報はただちに広がり、戦意を喪失した今川軍は撤退しました。このように敵の大将を討ち取ることは、最も効果があったのです。

籠城戦の最中に降参の意思を表明し、負けた籠城側の大将が自刃することで、決着をつけることもありました。

天正八年（一五八〇）十月、籠城に耐えかねた鳥取城主の吉川経家《きっかわつねいえ》は羽柴（豊臣）秀吉との交渉の結果、自らが自刃して開城することにより、城兵の命を助けることで決着しました。秀吉は経家の家臣である森下道誉《もりしたどうよ》と中村春続《なかむらはるつぐ》が自刃すればよいとしましたが、経家は潔く切腹したと言われています。

同様の例としては、天正八年一月の播磨・三木《みき》城（兵庫県三木市）における別所長治《べっしょながはる》、天正十年（一五八二）六月の備中高松城（岡山市北区）における清水宗治《しみずむねはる》などの自刃が有名です。別所長治は城兵の命を救うことを条件として、一族や重臣と共に切腹しました。ところが、約束は反故にされ、実際には大量虐殺が行われたとの説もあり、現在も論争が続いています。

変わった例もあります。天正七年（一五七九）に丹波・八上《やかみ》城（兵庫県篠山市）の戦いで、明智光秀に敗れた波多野秀治《はたのひではる》は、実際には城内の和平派の城兵によって捕らえられ、織田方に差し出されたというエピソードが残っています。なかなか降参に応じなかった当主が、配下の者に見限られた事例と言えます。

戦いに負けた場合、敗将が逃亡するケースもありました。慶長五年（一六〇〇）九月の関ヶ原の戦いでは、敗北した西軍の首謀者である石田三成《いしだみつなり》、小西行長《こにしゆきなが》、安国寺恵瓊《あんこくじえけい》が散り散りに逃亡しました。結局、彼らは捕らえられて斬首となり、これにより決着がついたと言えます。なお、宇喜多秀家《うきたひでいえ》は薩摩に逃れましたが、のちに捕らえられて伊豆諸島の八丈島へと流されました。

和睦や臣従によって決着することもありました。天正十四・十五年（一五八六・八七）の九州征伐において、豊臣秀吉は薩摩の島津義久《よしひさ》・義弘《よしひろ》兄弟と交戦しました。当時、島津氏は九州南部をほぼ制圧し、勢力は九州北部に及ぼうとしていました。

当初、秀吉は島津氏に九州国分《くにわけ》案を提示しましたが、それが拒否されたため合戦に及びました。結果、秀吉は圧倒的な勝利を収め、島津氏と和睦を結び、秀吉に有利な領土割譲案を受け入れさせるのです。その際、島津義久は出家して龍伯《りゅうはく》と名を改めましたが、これも敗北の証だったと言えるでしょう。

天正十年六月の備中高松城の戦い後、羽柴氏と毛利氏の和睦の証として、毛利氏から秀吉に対して人質が送られました。その後、さらに領土割譲をめぐって、交渉が継続されました。人質を送り、誓紙《せいし》を交わすことも決着の際に必要だったのです。

以後、秀吉は敵対する勢力と交戦を繰り返し、降伏した場合は臣従させることで矛《ほこ》を収めました。

逆に、反抗的な態度を示した場合には、徹底して殲滅したのです。

首実検の実際

首実検《くびじっけん》とは、討ち取った敵の大将などの首が本物であるか否かを確認する作業です。今のように写真技術が発達しているわけではありませんので、首が敵の大将のものであるか否かを確認することは重要な問題だったのです。首実検は平安時代末期頃から行われ、室町時代以降は作法や儀式が確立しました。

討ち取られた首は、水できれいに洗い、髪を梳《す》いたり薄化粧を施したりして、きれいに整えられました。高貴な身分の武将の場合は、鉄漿《おはぐろ》を施すこともありました（『おあむ物語』）。死に化粧を施して、死者へ敬意を払ったのです。

大坂の陣において、豊臣方の木村重成《きむらしげなり》は出陣前に頭髪に香を焚きしめたと言われています。これも首を獲られることを念頭に置き、恥ずかしくないよう準備する武将の嗜《たしな》みでした。実際に徳川家康は重成の首に接した際、重成の心がけに感嘆したと伝わっています。

首実検は主に寺院で行われ、大将、（首の）披露役、立会人らが臨みました。首の確認の際には、大将の面前に首が運ばれ、披露役の武将が誰の首であるかを読み上げました。このとき酒の入ったかわらけを首の前に置くなどし、敬意を払ったのです。こうして敵の大将や重臣クラスの首は、慎重に首実検が行われたのでした。

しかし、雑兵クラスになると、一度に数個の首が並べられるなど、やや作業が雑だったのは仕方がありません。首実検の評定では、置かれた首の目の向いている方向によって、吉凶が占われたと言います。首実検が終了すると、首は晒し首にされることもありましたが、敵方に送り返されたり、丁重に葬られることもありました。

天正元年（一五七三）に浅井久政《あざいひさまさ》・長政《ながまさ》父子と朝倉義景《あさくらよしかげ》を滅亡に追い込んだ織田信長は、翌二年（一五七四）の正月に三人の首を薄濃《はくだみ》（頭蓋骨を漆塗りにして金粉を施すこと）にして酒宴を催しました。この信長の行為については、信長が三人に対して激しい敵意を持っていたため敢えて行ったという説と、単に首化粧の一種であるとの説があります。

実際のところ、首の確認には手間取ることもありました。大将クラスなら、立派な兜をかぶっていたでしょうし、面識のある武将が立ち会って確認をすることができました。しかし、慶長二十年（一六一五）の大坂夏の陣における真田信繁《さなだのぶしげ》（幸村《ゆきむら》）のように、叔父の信尹《のぶただ》でさえ長い間会っていなかったため、首を見ても本人との確証が持てなかったという逸話があります。それゆえ当時の人は、本当に当人が死んだのか疑念を持つことが少なくなかったのです。

ちなみに、ほかの兵からの「もらい首」、戦場で拾った「拾い首」、女性や子供の首は恩賞の対象にはなりませんでした。ゆえに軍事行動をする際は、兵卒が複数でチームを組み、互いに軍功を確認し合ったのです。

後年になると、鼻や耳を削いで首の代わりにすることもありました。それは首が重たいがゆえの措置でしたが、あくまで雑兵の首であって、大将や重臣クラスは別でした。

首実検は恩賞の軽重を決めるため、武将たちにとっては大切な儀式だったのです。

領土確定の方法

合戦後、問題となるのが領土の確定です。相手を滅亡に追い込んだ場合は、すべてを併呑することになりますが、和睦を結んだときには、改めて領土を確定する必要が生じました。

長宗我部元親《ちょうそかべもとちか》は土佐一国（高知県）を統一すると、やがて伊予（愛媛県）、讃岐（香川県）、阿波（徳島県）へと侵攻を繰り返し、やがては四国全土を統一する勢いでした。しかし、天正十三年（一五八五）六月に羽柴（豊臣）秀吉が元親の野望をストップすべく、四国への侵攻を開始します（四国征伐）。戦いの結果、元親は降参し、いわゆる「四国国分」が行われました。

四国国分が行われた結果、元親に許されたのは土佐一国のみでした。阿波は蜂須賀家政《はちすかいえまさ》（一部は赤《あか》松則房《まつのりふさ》）、讃岐は仙石秀久《せんごくひでひさ》（一部は十河存保《そごうまさやす》）、伊予は小早川隆景《こばやかわたかかげ》（一部は来島通総《くるしまみちふさ》ら）にそれぞれ与えられました。こうして四国の領土確定は終わったのですが、一般的には勝者による強引な領土確定が行われたようです。

先述した九州征伐の例も確認しておきましょう。薩摩の名族島津氏は、天正年間以降に九州南部への侵攻を繰り返し、本拠の薩摩・大隅（鹿児島県）に加え、肥前（佐賀・長崎県）・肥後（熊本県）・日向（宮崎県）・筑後（福岡県）なども併呑する勢いでした。天正十四年（一五八六）、秀吉は島津氏の野望を打ち砕くべく出陣し、結果として大勝利を収めました。

その結果、九州国分が行われ、島津氏が領有を許されたのは、薩摩・大隅と日向の一部だけでした。九州北部の諸国は、黒田孝高《くろだよしたか》（官兵衛《かんべえ》、如水《じょすい》）小早川隆景以下の重臣層らに分け与えられました。国分には、家臣への恩賞としての性格もあったのです。

天正十年（一五八二）六月の備中高松城の水攻め後の毛利氏と羽柴氏との和睦は、毛利氏の領土確定が大きな問題となりました。もともと毛利氏一門の領国は、西から長門・周防（山口県）、安芸・備後（広島県）がメインでしたが、やがて石見・出雲（島根県）を、さらに伯耆・因幡（鳥取県）、備中・美作（岡山県）をも奪い取るような状況でした。問題となったのは、備中、備後、出雲、伯耆、美作の五ヵ国です。その後、備後と出雲は対象から外され、毛利氏の領土となりました。

交渉担当者は、羽柴方が黒田孝高と蜂須賀正勝《まさかつ》、毛利方が安国寺恵瓊《あんこくじえけい》と林就長《はやしなりなが》でした。交渉は一年余も続きましたが、結局は毛利氏が美作国一国と備中国・伯耆国の一部を放棄する条件で落着します。交渉の過程においては、強気な態度の毛利氏首脳に対して、政僧の安国寺恵瓊がその不利を説明し、懸命に説き伏せたと言われています。

ほかにも領土確定の例はありますが、大名にとっては自らの実力で得た領国であるため、安易に不利な条件では妥協しづらい面がありました。天正十八年（一五九〇）の小田原征伐は、上野・名胡桃《なぐるみ》城事件がきっかけでしたが、もともとの原因は北条氏の領土確定への不満でした。それゆえ、領土確定交渉の舞台裏では、厳しい交渉が重ねられたのです。

敗れた大名たちの処遇

敗れた大名は、和睦によって生き残った者以外は、戦って討ち死にするか自刃するかだったと言えます。自刃の際は短刀で自らの腹を切り、介錯人が首を落としました。一口に切腹といってもさまざまで、普通に腹を横に切る方法もありましたが、十文字に腹を切る凄まじいものもあったのです。

悲惨な運命をたどったのは大名当主だけでなく、その家族も同じでした。先述した播磨・三木城主の別所長治《べっしょながはる》の場合は妻も自刃に及び、子供は長治自身が手にかけたとされます。幼い子供は、自刃する術《すべ》を知らなかったことでしょう。概して男子は許されることなく殺害されたようで、運が良ければ仏門に入ることで死を免れたようです。

当時、敗北を喫した大名のうち、敵から妻を迎えていた場合は、妻を実家に帰らせることがありました。天正元年（一五七三）、近江・小谷《おだに》城主の浅井長政《あざいながまさ》は織田信長との戦いで敗北を悟り、妻のお市を織田家に返しました。その後、お市は柴田勝家《しばたかついえ》のもとに嫁ぎましたが、天正十一年（一五八三）に羽柴（豊臣）秀吉に居城の越前・北庄《きたのしょう》城（福井市）を攻められ、勝家と共に自刃しました。

死一等を減じられ、仏門に入ることにより、命を許された例もあります。慶長二十年（一六一五）五月に大坂城が落城し、淀殿《よどどの》と豊臣秀頼《ひでより》が自刃しましたが、秀頼の庶子国松《くにまつ》と娘天秀尼《てんしゅうに》が残りました。国松は処刑されましたが、天秀尼は鎌倉の東慶寺《とうけいじ》に入ることによって許されます。なお、天秀尼の死によって、豊臣家の家系は完全に断たれました。

敗将のいた城郭の扱いもさまざまで、要衝の地にあった城については修繕が行われ、新たな武将が入ることもありました。逆に、使い勝手の悪い城については、再利用されることなく廃城となったのです。たとえば、天正八年（一五八〇）の播磨・長水城《ちょうずいじょう》（兵庫県宍粟市）の戦い後、播磨国内の諸城は一部を除いて破壊されました。城は軍事施設になるので、敵対集団の再利用を恐れて、こうした措置が取られたと考えられます。

負けた側の生き残った武将のその後もさまざまで、多くは仕官先を探して牢人生活を送りました。その際、系図や当主からもらった感状などを携え、仕官活動を行ったと言います。しかし、なかには敗北を見越して、ほかの大名に仕官する例もありました。天正十年（一五八二）に滅亡した武田氏の家臣で、徳川家康に仕えた穴山梅雪《あなやまばいせつ》（信君《のぶただ》）はその好例と言えます。

同じ武田氏では、山県《やまがた》氏の赤備え（武具を赤一色に統一した軍勢）がそっくり家康に召し抱えられ、そのまま井伊直政《いいなおまさ》に預けられました。のちに、彼らは「井伊の赤備え」として恐れられることになります。つまり、家康は領土拡大に伴って家臣団の強化を必要としており、武田氏旧臣を召し抱えることによって軍事力の増強を図ったと言えるでしょう。

このように、戦いに負けた場合は、大名自身にとどまらず、多くの人が巻き添えになったのですが、その処遇はさまざまだったのです。

戦死者と落武者狩り

合戦後、戦死者の遺骸はどうなったのでしょうか。勝者側の戦死者については、遺族や黒鍬《くろくわ》が死体を回収し、弔うことがありました。黒鍬は小荷駄隊（兵糧や弾薬などの兵站《へいたん》担当部隊）に所属し、橋や陣地などを築いたり、戦死者の収容・埋葬などを担当していました。また、戦場には陣僧《じんそう》という主に時宗《じしゅう》の僧侶が派遣され、戦死者への供養を行ったと言います。

逆に、敗者側の戦死者は死体が回収されることが少なく、付近の住人が憐れんで埋葬することがありました。また、敗者は戦場から逃亡することがあったため、勝者は落武者狩りと称して、徹底的に探索を行ったのです。

天正十年（一五八二）六月、本能寺の変で織田信長が横死すると、堺に滞在中の徳川家康は、河内（大阪府）、山城（京都府）、伊賀（三重県）を経て、伊勢（三重県）から本国の三河（愛知県）に戻ろうとしました（神君《しんくん》伊賀越え）。共に逃亡した穴山梅雪《あなやまばいせつ》は途中まで家康と同行していましたが、にわかに離脱して行動を別にしました。しかし、光秀の命を受けた一揆勢は落武者狩りと称し、梅雪を家康と誤認して山城の宇治田原《うじたわら》（京都府宇治田原町）で討ったと言われています。わずかな手勢しか持たない梅雪は、無残にも一揆に殺害されたのです（自刃という説もあります）。

むろん一揆の勢力は、殺害した梅雪の首を光秀に持参し、恩賞に預かろうとしたのでしょう。梅雪は戦いに負けたわけではないですが、敗残者と同じ扱いで追討されたのです。

本能寺の変後の山崎の戦いで、羽柴（豊臣）秀吉に敗れた明智光秀は、一路居城の坂本城《さかもと》（滋賀県大津市）を目指しました。その途中で光秀は土民《どみん》による落武者狩りに遭い、竹槍で突かれて重傷を負ったとされます（場所は小栗栖《おぐるす》〈京都市伏見区〉など諸説があります）。結局、光秀は自刃し、家臣が首を竹藪に隠しましたが、発見された首は本能寺で晒し首になりました（その後、京都の粟田口《あわたぐち》でも晒し首に）。

落武者狩りが徹底して行われたのは、慶長二十年（一六一五）の大坂夏の陣後でしょう。同合戦では、豊臣方の名将が数多く戦死しましたが、なかには逃亡者がいたり、生死が不明な者も少なくなかったのです。長宗我部盛親《ちょうそかべもりちか》は天王寺・岡山の戦いで敗れて、戦場を離脱しましたが、男山《おとこやま》（京都府八幡市）に潜んでいるところを捕縛されました。その後、捕らえられた盛親は斬首され、京都の三条河原で晒し首になったのでした。

大坂夏の陣後、江戸幕府が落武者の探索を徹底して行ったのは、第一に明石掃部《あかしかもん》ら生死の判明しない武将を捕まえるためでした。それゆえ、幕府は各国の大名に命じて、徹底した落武者の探索を命じたのです。第二に、落武者を捕縛して処刑するなど、厳しい弾圧をすることにより、抵抗勢力を徹底して排除し、豊臣派残党の勢力一掃を強化する点にありました。真田信繁《さなだのぶしげ》や豊臣秀頼《ひでより》などは、当時から薩摩（鹿児島県）に逃れたとの話が流布していたので、大坂牢人への追及の手を緩めることはできなかったと考えられます。

大名の加増・転封

合戦で武将たちが必死になって戦うのは、恩賞として知行地を与えられるからでした。それには加増を含めて、転封《てんぽう》といって新天地に移ることもあったのです。そうした栄転の例は、数えればきりがないほどです。

豊臣秀吉の子飼いの武将加藤清正《かとうきよまさ》は、天正十一年（一五八三）の賤《しず》ヶ《が》岳《たけ》の戦いで軍功を挙げ、「賤ヶ岳の七本槍」の一人に数えられました。それだけでなく、近江国（滋賀県）などに三千石の知行を与えられています。以後、清正は幾多の戦いで活躍し、天正十六年（一五八八）には肥後隈本（熊本）に約十九万五千石を与えられました。慶長五年（一六〇〇）九月の関ヶ原の戦い後には、肥後一国約五十四万石まで加増されたのです。

清正は比較的移動が少なかったのですが、加増するたびに拝領地が変わることも珍しくありませんでした。森忠政《もりただまさ》は天正十二年（一五八四）に兄長可《ながよし》の遺領である美濃国金山《かなやま》（岐阜県可児市）で約七万石を継承しました。慶長五年二月には、信濃国海津《かいづ》（長野市）で約十三万七千五百石を拝領します。その三年後には関ヶ原の戦いの軍功により、美作国津山（岡山県津山市）に十八万六千石を与えられました。

信長・秀吉の時代になると、大名と土地の関係は切り離され、新たな土地を与えられることが通例となりました。いわゆる「鉢植え大名」です。それゆえ、新たな土地では、入部に反対する一揆が勃発することもありました。加藤清正の前任者だった佐々成政《さっさなりまさ》は、肥後国で大規模な一揆が起こった失政を秀吉から咎められて切腹を命じられています。

この例に漏れず、新しい土地を与えられた場合は、すんなりと入るわけにはいきませんでした。天正年間以降では、阿波（徳島県）の蜂須賀《はちすか》氏、豊前中津（大分県）の黒田氏などが在地勢力の抵抗に悩まされています。転封に際しては、さまざまな困難が待ち受けていたのです。

上杉景勝《かげかつ》は越後（新潟県）から会津（福島県）へと移る際、越後で徴収した年貢を会津へ持ち出したため、新たに越後へ入った堀氏とトラブルになったと言います。原則として、移封の際は年貢の持ち去りや百姓の移動を禁じていたのですが、それを景勝は破ったのです。

慶長五年の関ヶ原の戦いでは、東軍に属した諸大名には軍功に応じて加増がなされました。福島正則《ふくしままさのり》や黒田長政《ながまさ》らは貢献度が高く、一躍大大名へと上り詰めたのですが、このときは通常発給される知行宛行状《ちぎょうあてがいじょう》がありませんでした。諸大名への加増は、口頭によって伝えられたことが諸書に記録されています。当時はまだ豊臣公儀が健在であり、家康が豊臣氏に遠慮して発給しなかったというのが実情のようです。

慶長十九・二十年（一六一四・一五）の大坂の陣は、相手方の大名らしい大名は豊臣秀頼《ひでより》しかおらず、勝利を得ても旨みはありませんでした。それゆえ、大名たちは多大な軍役を負担するだけだったので、士気が上がらなかったのは当然と考えられます。ただし、出陣した大名は、家臣らに恩賞を与える必要があり、かなり苦労したと言われています。

加増や転封とは逆に、領地を召し上げられる改易《かいえき》、領地を減らされる減封《げんぽう》がありました。理由は戦いでの敗北、失政、後継者の不在とさまざまです。つまり、大名の改易・減封に伴って、加増・転封が行われるサイクルになっていたのです。

武功と恩賞

大名たちが数郡から一国、さらに複数国の加増が認められるのに対し、侍や雑兵たちは数十石から数百石の知行を得るために奮闘しました。一般的に武功を挙げた武将には、大名から軍功を称えた感《かん》状《じょう》をもらい、そこに新規に所領を与える旨が記されていました。土地や金銭だけでなく、刀・陣羽織や茶器などの品々が与えられることもあったのです。なかでも名品と謳われた茶器には、一国に値するものがあったと言われています。

武功のなかで、最も華々しかったのが一番槍、一番首です。一番槍とは、戦場で最初に敵と槍を突き合わせることを意味します。その後、二番槍、槍脇付（一番槍、二番槍の脇を固める役）と続きます。そして、最初に首を挙げることを一番首と称しました。

敵と交戦したとき、最初に敵に槍を突くことを初槍《しょやり》と言いました。仮に複数で敵を討ち取っても、初槍の者が首を獲る権限を有したのです。つまり、最終的に別の者が敵の首を獲っても、初槍の者に首を譲らなければならなかったのです。これが戦場での暗黙のルールであり、首を討ち取った武将が潔く初槍の者に譲った例は多々あります。

首は、敵の大将の首が最も重んじられました。大将の首は大きな兜をかぶっているので、重くても兜を捨ててはいけませんでした。そのことを知らず、兜を捨ててしまったために、大手柄を逃した例すらあります。先述の通り、戦場で首を拾ったり（拾い首）、首を複数獲った味方から首を譲ってもらったり（もらい首）、女性や子供の首は価値がありませんでした。そうしたことを確認する意味で、軍事行動は複数になって行い、互いが証人として首を討ち取った状況を説明することがあったのです。

ちなみに、首は腰にぶら下げたのですが、数が多くなるとあまりに重く、戦いに支障が生じました。そこで、上唇などを切って、腰にぶら下げることもありました。男性の場合は、上唇に髭《ひげ》やその剃り跡があるので判断できたのです。ほかに、耳や鼻を削いだ例もあります。

慶長五年（一六〇〇）の関ヶ原の戦いの際、福島正則《ふくしままさのり》の部将可児才蔵《かにさいぞう》は、敵の首を腰にぶら下げるのが面倒だったので、首に笹の葉を挟んで「自分が獲った首」という目印にしました。それゆえ才蔵は、「笹才蔵」と称されたという逸話が残っています。

首は首帳（戦場で討ち取った敵の首と、これを討ち取った者の氏名を記した帳簿）に記録され、戦功の際の重要な資料となりました。大坂の陣では大名の加増が見込めなかったため、戦後に兵卒から首を獲った状況を報告させるなど、厳選主義を採用したと言われています。その際、先述の通り、報告書に証人の名を書き記す必要がありました。出陣した兵卒には、聞き取りなども行われたようです。

合戦図屏風の制作

合戦後、大名家では合戦図屏風を制作し、先祖の武功を称えました。実は、合戦の様子を描いた作品の歴史は古いと言えます。

現存する最古のものは、永保三年（一〇八三）に始まる後三年の役を描いた『後《ご》三年合戦《さんねんかっせん》絵詞《えことば》』（重要文化財・東京国立博物館所蔵）です。成立したのは貞和三年（一四三七）で、作者は飛驒守惟久《ひだのかみこれひさ》なる人物です。そのもとになったと言われているのが、承安元年（一一七一）に後白河法皇《ごしらかわほうおう》が院宣《いんぜん》によって制作を命じた『後三年絵』です。以後、『蒙古《もうこ》襲来《しゅうらい》絵詞《えことば》』（『竹崎季長《たけざきすえなが》絵詞《えことば》』とも。宮内庁所蔵）などの合戦絵巻が盛んに作られるようになりました。

合戦図が描かれた背景には、どのような

『姉川合戦図屏風』（福井県立歴史博物館所蔵）

意図があったのでしょうか。そもそもの目的は、単に観賞用ということになります。平安時代末期から鎌倉時代にかけて、数多くの合戦絵巻が制作されましたが、単に絵だけでなく詞書《ことばがき》も添えられていました。それらは縦の幅がおおむね三十センチメートルでしたが、長さは十～二十五メートルと長大でした。当時の人々にとっては、さながら現在の映画を観るような感覚だったに違いありません。

　しかし、先述した『蒙古襲来絵詞』は観賞用ではなく、竹崎季長が自らの軍功を強調し、所領を得るための目的で描かれました。以後、合戦図は鑑賞という目的から、恩賞を得るなどの明確な意図をもって制作されるようになったのです。

　天保八年（一八三七）に成立した『姉川

合戦図屏風』（福井県立歴史博物館所蔵）は、徳川家康（あるいは徳川軍）を顕彰するために制作されたと言われています。同じく『大坂夏の陣図屏風』（大阪城天守閣所蔵）は、もともと福岡藩主黒田家が所蔵していたもので、黒田長政《ながまさ》が戦後になって描かせたと言われています。つまり、制作された目的は、黒田家や長政の顕彰ということになります。合戦図によっては、活躍がわかるように人物名をわざわざ注記しているものもあります。

『朝鮮軍陣図屏風』（鍋島報效会所蔵）は、慶長三年（一五九八）における落城寸前の蔚山《ウルサン》城の攻防を描いています。出陣した鍋島直茂《なべしまなおしげ》が、同行させた絵師に描かせたものと言われています。つまり、直茂は合戦の場面を記録しようという意図を持っていたと考えられます。『三木合戦絵図』（法界寺所蔵）は、名君の別所長治《べっしょながはる》の遺徳を偲び、絵図を解説するという形式を採って（絵解き）、今も語り継がれているほどです。

近世になると軍学が発達し、戦国時代の合戦を分析するようになりました。やがて、軍記物語や兵学書だけでは飽き足らず、合戦図屏風によって実際の場面を見たいとの要求が高まってきます。こうした要望に応じる形で、合戦図が描かれることもありました。

屏風は、六曲あるいは八曲が一つの単位になっています。六曲（あるいは八曲）の片方が単独のものは一隻《せき》と言います。それが二つ対になると、六曲（あるいは八曲）一双《そう》と言い、右は右隻、左は左隻と呼びます。また、六曲（あるいは八曲）を構成する一枚の絵は扇《せん》という単位で構成され、右から一扇で始まり六扇（あるいは八扇）で終わっています。

物語は右から始まり、左へと時間が進んでいきます。基本的に一つの屏風で戦いの開始から終了までを描くので、異なる時間の出来事が描き込まれます。この技法は「異時同図法」と称されています。とはいえ、合戦の詳細を時間的経過に合わせて詳細に描くのは困難なため、ハイライト・シーンを切り取り、大胆に描くようになりました。江戸時代に制作された作品は、戦国時代にはなかったものが描かれることもありました。

比較的多く残っている作品は、関ヶ原の戦いや大坂冬（または夏）の陣のものです。二つの合戦後は平和な時代になり、絵を生業《なりわい》とする者も現れました。大名たちは往時に思いを馳せ、自らの記憶をたどりながら、絵師に要望を出したと考えられます。

〔主要参考文献〕

小和田哲男編『戦国武将の合戦図』（新人物往来社、二〇一一年）
小林一岳・則竹雄一編『戦争I　中世戦争論の現在』青木書店、二〇〇四年）
長屋隆幸「戦国時代と合戦」（渡邊大門編『真実の戦国時代』柏書房、二〇一五年）
西股総生『戦国の軍隊』（角川ソフィア文庫、二〇一七年）
盛本昌広『軍需物資から見た戦国合戦』（洋泉社歴史新書y、二〇〇八年）
盛本昌広『増補新版　戦国合戦の舞台裏――兵士たちの出陣から退陣まで』（洋泉社歴史新書y、二〇一六年）

第四章　合戦における軍配師の役割

軍配師とは何か

辞書類によれば、軍師《ぐんし》（本章では軍配師《ぐんばいし》）とは大将の配下にあって、戦陣で計略や作戦を考えめぐらす人を意味します。彼らは単に戦場で計略や作戦をめぐらすだけでなく、ときには外交にも携わるなど、多彩な能力を発揮しました。しかし、軍師という言葉は江戸時代に生まれたもので、それより以前にはなく、軍配師が正しい呼称です。

戦国時代には、武田氏の軍配師山本勘助《やまもとかんすけ》、今川氏の軍配師太原雪斎《たいげんせっさい》、上杉氏の軍配師宇佐美定行《うさみさだゆき》など、著名な軍配師が数多く存在しました。なかには実在を示す一次史料に乏しかった人物もいましたが、山本勘助のように多くの一次史料が発見され、注目を集めた例もあります。

日本に兵法が伝わったのは、奈良時代に遡ります。『日本書紀』には、兵法を駆使したと思《おぼ》しき人々が登場しています。留学生《るがくしょう》として唐に渡った吉備真備《きびのまきび》（六九五〜七七五）は、儒学・天文学・兵学を修めて帰国しました。兵法に通じた真備は城を築くなど、「軍配師第一号」と言われているほどです。真備は陰陽道《おんみょうどう》にも通じていました。のちに古代中国の兵法書『孫子《そんし》』『呉子《ごし》』『六韜《りくとう》』『三略《さんりゃく》』などを参考にして、わが国でも多くの兵法書が執筆されるようになりました。

平安時代末期以降、戦いが頻発する時代に入り、戦い方は洗練されました。同時に兵法も大いに発達し、理論化が進められました。南北朝期から室町期にかけて執筆された『兵法秘術一巻書』や『訓《くん》閲《えつ》集』などは、兵法書の代表と言えるでしょう。

戦国時代は迷信が信じられており、陰陽道や占いなどが重要視されました。戦国期の兵法は、宿《しゅく》星《せい》（運命や根源的性質を司る星）、雲気《うんき》（空中に立ち上る異様の気）、日取り、時取、方位などをもとにした軍配術が基本でした。これに弓馬礼法や武家故実が結びつき、軍配兵法が発達したのです。占星術や陰陽道に通じた軍配者は、合戦の日取りを決めました。十二世紀初頭に賀茂家栄《かものいえよし》が撰した『陰陽雑書』によると、戦いに適した日は己巳《きし》以下の十四日とされていますが、諸書によって合戦に適した日は一定しておらず、各軍配師の独自の理論に基づいていました。

戦国大名は、出陣の日の選択をお抱えの軍配師に委ねました。多くは僧侶であり、ときに易者《えきしゃ》や山伏《やまぶし》に任せることもありました。僧侶の場合は、軍配師養成学校と称された足利学校の卒業生も少なくなかったようです。要は、やみくもに出陣の日を定めていたわけではないのです。

合戦に適した日時にこだわった例は、康平三年（一〇六二）八月の前九年の役で確認することができます。源頼義《よりよし》は安倍宗任《あべのむねとう》の叔父で僧侶の良照《りょうしょう》の籠もる小松柵《こまつのさく》（岩手県一関市）を攻撃しようとしましたが、その日は日取りが良くないとの理由で延期しました。出陣の日については、足利将軍家が陰陽頭に依頼し、吉日を選んだ例があります。

出陣の作法

出陣に際しては、日取りの吉凶を占って出陣日を決定するほか、三献《さんこん》の儀などの作法がありました。以下、それらの説明をすることにしましょう。

最も重要なのが出陣日の決定です。軍配師は天文学や気象学などの知識をフル活用し、出陣日の吉凶を占い、最適な出陣日を提案しました。戦いは天候（雨や風など）にも左右されるので、より慎重が期されたのです。

出陣に際しては、三献の儀が執り行われました。三献の儀とは、「打鮑《うちあわび》」「勝栗《かちぐり》」「昆布《こんぶ》」をそれぞれ口につけ、酒を飲む出陣の儀式です。これは「打って」「勝って」「喜ぶ」という語呂合わせで、縁起が良いとされました。ほかに、出陣の際に連歌会（戦陣連歌）を催すことも、兵卒らの一体感を高めて勝利に繋がるとされました。

行軍の途中でも、随時、吉凶を占っていたようです。合戦が始まり、一番首が届けられると、軍神に捧げるのも軍配師の仕事でした。これを「軍神の血祭りに上げる」と称します。戦いに勝ったときには、軍配師が主導して「勝鬨《かちどき》」を上げたのです。

敵の首が持ち込まれると、それが大将の首であるか否かを確認する必要がありました。これが前章で触れた「首実検」です。首実検は単に首を確認し、戦功を認定するだけではなく、死者への弔いの意も込められていた、非常に重要な儀式だったのです。

以上、軍配師の作法について述べてきましたが、これらはあくまで一般的なものです。毛利家では出陣に際して、鎧《よろい》の上帯を切るという独自の作法がありました。それらは科学的、合理的とは言えないかもしれませんが、当時の人々は強く信じていたのです。いずれにしても、勝敗はそのまま生死如何に関わってくるので、軍配師の役割は重要だったのです。

戦いを主導した軍配師

合戦における軍配師の重要な役割としては、軍略を練ること、そして軍勢をどのように配置するかということがあります。しかし、実際の戦いにおいて、どんな作戦が立てられ、軍勢がどう配置されたのかは、後世の編纂物でしかわからないことが多く、一次史料に拠る裏づけは難しいと言えます。陣立書が残っているケースは乏しいのです。

山本勘助肖像画

永禄四年（一五六一）の第四次川中島の戦いの際、武田信玄の配下にあった山本勘助《やまもとかんすけ》は、「啄木鳥戦法《きつつき》」を用いて戦ったとされます。「啄木鳥戦法」とは、部隊を二つに分け、一つの部隊に上杉軍の本陣が置かれた妻女山《さいじょさん》を攻撃させ、上杉軍が山を下ったところで、平野部のもう一つの部隊が待ち伏せする作戦です。ちょうど啄木鳥が木を叩き、驚いた虫が木から飛び出したところを食べるのに似ているので、このように名づけられたと言われています。

ほかにも著名な戦い方はあります。「鶴翼《かくよく》の陣」は、軍勢の両翼を鶴のように前に張り出し、中心に大将を配置する陣形です。敵が攻め込んで来たら、両翼を閉じて敵を包囲し、全滅に追い込む作戦として知られています。川中島の戦いでは武田信玄が、三方ヶ原の戦いでは徳川家康が用いたと言われます。

上杉謙信が川中島の戦いで用いた「車掛《くるまがかり》の陣」は、先に出陣した部隊が攻撃ののちに後ろへ引き下がり、後方から別の新手の部隊が攻め込むという戦法でした。こうして車が回転するがごとく、中心の大将を守りながら、連続して突撃を繰り返す作戦なのです。

ただ、いずれの作戦も本当に存在したのか疑問視されています。山本勘助に至っては、体系的に軍学を学んでいないと神前で申し述べているくらいです（『甲陽軍鑑』）。先述した作戦は後世の創作で、実戦はこれまでの経験則が左右したと考えられます。

軍配師と外交・城

軍配師の役割として重要なものに、外交・諜報・調略があります。外交とは戦国大名間における交渉であり、諜報とは情報収集活動のことです。そして、調略とは敵を味方に引き込むことです。

毛利輝元《もうりてるもと》の配下にあった安国寺恵瓊《あんこくじえけい》は、京都と国許《くにもと》の安芸を往来し、中央の情報を輝元に送っていました。天正十年（一五八二）六月の本能寺の変後、羽柴（豊臣）秀吉と輝元は和睦に向けて国境を定めますが、そのとき交渉の前面に立って主導したのが恵瓊です。その際、役に立ったのは、恵瓊が独自に収集した秀吉や政治情勢に関する情報でした。

秀吉の配下にあった黒田孝高《くろだよしたか》（官兵衛《かんべえ》・如水《じょすい》）と竹中重治《たけなかしげはる》（半兵衛《はんべえ》）は、天正五年（一五七七）以降の中国計略の際、播磨・美作・備前の国人《こくじん》を寝返らせるための交渉に臨みました。こうして味方を増やすことも、彼らの重要な仕事だったと言えます。

天文二十三年（一五五四）、善徳寺《ぜんとくじ》（静岡県富士市）の会盟《かいめい》により、甲相駿《こうそうすん》三国同盟が結ばれたと言われています。善徳寺の会盟とは、武田信玄、北条氏康《うじやす》、今川義元《よしもと》が善徳寺に赴いて話し合い、締結された同盟のことです。これを主導したのが、今川義元の配下にあった太原雪斎《たいげんせっさい》です。現在、善徳寺の会盟は虚構とされていますが、太原雪斎が外交で活躍したのは事実であり、それゆえにこうした逸話が創作されたと考えられます。

実際の戦いで勝利を得るのは重要ですが、戦う前にできるだけ有利な態勢に持ち込むことも重要でした。まさしく孫子《そんし》が言うところの「戦わずして勝つ」に繋がります。

軍配師は築城技術にも優れており、大いに頼りにされました。山本勘助や黒田孝高《くろだよしたか》（官兵衛《かんべえ》・如水《じょすい》）は、その代表と言えるかもしれません。

築城に際しては、まず有利な地形が重要視されました。攻撃や防御に適しているだけでなく、城下における治世も大切です。その主な条件は、主要な街道が通っており、河川や海上の交通の便が良いなど、城下町そして経済の発展が見込まれる土地柄でした。それは、そのまま兵糧の搬入経路ともなり、兵站《へいたん》をも意識したものと言えます。さらに、本城を中心に支城ネットワークを構築し、攻守を万全にするなど、高度な技術が要請されました。

それだけなく、「四神相応《しじんそうおう》の地」と言われるように、築城地が陰陽《いんよう》五《ご》行《ぎょう》を踏まえた方位・地相であることも重要な決まりごとでした。四神とは天の四方の方角をつかさどる神を意味し、青龍《せいりゅう》（東）、白虎《びゃっこ》（西）、朱雀《すざく》（南）、玄武《げんぶ》（北）のことです。築城には縄張りや石垣の積み方、城の虎口《こぐち》（枡形、馬出など）の作り方など技術的なことに加え、呪術的な側面も欠かすことができなかったのです。それゆえ、鍬《くわ》立《た》てと称する起工式・地鎮祭も軍配師の大切な役割だったのです。

以上のように軍配師の役割は多種多様ですが、最も彼らが頼りにされたのは、外交や調略などであり、優れた呪術の能力だったのかもしれません。戦場での華々しい活躍がイメージされる軍配師ですが、それらは後世の逸話に彩られていることが多いのです。むしろ優れた築城技術や呪術などの特殊能力が評価されたと言えます。

軍配師養成所だった足利学校

軍配師養成学校とも言え換えられるのが、足利学校（栃木県足利市）です。足利学校は儒学を中心にして諸学を教授し、戦国期には占いや兵学なども教えていました。しかし、戦国期の足利学校は戦乱の影響を受け、十六世紀初頭には厳しい状況に追い込まれました。享禄年間（一五三〇年代）には火災により、建物や重要な書物が焼失しています。

相模・小田原城（神奈川県小田原市）を拠点に関東一円を支配した北条氏政《うじまさ》は、物心両面にわたる援助を足利学校に行い、再興を促しました。最盛期には、三千人余の学生を抱えていたと言われています。天文十八年（一五四九）に日本を訪れたイエズス会宣教師のフランシスコ・ザビエルは、「日本国中で最大の大学」あるいは「坂東の大学」と称賛したほどです。

北条氏の援助があったことから、足利学校では占いや兵学が盛んに講義されるようになりました。足利学校の初代校長は、易学の権威で臨済宗の僧快元《かいげん》でした。当時の兵学は占いを基本としており、合戦の日取りなどを決定することが重要視されました。『甲陽軍鑑』によると、足利学校で教授される占いは、かなりの高い評価であったようです。

純粋な意味での足利学校は、軍配師養成学校ではありません。戦国時代には、足利学校出身の僧侶らが政治ブレーンとして大名に仕えたので、結果的に軍配師養成学校のように見なされたのです。

卒業生は錚々たる面々です。小早川隆景《こばやかわたかかげ》は、足利学校出身の玉仲宗琇《ぎょくちゅうそうしゅう》と白鷗玄修《はくおうげんしゅう》の二人を、鍋島直茂《なべしまなおしげ》も不鉄桂文《ふてつけいぶん》を招いていました。直江兼続《なおえかねつぐ》のもとには、足利学校出身の涸轍祖博《こてつそはく》がいました。徳川家康のブレーンである天海《てんかい》も、足利学校の卒業生です。

天正十八年（一五九〇）に北条氏が豊臣秀吉に滅ぼされると、足利学校も衰退の一途をたどりました。足利学校の蔵書の類は、豊臣秀次《ひでつぐ》（秀吉の養子）が持ち帰り、翌十九年（一五九一）には事実上の閉校となります。しかし、江戸時代以降、足利周辺に入部した大名らによって再興されました。

軍配師の道具

軍配師には、数多くの必須アイテムがありました。ここでは、軍配と軍扇《ぐんせん》を取り上げることにしましょう。

そもそも軍配とは、軍配団扇《ぐんばいうちわ》を省略した言葉です。戦国時代になると、武将が自軍を指揮するための道具として用いられました。軍配とは、軍陣の配置や軍の進退の日時・方角などを占って手配をすることです。すでに十一世紀半ばの前九年の役の頃には、確立していたと言われています。

室町時代末期、軍配の重要性が認識されるようになり、武将たちは合戦の指揮をするために団扇を使用するようになりました。合戦で使いやすくするため、団扇の柄には鉄を入れ、羽の部分には皮を用いて漆を塗りました。その表面には日月星辰《じつげつせいしん》（太陽と月）の文様、あるいは方位・方角、十二支、陰陽・天文・八卦《はっけ》（易の基本となる八つの図形）、二十八宿《にじゅうはっしゅく》（天の赤道帯を二十八個に区分したもの）、梵字《ぼんじ》（古代インドで用いたブラーフミー文字）などを箔押ししたのです。

当初は軍配団扇と呼ばれていましたが、やがて軍配と省略されました。現在では、相撲の勝敗を決するときに行事が使用しています。

軍扇は合戦の際に用いる扇ですが、そもそもは普通の扇を持ち込んだものと考えられています。その起源は古く、平治元年（一一五九）に起こった平治の乱の際、源義朝《よしとも》が日輪《にちりん》を描いた扇を用いたのが最初の例であると言われています。

『平治物語絵巻』などの合戦を描いた絵巻を見ると、軍扇の多くは黒塗りで、地紙に日輪を描いており、非常に大きいものです。まさしく屈強な武将が用いるものでした。室町時代の故実書『随兵《ずいひょう》日記《にっき》』によると、軍扇は長さ約三十六センチメートルで、表に日輪、裏に月と七星（北斗七星）が描かれていました。この頃には軍扇が存在し、戦場で使われたのは疑いありません。

ただし、室町・戦国時代には軍扇という言葉はなく、江戸時代になってから用いられた言葉とされます。江戸時代の軍扇の文様は、表が日輪、裏には九曜《くよう》が描かれていました。ほかにも軍配師のアイテムには、出陣の合図を行う「法螺貝《ほらがい》」などがあります。

上杉景勝の軍配師――清源寺是鑑

清源寺是鑑《せいげんじぜかん》は生歿年不詳です。越後国安国寺《あんこくじ》（新潟県上越市）の住持を務めつつ、上杉景勝《かげかつ》に仕えて吉凶を占っていました。少なくとも天正十一年（一五八三）二月四日以前は、住持を務めていたことが判明しています。是鑑の占いとは、合戦に際して日取りや方角などを決定したことです。

越後安国寺はもはや廃寺となっていますが、室町幕府開創期に足利尊氏《たかうじ》・直義《ただよし》兄弟が全国に開いた安国寺の一つです。安国寺が越後守護の上杉氏の庇護下にあり、守護代の長尾《ながお》氏が関わっていたことは、容易に考えられるところです。景勝も、安国寺の歴代住持に帰依していたと推測されます。

是鑑の史料は乏しいですが、「上杉家文書」のなかに二通の是鑑の書状が残っています。一通は、天正九年（一五八一）以前と推定される六月二十四日付けの樋口与六《ひぐちよろく》（直江兼続《なおえかねつぐ》）宛ての書状です。もう一通は、年月日と宛名を欠いた是鑑の書状です。共に合戦の吉日を選んだことが書かれています。前者の書状は上杉家から合戦に際して、吉日を占うよう是鑑に要請があったようで、その返書にあたります。後者の書状は両日中に吉日を選び、詳しく調べて報告すると記しています。上杉家の命運がかかっているだけに、是鑑にも大きなプレッシャーとなったことでしょう。

上杉家には、僧侶のブレーンが数多く存在しました。兼続の配下にあった涸轍祖博《こてつそはく》、景勝の叔父通天存達《つうてんそんたつ》は、共に足利学校の出身です。清源寺是鑑もそうしたブレーンの一人であり、上杉家の合戦の際に活躍した一人なのです。

結城家の軍配師──上野幸源

上野幸源《うえのこうげん》は生歿年不詳です。下野国長沼郷堀込村（栃木県真岡市）金剛院の住持を務め、結城政勝《ゆうきまさかつ》・晴朝《はるとも》父子に仕えた人物です。同時に金剛院中興の祖でもあります。幸源は修験者（＝山伏）であり、陰陽道《おんみょうどう》にも通じていました。修験者は吉凶を占うというよりも、祈禱師的な性格が色濃かったと言われています。祈禱により、戦いを勝利に導くなどが主な役割でした。

たとえば、下野国鶏足寺《けいそくじ》（栃木県足利市）の住職を務めた利国法印は「敵退散の秘法」を修していましたが、これは「調伏呪法《ちょうぶくじゅほう》」を意味します。彼らは護摩《ごま》を焚いて、敵が敗北（味方が勝利）するよう懸命に祈願しました。効果のほどは不明ですが、当時の人々は神仏の加護を信じていたので、戦う前の必須の儀式だったのです。

天文十三年（一五四四）、結城政勝の娘と「結城四天王」の一人である水谷正村《みずのやまさむら》が婚儀を交わした際、仲人役を務めたのが、幸源であると言われています。正村は「不敗の猛将」と恐れられ、結城氏も一目置く存在でした。そこで、婚姻によって関係の強化を目論み、かつ幸源の呪術的な能力にも期待したのでしょう。

天正十八年（一五九〇）に豊臣秀吉による小田原北条氏の征伐が開始されると、結城氏は秀吉に与して、下野小山《おやま》氏の籠る小山城（栃木県小山市）、榎本城《えのもと》（栃木市）を攻撃しました。結果、小山城は落城し、名門小山氏は事実上の滅亡となりました。その際、幸源も大いに貢献し、恩賞として太刀を与えられています。慶長九年（一六〇四）、結城氏は越前（福井県）へ移ることになりましたが、幸源は同行せず、同地で子孫が繁栄したようです。

豊臣秀頼の軍配師──白井龍伯

白井《しらい》龍伯《りゅうはく》は生歿年不詳です。豊臣秀頼《ひでより》の軍配者として知られています。その出自には謎が多く、千葉氏に仕えた白井入道浄三《にゅうどうじょうさん》と同一人物ではないかという説があります（あるいは子孫）。浄三には永禄九年（一五六六）に上杉謙信が下総・臼井《うすい》城（千葉県佐倉市）を攻めたとき、軍配師として軍勢を食い止めた逸話があります。

龍伯のエピソードとしては、慶長十六年（一六一一）三月に秀頼が家康と二条城で面会する際、淀《よど》殿《どの》がその吉凶を占わせたというものがあります。出典は『武家砕玉話脱漏《ぶけさいぎょくわだつろう》』という編纂物です。次に紹介しておきましょう。

家康が二条城で秀頼をもてなしたいと申し出たとき、危険を察知した淀殿は、その吉凶を龍伯に占わせました。龍伯は七日間潔斎《けっさい》（酒肉などを避け、穢れた物に触れず、心身を清めること）してから香を焚き、その煙から占うと、三回とも大凶でした。

その旨を片桐且元《かたぎりかつもと》に報告すると、且元は秀頼が行かなければ兵乱が起こり、行けば何事もなく収まると述べ、結果を吉にせよと龍伯に命じましたが、龍伯は断りました。且元は、責任は自分が取ると言い、龍伯に結果を吉と書き換えさせました。秀頼に万が一のことがあった場合、且元は自らも命を捨てる覚悟だったようです。

且元が書き換えた結果を淀殿に届けると、大いに喜んで秀頼を二条城に行かせました。結果、秀頼が無事に帰ってきたので、淀殿は白銀百枚を龍伯に与えました。龍伯は且元に礼を述べると、以後は占いを止めて閑居《かんきょ》したというのです。おそらく、自身の占いの結果が外れたからでしょう。

この逸話が史実か否かは不明ですが、当時の為政者が何かを決断する際、軍配者に吉凶を委ねた好例と言えるかもしれません。

小笠原源与斎

小笠原源与斎《おがさわらげんよさい》は生歿年不詳です。名字の小笠原から考えると、信濃（長野県）・小笠原氏の出身なのかもしれません。源与斎は武田氏配下の軍配師の一人ですが、山本勘助《やまもとかんすけ》のような有名な軍配師に隠れて、あまり知られていません。

源与斎が最も得意としたのが、「八方懸《はっぽうがか》り」といって吉凶を方角で占うものでした。源与斎が「八方懸り」を用いて、戦いの際の吉日や方角を選んだことが『甲陽軍鑑』品第五十三で確認できます。当時、戦《いくさ》を占いに託していた典型例であると言えます。

ところで、源与斎は非常に特殊な能力を持っていました。『甲陽軍鑑』品第七には、次のような逸話が残っています。

特殊な能力を持つ源与斎は、風呂に入って、上から人々に蓋を押さえさせ、知らない間に外に出ていたと言われています。また、夜の会合で座席の向かいに山があると、「向かいの山に火を立ててみよう。皆さん見ていなさい」と言って、本当に火を立てることがあったそうです。源与斎は軍配をよく伝授しており、その巧みな特殊能力をたびたび披露したと伝わっています。

こうした奇術は、現在の手品やマジックに通じるもので、何らかのコツやネタがあったのかもしれません。源与斎は人々を奇術で驚かし、それが武田氏の歓心を得たと推測されます。こうして源与斎は武田氏の信頼を勝ち取り、戦い前の日取りや方角の決定を任されたのです。

武田氏の配下には、ほかに星占いによって吉凶を占う「判《ばん》の兵庫《ひょうご》」なる陰陽師《おんみょうじ》が存在しました。武田氏は、多彩な軍配師を揃えていたようです。

〔主要参考文献〕
小和田哲男『軍師・参謀――戦国時代の演出者たち』（中公新書、一九九〇年）
小和田哲男『戦国軍師の合戦術』（新潮文庫、二〇〇七年）
渡邊大門『戦国の交渉人――外交僧安国寺恵瓊の知られざる生涯』（洋泉社歴史新書y、二〇一一年）
渡邊大門『黒田官兵衛――作られた軍師像』（講談社現代新書、二〇一三年）

第五章　合戦で用いられた武器

刀剣とは

刀剣は、最も古い武器の一つです。おおむね奈良時代以前は、剣《つるぎ》が中心でした。剣は両刃となっており、長さは約七十〜八十センチメートルほどありました。斬るというよりも、刺すほうに特化していたと言えます。また、同じ頃の刀（片刃の刀剣）は、刃が真っ直ぐになっており（直刀《ちょくとう》）、反りがありませんでした。

平安時代以降、刀剣は彎刀《わんとう》という、刃が反ったものが製作されました。武将たちが用いたのは、太刀《た》と呼ばれるものです。太刀の長さは約七十五センチメートル以上あり、反りのある片刃となっていました。騎馬戦では片手で持ち、地上での交戦では両手で持って戦いました。

ところが、太刀は腰に差しているので、とっさに抜くのが困難であるという欠点がありました。太刀が大振りであるがゆえの難点だったと言えます。だいたい鎌倉時代中期以降、太刀の弱点を克服した、打刀《うちがたな》（腰刀）が主に使われるようになります。打刀は長さが約六十センチメートル以上なので、太刀よりも短く抜きやすかったようです。

名刀の産地・流派としては、次のものが知られています。備前国（岡山県）の古備前《こびぜん》派、古一文字《こいちもんじ》派、福岡一文字派《ふくおかいちもんじ》、山城国（京都府）の粟田口派《あわたぐち》、大和国（奈良県）の千手院派《せんじゅいん》などです。やがて、刀の切れ味だけでなく、拵《こしらえ》（鞘《さや》、鍔《つば》など）の装飾にも力が入ることになり、美しいものは美術工芸品としての価値を持ちました。

平安時代末期から鎌倉時代末期までは、比較的重厚な甲冑《かっちゅう》が好まれましたが、戦いの機動性が重要視されるにつれ、甲冑の軽量化が図られました。そして、太刀よりも打刀が好まれるようになります。鎌倉時代末期以降は槍が武器の中心となり、刀剣は接近戦で使われるようになりました。

実際の戦いで、武将たちは複数の刀を持参して戦いました。敵の甲冑や刀に当たれば刃こぼれし、人を斬ればその脂で斬れ味が落ちたからです。永禄八年（一五六五）、十三代将軍足利義輝《よしてる》は三好三人衆と戦った際、複数の刀を畳に刺し、刃こぼれするたびに取り換えて戦ったと言われています。むろん戦場においては、討ち死にした武将の刀を取り上げて、使用することもあったと考えられます。

敵の武将と組打ちになり、あるいは最後に首を掻き切るときなどは、長さが約三十センチメートル以下の短刀が用いられました。槍や鉄砲が出現しても、刀剣の利用価値は衰えることなく、副次的な武器として重宝されたのには変わりがありません。

弓とは

弓矢と言えば、原始時代から獣を狩猟するために使われた武器です。その特徴は遠隔地から敵を狙い、仕留めることができる点にありました。刀や槍のように、獲物（敵）に近づく必要性がなかったので、非常に重宝されたのです。また、合戦だけではなく、儀式の際にも用いられました。

弓矢は武士の嗜みとされ、流鏑馬《やぶさめ》などで技量を競い合いました。馬上から正確に的を射るには、高度な熟練が要求されたのです。弓の大きさは、約一・二〜一・九メートル。一・六メートル以上のものは長弓《ちょうきゅう》、それより短ければ短弓《たんきゅう》と称されました。むろん大きければ大きいほど威力が増し、戦国時代の弓の射程距離は約五十メートルだったと言われています。

平安期における弓の材質は、木の外側に竹を貼りつけたものでした(伏竹弓《ふせだけゆみ》)。平安時代末期から鎌倉時代初期に至り、木の内側にも竹が貼りつけられました(三枚打弓《さんまいうちゆみ》)。これが室町時代になって、さらに木の側面にも竹が貼りつけられたのです(四方弓)。こうして弓は強力な反発力を持つことになり、どんどん威力を増していきました。

矢の長さは、平安期には約七十一センチメートルでしたが、鎌倉時代以降は約八十六センチメートルになりました。その理由は弓の強度が増すにつれ、より長い矢を射ることが可能になったからです。矢の先には、金属製の鏃《やじり》がついており、殺傷能力も高くなりました。鏃の形も、先が尖っているものだけでなく、さまざまな形がありました。

合戦が始まると、まず互いに矢を射かけるのが通例でした。鎧《よろい》や兜《かぶと》は、矢を防ぐために頑丈に作られていたのです。また、短い弓を使って、近距離から射る場合もあったようです。こうした戦いに変化を与えたのが、後述する鉄砲の登場です。

弓と鉄砲を比較すると、鉄砲の扱いは熟練を要しましたが、徐々に性能が良くなると、さほど熟練を必要としなくなりました。そのため、少しずつ弓矢はその地位を失い、鉄砲に取って代わられるようになっていくのです。

槍とは

槍が用いられたのは、鎌倉時代末期の十四世紀初頭です。一説によると、中国の元《げん》との戦いで苦戦したため、新たに武器として考案されたと言います。なかでも肥後（熊本県）の菊池《きくち》氏が用いた「菊池槍」は有名です。菊池氏は片刃の刀を長柄《ながえ》に差し、それを鍛冶に命じて製作させたようです。『太平記《たいへいき》』によると、建武二年（一三三五）、菊池氏の部隊が箱根・竹ノ下で足利直義《ただよし》の軍勢と戦った際、槍を用いて大勝利を収めました。以後、槍の有用性が高まっていくのです。

応仁・文明の乱以降、足軽部隊の活躍と共に槍は重要視されました。越前（福井県）の朝倉孝景《あさくらたかかげ》は家訓の「朝倉孝景条々」のなかで、名刀を集めないように諫めています。仮に、一万疋（約一千万円）の金があるならば、百疋（約十万円）の槍を百人の雑兵に持たせるよう書いています。これは、刀よりも槍のほうが武器として優位であったことを示しています。

槍の重要性を認識していたのは、美濃（岐阜県）の斎藤道三《さいとうどうさん》も同じでした。道三には、家の軒先に一文銭をぶら下げて揺らし、長さ約三メートルの竹の先に太い針を付け、銭の中央の穴を毎日数百回も突いたという逸話があります。これによって道三の槍の技術は優れたものになり、主君の土岐《とき》氏を追放することに成功しました。むろん単なる俗説に過ぎないかもしれませんが、道三が槍を優れた武器と認識していたことを逸話に託したと考えられます。

槍は、柄の部分に刀の部分の穂《ほ》(身)を挿したものです。柄の部分はおおむね二・三メートルでしたが、なかには長柄槍という四〜六メートルのものもありました。穂は長さによって、次のように区分されています。

①短穂槍—六〜三十センチメートル。
②中穂槍—三十〜六十センチメートル。
③大身槍—六十〜九十センチメートル。

滑り止めとして、柄の部分は植物類の繊維で巻いていました。柄の片方の突端には、石突《いしづき》が取りつけられていました。石突をしっかりと地面に固定していれば、突撃してくる馬に刺さっても、柄のしなりによって、立ったまま突き刺すよりもバランスを崩すことはなかったのです。

穂先の形状もさまざまで、まっすぐな形をした直槍《すやり》(素槍)、片方に鎌が付いた片鎌槍《かたかまやり》、両方に鎌が付いた両鎌槍《りょうかまやり》などがあります。百姓一揆などでは、竹の先を斜めに切るだけの竹槍が用いられることもありました。

槍が武器として好まれたのは、ほかにも理由があります。刀の場合は、刀身の長さが約七十センチメートル前後あります。これでは鉄を多量に用いる必要があるうえに、刃を頻繁に研がないことには切れ味が悪いのです。

しかし、短穂槍ならば、鉄の量は刀よりも少ないうえに、基本的に刺すことで相手を殺傷するので、先端部分を中心に研ぐことが重要になりました。つまり、槍の穂の部分は刀より短いこともあって、作る作業や研ぐことも刀よりは楽だったのです。ちなみに、柄の部分の木材は、村落や寺社が管理する山林から伐採されたため、たびたびトラブルになりました。

槍の使い方

槍の使い方については、興福寺《こうふくじ》の僧宝蔵院胤栄《ほうぞういんいんえい》が編み出した宝蔵院流槍術などがありますが、それは実戦というよりも理論というべきものでしょう。実際、敵が鉄で覆った甲冑を着ている場合に槍は無力でした。それゆえ、首、脇、腕の内側、腹、内股など甲冑の継ぎ目の部分を狙って刺す必要がありました。道三が一文銭の穴を刺す訓練をしたのは、正確に敵の弱点を狙うためだったのです。

槍の使い方としては、むろん相手を突き刺すのが一番だったのですが、それだけではありませんでした。たとえば、相手の隙を狙って足を払い、転んだところで止めを刺すという方法もあったのです。長柄槍の場合は敵を突くだけではなく、叩く方法もありました。『雑兵物語』には、槍は相手を突くよりも一同がタイミングを合わせて、上から叩き伏せるほうが効果的であると書かれているくらいです。

武田氏の場合は、槍の穂の下の部分に木槌《きづち》（木の重しのようなもの）を付け、打撃能力を高めたと言われています。この場合も、叩かれた相手が怯《ひる》んだ隙に、槍で突き刺すということになるのでしょう。なかには木槌が当たり、大怪我をした者がいたかもしれません。

相手が馬に乗っている場合は、中段の構えから馬上の武者を突き刺す方法がありました。馬の胸を突いて相手を落馬させ、止めを刺すということも行われました。なお、馬上の武者は馬を降りてから戦うとされますが、馬上で槍を振るった例もあるので一概には言えないようです。

敵に対しては、槍衾《やりぶすま》という構えを用いることがありました。槍衾とは、地面に長柄槍の石突をしっかりと固定し、兵卒が三段構えとなって、槍を敵の方向に向けるものです。敵は攻め込もうにも、たくさんの槍の穂先が向いているので、なかなか突撃ができません。織田信長が好んで用いた六メートル近くもある長柄槍は、槍衾に向いていました。

戦国時代になると、鉄砲や弓矢によって遠隔から攻撃を仕掛け、槍部隊が突撃するというスタイルが一般的になりました。鉄砲を扱うには多少の熟練を要しましたが、槍は戦いの経験が浅い者でも扱いやすかったのです。しかも、刀や鉄砲よりも、多くの生産が可能だったことも重要です。それゆえ槍は、鎌倉時代末期以降、主要かつ効果的な武器になり得たと考えられるのです。

鉄砲・大砲とは

鉄砲は、戦国時代における主要な武器でした。『鉄砲記』によると、わが国に鉄砲がもたらされたのは天文十二年(一五四三)のことと書かれています。ポルトガル船が種子島《たねがしま》の門倉崎《かどくらざき》(鹿児島県南種子町)に漂着し、種子島時堯《ときたか》がこの技術を受け継ぎ、広めたというのです。これが現在の通説ですが、近年はそうした通説に疑問が提示されています。

そもそも『鉄砲記』は慶長十一年（一六〇六）に成立したもので、種子島久時《ひさとき》（時堯の次男）が父を顕彰するために、禅僧の南浦文之《なんぽぶんし》に書かせたものです。史料の性質としては、問題なしとは言えません。ほかの史料についても似たようなもので、海外の史料なども問題を抱えています。

通説の疑問点を挙げておくと、天文十二年以前に原始的な銃がすでに日本にもたらされていた可能性が指摘されています。それは、中国など使われていた原始的な銃だったようです。種子島時堯が鉄砲を広めたという説も、今や疑問視されつつあります。鹿児島県の阿久根《あくね》も、鉄砲伝来ルートの有力な候補と言われています。鉄砲伝来については史料の性質も相俟って、今も論争が続いています。解明には、良質な史料の出現に鍵があるようです。

鉄砲そのものは、台木《だいぎ》（銃床《じゅうしょう》）の上に筒（銃身）を載せたもので、引き金を引くと、銃口から弾が発射される仕組みです。銃口の反対側は尾栓《びせん》といい、底を塞ぐ必要がありました。種子島時堯は、鍛冶の八板金兵衛清定《やいたきんべえきよさだ》に鉄砲を作らせましたが、どうしても尾栓の製作法がわかりませんでした。一計を案じた清定は、娘の若狭をポルトガル人に差し出し、その秘密を伝授されたと伝わっています。

銃身は刀鍛冶が作り、銃床は指物師《さしものし》が担当しました。点火装置は、金具師の製作です。つまり、複数の職人の合作だったのです。それに弾、火縄、火薬が必要でした。

鉄砲の弾は鉛製で、小筒の場合は直径が約八・五〜十八・三ミリメートルです。有効射程距離は約百メートルでしたが、最大は約七百メートルもありました。実際の戦場では、三百メートルほど手前から用いられたようです。むろん殺傷能力も優れていましたが、命中した弾が体内に残った場合、鉛の毒によって死に至るケースもありました。

鉄砲弾の鉛は国産のものもありましたが、原材料は広くアジアに求められました。鉄砲の急速な普及により、国内での調達が難しかったからです。中国や朝鮮産のほかにタイ産のものもあったと言います。鉛の対価として用いられたのが、日本の銀です。

鉄砲を撃つときには火縄が必要でした。火縄は湿気に強いこと、火が点きやすいこと、火持ちが良いことが重要な条件です。素材もさまざまであり、次に示すような特性がありました。

①木綿・檜《ひのき》―湿っても乾かして使えるが、火持ちは悪い。

②竹―湿気には弱いが、火持ちが良い。

素材それぞれの特性を生かし、使い分けられたのかもしれません。

火薬は硝石《しょうせき》・木炭・硫黄を粉末状にし、それぞれ約六十〜七十%、約十〜二十%、約十〜二十%の割合で混合させたものです。ところが、火薬の原料のうち、硝石だけは国内で賄うことができませんでした。そのため、インド産の硝石を大量に輸入していたのです。鉛もそうですが、鉄砲の普及に伴い、堺などの商人は原材料の輸入にも貢献しました。

鉄砲の生産と装備率

戦国時代における主な鉄砲の生産地は、和泉国堺（大阪府堺市）、近江国国友《くにとも》（滋賀県長浜市）、紀伊国根来《ねごろ》（和歌山県岩出市）といった、畿内および周辺を中心とした地域です。堺は交易都市として発達しており、海外から原材料の入手が比較的容易でした。

では、戦国大名の鉄砲の整備率は、どのくらいだったのでしょうか。実際、年代や拠るべき史料の問題もあり、正確な数字をはじき出すのは極めて困難です。東国の場合、戦国大名の鉄砲装備率は約五〜十％と考えられています。ただ、鉄砲の原料が輸入に頼らざるを得なかったこと、鉄砲の産地が概して畿内および周辺に多いことを考慮すれば、当該地域を制圧した織田信長や豊臣秀吉が鉄砲を保有するのに有利だったことは想像に難くないところです。鉄砲は威力が大きいため、やがて弓矢に変わる主要な武器になりました。

鉄砲よりも、さらに大きな威力を発揮したのが大砲（大筒《おおづつ》）です。天正十四年（一五八六）、豊後・臼杵《うすき》城（大分県臼杵市）に籠もる大友宗麟《おおともそうりん》は、ポルトガル人から入手した「石火矢《いしびや》」（「国崩し」とも）を用い、攻撃してきた島津勢の撃退に成功しました。これが大砲の原型となります。「石火矢」は青銅製（子砲は鉄製）で、城郭の石垣などを破壊するのに効果を発揮しました。

「芝辻砲」と言われる大砲は、徳川家康が堺の鉄砲鍛冶である芝辻理右衛門《しばつじりえもん》に作らせたもので、全長三・一三メートル、口径は九・三センチメートルでした。有効射程距離は、約四百〜五百メートルだったと言われており、現在は靖國神社遊就館（東京都千代田区）が所蔵しています。台車に据える大砲もありましたが、やや小型の「抱え大砲」なるものもありました。

大砲が最も効果を発揮した戦いは、慶長十九・二十年（一六一四・一五）の大坂の陣です。徳川家康は海外から大砲を多数購入し、大坂城に撃ち込みました。特に、豊臣方が和睦を渋った際、威嚇《いかく》すべく大砲を大坂城に撃ち込むと、多数の死者が出ました。当初、和睦に反対していた淀殿《よどどの》は、大砲の威力に恐れおののき、ついには和睦に賛意を示したと言われています。

大砲はどうしても重たくなるため、移動には複数の人員が必要でした。発射のときは複数で役割分担をするなど、扱いが面倒であると共に、暴発する危険性も高かったようです。

水軍とは

水軍は海賊《かいぞく》とも称されますが、水上における武力として貴重な存在でした。そもそも彼らは一個の独立した領主として、通行料を徴収するなどしていました。伊予（愛媛県）の村上水軍などはその代表と言えます。やがて、戦国の世になると、戦国大名は制海権を押さえるために水軍の力を必要とし、配下に編制するようになりました。こうして自立性の高かった水軍は、戦国大名と協力関係を結んだのです。

戦国大名が他国へ侵攻する際には、制海権を掌握することが重要でした。天正四・五年（一五七六・七七）、織田信長と大坂本願寺が戦った際には、織田軍と毛利軍の率いる水軍が大坂湾の木津川口で激しい戦いを繰り広げています。両者がこの地で攻防を繰り広げた理由は、木津川口が大坂本願寺に至る侵攻ルートだったため、互いに制海権を握りたかったからです。同時に、侵攻ルートは兵站《へいたん》（武器や兵糧）などの搬入ルートにもなっていたので、いっそう重要だったと言えます。

水軍が主力の船としたのは、安宅船《あたけぶね》でした。その長さは約三十メートル、幅が約十一メートルあり、母船のような役割を果たしていました。それより小型で、機動性に優れていたのが関船《せきぶね》です。関船よりもさらに小さく、少人数で俊敏に移動できたのが小早《こはや》です。小早は伝令や偵察など、補助的な任務に当たったようです。

戦国時代初期の水軍の戦いは、熊手、藻外し、船槍、琴柱《ことじ》などの独特な武器を使用しました。大きな安宅船の場合は、敵の船に体当たりすることも有効な方法でした。また、兵卒が船から船に乗り移ったり、火矢を射たりするなどの戦法も用いていました。一般的に、敵の船を燃やすのが、最も効果的な戦法だったのです。

やがて、火器類が発達すると、鉄砲による射撃、焙烙火矢《ほうろくひや》が効果の高い武器となりました。焙烙火矢とは紙製や陶器の玉に火薬や石を詰めたものを、導火線に火をつけて敵に発射する武器です。船は木製だったために燃えやすく、効果が抜群でした。

信長の鉄甲船とは

織田信長は木津川口の戦いにおいて、定評ある毛利水軍を打ち破るため、志摩（三重県）を拠点に水軍を率いた九鬼嘉隆《くきよしたか》に命じて鉄甲船を六隻も造らせました。これは大型の安宅船と考えられていますが、戦いは最終的に織田軍の勝利に終わり、大坂湾の制海権を掌中に収めました。しかし、この鉄甲船には、各説があって実態があまりわかっていません。

では、そもそも安宅船とは、どういうものなのでしょうか。安宅船は本格的木造軍船の総称で、戦国大名配下の水軍が用いた軍船です。十五世紀から十六世紀にかけて、日本では本格的な構造船が造られるようになり、伊勢船《いせぶね》や二形船《ふたなりぶね》などが生まれました。安宅船はそうした大型船の屋形などを堅木の厚板で囲い、正面に大砲、側面には弓矢・鉄砲を備え、上甲板上には二層または三層の櫓を設置した船なのです。

乗船人数に関しては、五千人が乗船していたとされますが、これは明らかに無理な数字であり、六隻に五千人（一隻に八百人程度）と考えるのが妥当なようです。

船の大きさですが、長さは十二〜十三間（二十一・八メートル〜二十三・六メートル）、幅は七間（十二・七メートル）とあります（『多聞院日記』）。なかなかの大きさです。注目されるのは、この船には鉄の装甲が付けられていたということです。『多聞院日記』にはその旨が記されており、鉄砲の弾が通らなかったと言われています。

イタリア人宣教師オルガンティノの報告書によると、鉄甲船はポルトガルの軍船に類似しており、日本でも造られていたことに驚愕しています。それほど日本の造船能力は高かったと評価されます。ただ、実際に鉄の装甲があったか否かは、『信長公記』にも記されておらず、少々疑問が残るところです。船の全面が鉄の装甲とまでは言わないにしても、甲板の必要な箇所で用いられたのではないかと考えられます。

水軍は脇役のようにも思えますが、文禄・慶長の役でも活躍したことから、改めてその存在が見直されています。大名にとっては欠かせざる戦力だったのです。

〔主要参考文献〕

宇田川武久『鉄砲と戦国合戦』（吉川弘文館、二〇〇二年）
小川雄「戦国時代の水軍と海賊」（渡邊大門編『真実の戦国時代』柏書房、二〇一五年）
近藤好和『弓矢と刀剣――中世合戦の実像』（吉川弘文館、一九九七年）
近藤好和『武具の日本史――正倉院遺品から洋式火器まで』（平凡社新書、二〇〇二年）
鈴木眞哉『刀と首取り――戦国合戦異説』（平凡社新書、二〇〇〇年）

第六章　戦国合戦と城郭

戦国時代の城郭

戦国時代の城は、基本的に山城《やまじろ》でした。ただし、ずっと山城に常駐していたわけではなく、平時は麓《ふもと》の館で過ごしていました。城は交通の至便性を優先し、陸路や河川交通の要衝に築かれました。城下には町が形成され、経済の中心地となりました。

一般的に、東国の城は土の城で、石垣の代わりに土塁《どるい》が築かれていました。逆に、西国の城は石垣が造られていました。近江坂本《さかもと》（滋賀県大津市）の穴太衆《あのうしゅう》は石垣を積むスペシャリストで、その積み方は「穴太積《あのうづみ》」（「野面積《のづらづみ》」）と称されました。穴太積とは自然石や粗割り石を加工せず、そのまま積み上げる方法のことです。一見すると雑な感じですが、サイズが揃わない自然石や粗割り石の隙間に間詰め石という小さい石を挟み込むなど、高度な技術で調整していました。

城は戦争のシンボルでもあったので、戦いに負けた場合は、接収されるか破却される運命にありました。織田信長は大和（奈良県）などで城の破却を進め、抵抗勢力の力を削いでいきました。こうした考え方は、江戸幕府が制定した元和の「一国一城令」（元和元年・一六一五）に繋がっていきます。

豊臣政権期頃から、山城から平城《ひらじろ》へと移行していきます。城を築く際には、一つの典型的なプランがありました。城の周囲には惣構《そうがまえ》を築き、城を中心にして武家を集住させ、その周囲に町人を住まわせます。百姓は、惣構の外に住んでいました。また、寺社などを一ヵ所に集めるなどし、寺町を造ることもありました。ただし、これはあくまで一つの典型例であり、それぞれの国には事情があるので、必ずしもすべて同じではなかったのです。

城の普請

城は築城からそのメンテナンスに至るまで、大名が百姓らを動員して実行されました。それゆえ、城は単なる軍事拠点としてではなく、権力の象徴と見なされたのです。百姓は普請役を課されると、大名権力による動員なので、断ることはほぼ不可能でした。

百姓らは農作業を中断して工事に加わるので、大きな負担になったことは疑いありません。恒常的というよりも、臨時的に課された例が多いようです。ただし、戦争時になると、城は百姓らが逃げ込む避難場所となり、自らの身を守る施設にもなったのです。

天正十六年（一五八八）、北条氏領内の上野・厩橋城《まやばし》（群馬県前橋市）の普請が行われました。その際は、厩橋城周辺の百姓が動員されました。常陸・鹿島城《かしま》（茨城県鹿嶋市）の普請を行ったときには、伊豆など八ヵ国から人夫が動員され、侍も同様の扱いを受けました。動員の範囲は、おおむね北条氏の領内に相当します。

むろん城という軍事施設の普請なので、ゆっくりと工事をしていられませんでした。敵が攻めてくるかもしれないからです。普請の規模にもよりますが、一気に大人数を動員し、二週間から一ヵ月程度の短期集中で工事は実施されました。戦争が予測されるなかでの普請なので、当たり前と言えるのかもしれません。

大名の居城の普請は基本的なものでしたが、出陣中の普請も珍しくありませんでした。たとえば、敵の城の周囲に付城《つけじろ》を築くとき、また敵の侵攻を防ぐための要害の構築などが該当します。敵城を落としたあとに再利用するときも、当然ながら普請を行いました。その場合は、従軍した兵卒に普請が申し付けられました。それゆえ兵卒らは、木を切るための鉞《まさかり》、土を掘り起こすための鍬《くわ》や鶴嘴《つるはし》の持参を求められたのです。

こうした普請は、随所で行われました。特に、羽柴（豊臣）秀吉は付城を築く籠城戦を得意としたので、鳥取城の戦いでは百姓らに過分な対価を払って動員したとの逸話が残っています。

水の手の重要性

城を築く際の最も重要な条件として、「水の手」の確保があります。当時は水道水が通っているわけではなく、自力で調達しなくてはならなかったからです。それは、主要街道などに通じる交通路の確保と共に重要視されました。とりわけ戦国時代は山城《やまじろ》が主流だったため、さまざまな苦労が伴いました。たとえば、雨水を貯めて保存したり、山の湧き水を貯めておいたりすることも貴重な水の確保の手段だったのです。

　山城の場合は、本丸部分に井戸を掘ることが困難でした。それゆえ、一般的に城は水源を確保するために川の近くに築かれました。川へ水を汲みに行ったり、簡単な取水施設を作って釣瓶《つるべ》で水を汲み上げ、樋《とい》で水を引き込むなどしていたのです。こうした水源を守備するため、「水の手曲輪《くるわ》」を築いたほどです。攻城戦が勃発すると、まず「水の手」をめぐって攻防が繰り広げられました。籠城側は水を断たれると、たちまちピンチに陥ったのです。

　元亀四年（一五七二）に遠江・二俣《ふたまた》城（静岡県浜松市）で合戦が起こった際、武田信玄は徳川方の二俣城を攻略するため、「水の手」を断つ作戦を考えました。二俣城は「水の手」として天竜川の断崖に井楼《せいろう》（木材を井桁に組んで作った櫓《やぐら》）を築き、水源を守っていました。信玄は大量の筏《いかだ》を井楼に激突させて破壊し、「水の手」を断ったと言われています。

　天正五年（一五七七）の播磨・上月《こうづき》城（兵庫県佐用町）の戦いにおいて、生駒親正《いこまちかまさ》は上月城の「水の手」を断った功績を認められ、羽柴（豊臣）秀吉から感状《かんじょう》を与えられました（「生駒家宝簡集」）。それほど「水の手」は重要だったと言えるのです。

　平城《ひらじろ》などでは、井戸を掘って「水の手」を確保しました。播磨・三木《みき》城（兵庫県三木市）の本丸跡には、「かんかん井戸」と称される井戸の跡があります。井戸の深さは約二十五メートル、口径は約三・六メートルもありました。井戸のなかに石を投げると「かんかん」と音がするので、そう名づけられたと言われています。

三木城では天正六年（一五七八）から二年余にわたって、別所長治《べっしょながはる》と羽柴（豊臣）秀吉による戦いが繰り広げられました。別所氏は籠城戦に持ち込みましたが、秀吉は周囲を付城で囲んだので、別所方は麓を流れる美嚢川《みのうがわ》の水を汲むことすらできませんでした。井戸が機能したかも不明です。

城内の食事

戦国時代から織豊時代にかけては、朝昼夕の三食になった時期でもあります。それまでは朝夕の二食だけでした。代わりに、武士、百姓、商工業者は間水《けんずい》という間食を摂っていました。うどん、そば、餅類などが間食として好まれ、野菜を二・三種類添えたり、ときに果物や菓子類も食べていました。当時の人々は肉体労働が多く、たくさんのエネルギーを必要としたからです。

彼らは汁物、香の物、野菜、鳥や魚をおかずとして、米を大量に摂取しました。副菜の味付けは濃いもので、それで飯をかき込んでいたのです。一日に約五合も食していたというので、かなりの大食漢でした。ただ実際には、米に粟《あわ》や稗《ひえ》などの雑穀を混ぜて食し、米も半白米か黒米でした。純粋な白米ではなかったのです。湯漬、粥、汁かけ飯も好まれたようです。

当然、この時代には冷蔵庫がなかったので、保存の効く食事が主流でした。魚などは塩をして干したり、野菜も乾燥して湯で戻すなどしていました。米を干して湯で戻す「干し飯《いい》」は主食として必須であり、味噌などの調味料や先述した乾燥させた食品が重宝されました。籠城戦の食糧としても、それらは備蓄されていたのです。

では、城内の食事はどうだったのでしょうか。ときに戦国大名は家臣らを招いて、饗応することがありました。永禄四年（一五六一）に成立した『三好筑前守義長朝臣亭江御成之記』（足利義輝《よしてる》が三好義長《みよしよしなが》（義興《よしおき》）邸に赴いた時の記録）には、式三献《しきさんこん》（酒肴の膳を三度変えること）という儀式的なことから始まり、次に会所に場所を移して饗宴が催されたことが書かれています。

そこでは本膳料理（冠婚葬祭に用いる儀式料理）が振る舞われ、美物《びぶつ》と称される美味い料理が提供されたのです。献立のなかには、「西宮の鯉」といった産地を記したものもあります。二汁五菜が一般的でしたが、三汁十一菜といった豪華なものもありました。

一般的に、戦国時代は食糧が十分ではなかったと言われています。そうした事情から、人々はさまざまな工夫をし、決して食べ物を粗末にしなかったのです。

城内での日常風景

武家の住居の原型は、平安時代に発達した寝殿造《しんでんづくり》です。地方を例にして、武士の邸宅を取り上げてみましょう。おおむね奥行きが三間（約五・四メートル）、正面が四間（約七・二メートル）で、草萱《くさかや》の屋根と板葺きの庇《ひさし》のある主屋《おもや》（母屋）が敷地の中央にあり、周囲が堀や垣で囲まれていました。主屋の周りには厠《かわや》などがあり、唐破風《からはふ》（中央部が弓形で、左右両端が反りかえった破風）の妻がある中門が設置されていました。広い庭があるのも特徴的です。

武士の屋敷には、馬屋や馬場がありました。また、櫓門《やぐらもん》（上階が櫓になった門）を設置し、弓矢と楯を持った兵を配備するなど、敵からの攻撃に対する防御が万全だったと言えます。平時はこうした邸宅に居住し、いざというときは山城《やまじろ》に籠城して戦ったのです。

戦国時代の人々の生活は、早寝早起きでした。夏と冬とでは多少違いますが、おおむね朝の五時か六時には起床し、夜は遅くとも二十時頃には就寝していたようです。灯りの原料となる油も高価で、夜遅くまで起きていることはありませんでした。伊達政宗の例で言うと、午前と午後に政務の決裁や家臣との面会、打ち合わせをこなしましたが、だいたい十七時頃には夜の食事をしています。極めて健康的な生活でした

居住空間が充実していたのが、織田信長の安土城（滋賀県近江八幡市）や豊臣秀吉の大坂城（大阪市中央区）です。安土城には信長の居室が設けられ、天主内部には著名な絵師の狩野永徳《かのうえいとく》らに描かせた「金碧障壁画《きんぺきしょうへきが》」（金箔の上に絵を描いた障壁画）がありました。大坂城には「大奥」の前身となる「御奥」が置かれ、室内の調度品も豪華だったと言われています。天下人の城は、一段と豪華だったのです。

城のトイレ事情

城内ではトイレが重要でした。糞尿は臭いもするし、放置することによって不衛生となり、ときには病気の原因となることもありました。能登・畠山氏の七尾城《ななお》（石川県七尾市）は、上杉謙信と戦った際、病気の蔓延《まんえん》が原因で天正五年（一五七七）に落城したとさえ言われています。それゆえ、糞尿の処理は重要な課題だったのです。

天正九年（一五八一）六月、北条氏は相模・浜居場城《はまいば》（神奈川県南足柄市）の守備兵に掟書を与えました。それは、人馬の糞尿は毎日城外へ捨て、清潔に保つことを命じたものです。しかも、糞尿は城から一遠矢（約百メートル）以内に捨ててはならず、遠いところに捨てるように命じています。城内には馬がいたので、馬糞の処理が必要でした。決して人の糞尿だけではなかったのです。

糞尿がどれくらいの量になったのかは正確に記録されていませんが、数百人くらいでも相当な量になったはずです。とても穴を掘ったくらいでは収まりきらず、頻繁に城外へ捨てる必要が生じたに違いありません。北条氏の場合は、城の守備者が交代制だったので、徹底した糞尿処理の指示がなされました。おそらく守備者が変わるごとに、糞尿の処理が疎かになったからだと推測されます。

では、どの程度の徹底ぶりだったのでしょうか。天正十年（一五八二）、北条氏は足柄城《あしがら》（静岡県小山町と神奈川県南足柄市の境）の当番に対して、糞尿の処理を徹底することを命じました。それができないようだったら、当番が一日や二日延びても構わないとまで述べています。それほど徹底されたのですから、糞尿の処理は深刻な問題だったのかもしれません。

武田氏は、陣所の周囲での用便を禁止しました。大坂の陣において、徳川方の小出吉英《こいでよしひで》はトイレの設置を優先するよう命じました。井伊直孝《いいなおたか》は陣場の近くで用を足した場合は、銭三十文（約三千円）を罰金として徴収したと言われています。

調略戦とは

調略には「はかりごとをめぐらすこと。計略」という意味がありますが、さらに一歩進めて「策略をめぐらして敵を負かしたり内通させたりすること。はかりごと」という意も含まれています。広義の調略の意味は、作戦全般を指すものだったのです。

特に、後者の「内通」という意味が重要で、敵の家臣らを自陣に引き込むため、さまざまな工作を行いました。それらは内応、誘降、謀反、離反などに分類され、戦争を勝利に導く決定打にもなったのです。その歴史は、実に古いと言えます。

平治元年（一一六〇）の平治の乱では、早くも離反の現象を確認できます。源義朝《よしとも》は藤原信頼《ふじわらののぶより》と組んで、敵対する信西《しんぜい》を討ちましたが、直後に討伐の対象となりました。すると、不利を悟った源光保《みつやす》と源頼政《よりまさ》が義朝の陣営から離脱し、敵の平清盛《たいらのきよもり》方に与しました。それは光保と頼政の単独の判断というよりも、清盛からの誘いがあったのは間違いないでしょう。この例に漏れず、調略は戦争に欠かせざる作戦だったのです。

調略が多用されたのには、もちろん理由があります。戦争の帰趨を左右するのは、いかにして多くの味方を募るのかが鍵になってくるからです。味方になる軍勢が多ければ多いほど、戦いは有利に進むのは自明のことです。極論を言えば、合戦当日の軍事的な作戦よりも、それまでの多数派工作が最も効果的だったのです。

戦争においては、もともと味方である諸将との結束を深めるのは当然として、敵方の諸将を自陣に引き込むことが課題でした。敵方の諸将のなかには、「戦いに負けるのではないか」と不安を抱いている者、あるいは常日頃から主君に不満を抱いている者がいました。そういう心が揺れ動いている諸将をターゲットにして、調略は行われたのです。

実際に調略を行うのは、交渉に長けた人物でした。大名は家臣のなかから、交渉能力のある人物を選び、調略を行わせたのです。天正五年（一五七七）、羽柴（豊臣）秀吉は織田信長から中国計略（毛利氏討伐）を命じられました。その際、秀吉のもとで播磨、備前、美作の国衆《くにしゅう》に調略を仕掛けたのは、黒田孝高《くろだよしたか》（官兵衛《かんべえ》・如水《じょすい》）と竹中重治《たけなかしげはる》（半兵衛《はんべえ》）でした。二人は秀吉の期待に見事に応え、敵を自陣に寝返させることに成功しました。

むろん、調略を行う際には、「手ぶら」ではなく好条件が提示されました。慶長五年（一六〇〇）の関ヶ原の戦いにおいて、徳川家康は西軍の諸将に調略を仕掛けました。結果、西軍の小早川秀秋《こばやかわひであき》をはじめ、毛利輝元《もうりてるもと》のような大物も東軍に寝返りました。そのとき、家康が毛利氏に示したのは本領の安堵であり、互いに起請文《きしょうもん》を交わしています。しかし家康は、戦後になると、毛利氏が背後で暗躍していたことを理由として、当初の約束を反故にしたのは有名な話です。

城攻めにおける調略戦

城攻めにおいては、どうやって調略を行ったのでしょうか。当時、間諜《かんちょう》と称するスパイがおり、敵の城に忍び込むことはさほど難しくなかったと考えられます。間諜は城に忍び込むと、敵のそれなりの身分の武将に離反を持ちかけました。敵の武将も条件さえ合えば、要請に応じて裏切りを行ったのです。

間諜が敵の城に忍び込み、敵兵に動揺を与える情報を流すこともありました。たとえば「もうすぐ落城する」などの情報です。マイナスの情報は、いち早く敵陣に広まったに違いありません。「落城するのでは」と焦った籠城中の敵兵は、やがて離反を決意します。こうして落城は時間の問題となるのです。

天正七年（一五七九）六月に波多野《はたの》三兄弟が籠る丹波・八上《やかみ》城（兵庫県篠山市）が落城したのは、その好例と言えます。落城寸前の八上城は、長期にわたる籠城戦で、兵卒は飢えに苦しんでいました。『信長公記』には、「波多野兄弟三人の者、調略を以て召捕り」と書かれています。調略の詳細は不明ながらも、飢餓状態にあった波多野方の兵卒が窮地に陥り、明智光秀から調略されたのではないでしょうか。調略された波多野方の兵が三兄弟を捕縛《ほばく》し、光秀に差し出した可能性もあります。

城攻めにおける調略には、大きなメリットがありました。当時の戦争において、出陣した兵卒の携帯する武器や食糧は自弁が原則でした。したがって、城攻めが長期化すればするほど、兵卒の経済的な負担は大きくなるデメリットがあったのです。逆に言えば、早期の解決が望まれたのです。ところが、力攻めでは兵卒の消耗が激しく、万が一落城しなければ、士気が低下する恐れがあります。

先述の通り、調略とは敵の有力な武将を味方に引き込んだり、敵兵を動揺させて窮地に陥れるなど、兵卒の消耗を避ける情報戦でした。しかも味方が有利な状況であれば、より効果的に作用しました。このように城攻めは力攻めだけでなく、調略という頭脳プレイも多用されたのです。

奇襲戦とは

奇襲とは「相手の油断、不意をついて、思いがけない方法で襲うこと。不意打ち」という意味があります。当然、敵は油断しているので、容易に反撃することができません。敵の意表を突くことは、機を制して勝利を得るという、軍事的な作戦の王道でもあります。特に、小勢で大軍に向かう際には、大きな効果をもたらしました。

奇襲戦の歴史には、古いものがあります。寿永三年（一一八四）二月の一の谷の戦いにおいて、源義経《よしつね》は一の谷（神戸市須磨区）に陣を置いた平家一門を奇襲しました。世に名高い「鵯越《ひよどりごえ》の逆落《さかお》とし」です。一の谷の裏手は断崖絶壁になっており、馬で駆け降りるのは不可能と思われていました。むしろん平家一門もそうした要害であるがゆえ、一の谷に陣を置いたのです。

しかし、義経が二頭の馬を鵯越から落とすと、うち一頭は駆け降りることに成功しました。義経は心して鵯越を下るよう配下の武将に命じると、坂東武者たちは一気に坂を駆け降りたと言います。平家一門は予想外のことに驚倒し、這う這うの体で逃げ出しました。このように、奇襲戦は敵の意表を突き、油断しているところを攻撃するので、非常に効果があったのです。

小勢で大軍に勝利を得た例としては、永禄三年（一五六〇）五月の桶狭間《おけはざま》の戦いが有名です。西上の途についた今川義元《よしもと》は、桶狭間（田楽狭間・愛知県豊明市）に駐留しました。義元は約二万五千の軍勢を率いていましたが、実際に駐留したのは五～六千人だったと言われています（諸説あり）。一方、桶狭間に向かった信長の軍勢は、二千人程度だったようです。

桶狭間の戦いの展開については、信長が迂回して義元本陣を攻撃した説と正面から攻撃した説がありますが。現在では、『信長公記』に基づいた後者が有力視されています。戦いの当日は雨が降っており、義元の陣営では小勢の信長が攻めてこないと考えていたのかもしれません。いずれにしても不意打ちなのは確かで、油断した義元は討ち取られたのです。

このように奇襲戦はうまくいけば、相手に致命的な打撃を与えることが十分に可能でした。それが大きなメリットです。

奇襲戦のデメリットは何でしょうか。奇襲戦は一度で相手に致命的な打撃を与えなければ、意味がなかったのです。中途半端な攻撃では、かえって敵が防備を固めるなどし、戦争の長期化を招くことになりました。

城攻めにおける奇襲戦

城攻めにおける奇襲戦のポイントはどこにあったのでしょうか。

野戦と異なり、城攻めの場合は容易に城内の様子（曲輪《くるわ》の位置など）をうかがい知ることができません。城内の建物の位置などを知っておくと、効率的に攻撃を行うことができるので、事前に知っておくことがポイントでした。

籠城している兵卒の士気の高さ、またその時点でどちらが優位になっているかも鍵になります。そうした情報を得るため、あらかじめ間諜《かんちょう》を城内に忍び込ませ、周到に情報を収集することもあったのです。つまり、奇襲戦はやみくもに早朝や深夜に突撃するのではなく、事前の準備が必要ということになります。時間的には早朝か深夜が多く、悪天候時などは敵の意表を突くのに適していました。

奇襲戦には、調略が併用して用いられました。というのも、城内に入るには城門を開くことが不可欠で、高い塀を乗り越えたりするのは、非常に困難だったからです。したがって、城内に内応する者がいて、奇襲戦を仕掛ける例が多いのです。奇襲の合図と共に内応者が門を開き、軍勢を城内に引き入れて城兵を討ち取りました。

城への奇襲戦は攻撃法の一つですが、調略などのほかの方法と組み合わせ、周到な準備のもとで行われたのです。

籠城戦のメリット・デメリット

兵糧攻めとは、文字通り「敵の兵糧補給路を断ち、兵糧を欠乏させることによって打ち負かす攻め方」のことであり、「兵糧詰め」「食攻め」とも言います。築城技術が発達した戦国時代に多用された作戦です。では、兵糧攻めには、どんなメリットとデメリットがあったのでしょうか。まずは、攻撃側から確認しましょう。

第一のメリットとしては、兵卒の消耗が少なくて済むという点です。野戦などで敵と交戦すると、死傷者が続出するのが常であり、決して避けることができませんが、兵糧攻めは基本的に敵の城を攻囲するだけなので、兵卒の死傷者が少なくて済みました。

第二のメリットとしては、敵の補給路を断つことによって、情報も遮断することができるという点です。敵は兵糧がなくなると、当然長く籠城を続けることができません。また、情報が入手できなくなると、不安に陥るのは当然と言えます。こうして敵は、最終的に降参せざるを得ない状況に追い込まれました。

第三のメリットとしては、戦いに勝利を得たあと、城をそのまま手に入れ、自軍の拠点として活用できる点です。ただし、敵に再び奪われることを恐れ、破壊して使えなくすることもありました。

次に、攻撃側のデメリットを考えてみましょう。

大きなデメリットは、長期戦になる点です。長期戦になることによって、兵糧の調達が長期にわたるなど、多大な財政支出を必要としました。同時に、兵卒の士気を維持するのが難しく、ときには戦場から故郷へと逃亡する者もいたのです。

次に、籠城側のメリットとデメリットを考えてみましょう。

第一のメリットとしては攻撃側と同じく、兵卒の消耗が少なくて済むという点です。城に籠っているだけのことが多く、戦いが少なかったからです。

第二のメリットとしては、堅牢な城に守られているため、少ない兵卒で大軍と対抗できる点です。

野戦では兵卒の数が勝敗の鍵を握りましたが、籠城すれば少ない兵卒でも十分に渡り合えたのです。

第三のメリットとしては、第二のメリットを生かしつつ、援軍を期待できるという点です。援軍のことを後巻《うしろまき》と言いますが、城内の兵卒と援軍とで敵を挟撃することにより、撤退させることも十分に可能だったのです。

デメリットは攻撃側と同じで、長期戦になると兵糧の調達が困難になると同時に、兵卒の士気を維持することが困難だったことです。

籠城戦の手順

最後に、兵糧攻めの手順を確認しておきましょう。

攻撃側は本陣を定めると、敵を包囲すべく土塁《どるい》や柵を築きました。付城《つけじろ》という小さな砦《とりで》を随所に築き、軍勢を置いたのです。こうして兵糧攻めの準備は完了します。その後、攻撃側は籠城側の補給路を断ち、同時に稲を刈るなどし、本格的な兵糧攻めを展開しました。城内に通じる水の手を断つことも重要なことでした。水がなければ、人間は生きていけないからです。

籠城側も付城を築いたり、支城と連携することで対抗しますが、攻撃側はそれらを落とすことで戦いを有利に進めようとしました。籠城側には後巻《うしろまき》という援軍がやって来ますが、これを撃退すれば、もはやほとんど勝利を手にしたようなものでした。こうして籠城側は、孤立を余儀なくされたのです。

その後、攻撃側は調略戦を仕掛け、城内から内応者を募りました。調略がうまくいけば、内応者が城内で反乱を起こしたりするので、その動きに乗じて一気に城内へと突撃します。あるいは降伏するよう求め、一定の条件を付けました。城主やその一族・家臣には切腹を課し、代わりに城兵の命を助けるという条件が多かったようです。籠城側が条件を飲めば、降伏・開城へと手続きは進んでいきました。

兵糧攻めで忘れてならないのは、城内で飢えに苦しむ兵卒たちのことです。餓死者が出ると、城内には伝染病が蔓延することもありました。兵糧不足に苦しむ城兵は、馬や鼠などの小動物、壁の漆喰《しっくい》の藁《わら》を食し、最後は人肉すら食らったとされます。ある意味で、兵糧攻めは非人道的な作戦だったのかもしれません。

〔主要参考文献〕
佐脇敬一郎「戦国時代の城郭」(渡邊大門編『真実の戦国時代』柏書房、二〇一五年)
西股総生『「城取り」の軍事学――築城者の視点から考える戦国の城』(学研パブリッシング、二〇一三年)
西股総生『土の城指南』(学研パブリッシング、二〇一四年)

第七章　戦国大名と御用商人

戦国時代の商人

応仁元年（一四六七）の応仁・文明の乱を契機に戦国時代が幕を開け、やがて各地の大名は領国支配を展開しました。大名は戦争に備えて軍事体制を再編し、同時に検地を実施するなど土地や百姓の支配を強化しなくてはなりませんでした。むろん経済基盤の確立は重要であり、大名たちは大いに腐心したのです。

ただし、国内ですべての物資を賄うわけにはいかず、領外との交易が不可欠でした。交易によって軍事物資の調達や物資の売買による交換を可能とし、領国経済の基盤を形成したのです。そこに介在したのが商人です。商人の力なくして、大名の経済基盤は成り立ちませんでした。

商人の存在形態は、実に多様でした。彼らは、主に大名の本城・支城の城下町、社寺の門前町や六《ろく》斎市《さいいち》、郷村《ごうそん》の市場で商いを行っていました。今でも社寺の門前が賑わいを見せているのは、当時の名残です。六斎市とは、月に六回定期的に開かれる市のことです。また、郷村においても定期的に市が開かれていました。

一方、店舗を持たない行商は連雀商人《れんじゃくしょうにん》と称され、領国内外を行き来し、商売を行っていました。

店舗を構える商人よりも、むしろ行商のほうが多かったかもしれません。かの豊臣秀吉は、若い頃に連雀商人として各地を巡り、情報収集能力を身につけたと言われています。

戦国大名の商人に即して言えば、城下町を拠点とする御用商人（豪商）が主役でした。彼らは、商《しょう》人司《にんつかさ》（商人頭）に任命され、特権を保持していました。商人司（商人頭）とは、①領内の商人の統制、②行商の取り締まり、③定期市などの興行・開催、④各種商業税の徴収代行を行い、ときに城下町の警備をすることもあったのです。

戦国大名に寄与した商人

御用商人の代表としては、今川氏の駿府今宿《いまじゅく》（静岡市清水区）の友野《ともの》氏、織田氏の美濃・尾張両国の伊藤氏、蘆名《あしな》氏の会津若松（福島県会津若松市）の簗田《やなだ》氏、上杉氏の越後府中（新潟県上越市）の蔵田《くらた》氏などがよく知られています。彼らは戦国大名の御用を聞き、活発に商業活動を展開したのです。

御用商人のほとんどは、問屋《といや》を営んでいました。戦国時代における問屋は、物資の管理・輸送・取引の仲介などを手広く行っていました。また、商人のなかには、伝馬《てんま》問屋を営む者もいました。伝馬とは領主が百姓に徴課した馬のことです。戦国大名が駅制を実施し、実際は問屋が伝馬の営業を行ったのです。

伝馬によって軍事物資が輸送されるほか、飛脚や家臣の逓送《ていそう》にあたるなど、交通の発達にも寄与しました。大名たちは一種の交通手形を発行し、通行を許可するようになりました。武田氏の丸竜の朱印、「伝馬」「船」の印判、また北条氏の虎の印判、「常調」の二字の上に馬をあしらった印判がよく知られています。

商人は陸上交通だけではなく、河川や海上の交通にも関与していました。彼らは主要な港から商品を輸送するなどし、遠隔地に商品を届けていたのです。陸路とは異なり、河川や海上交通では、大量の物資の輸送が可能でした。

商人の特権としては、楽市楽座《らくいちらくざ》が有名です。楽市とは、城下町における商業活動の課税免除を実施し、自由交易の場とするものです。楽座とは、座役を納めて商品の販売・製造などを独占した、商工業座の解体を目的とした政策です。共に織田信長の専売特許と考えられていましたが、実は近江（滋賀県）の六角《ろっかく》氏なども行っていた政策でした。

商人は、鉱山の経営にも関わっていました。博多（福岡市博多区）の豪商神谷宗湛《かみやそうたん》の曾祖父である寿貞《じゅてい》は、石見銀山《いわみぎんざん》（島根県大田市）の開発に貢献したと言われています。また、生野《いくの》銀山（兵庫県朝来市）の支配は、堺の豪商今井宗久《いまいそうきゅう》が行っていました。産出された銀は、彼ら豪商の手によって、世界へと輸出されたのです。当時、日本の銀は世界を席巻していました。

戦争に際しても、商人は大活躍しました。鉄砲などの武器や兵糧などは、商人によって調達されたのです。ちなみに火薬の原料となる硝石《しょうせき》は海外から輸入され、必然的に商人の力を必要としました。兵また、戦いのあとでは、乱取りという略奪が行われ、兵卒によって女性や子供が拉致されました。兵卒らは拉致した女性や子供を人買い商人に売り、対価を得ていたと言われています。このように商人は、幅広く活躍していたのです。

戦国大名の御用商人たち①

各地の戦国大名のもとには、さまざまな御用商人がいました。以下、その一部を紹介することにしましょう。

会津（福島県会津若松市）に本拠を構えたのは、豪商の簗田《やなだ》氏です。康暦元年（一三七九）に蘆名《あしな》氏が鎌倉から会津に移ると、簗田氏もそれに従い、やがて商人司《しょうにんつかさ》に任命されたと言われています。天正五年（一五七七）、簗田氏は大名の蘆名氏によって、商人が販売する塩などの商品への課税権を認められました。御用商人としての地位を認められたのです。

天正十七年（一五八九）に伊達氏が会津に入ると、簗田氏を商人親方に任命します。その役割は、市《いち》の開催など商売を取り仕切るものであり、自由な通行権を認められたのです。また、商人が商品の運搬中に盗賊の被害に遭った場合は、簗田氏が商品を取り戻す交渉も行いました。紛争解決も、商人親方の役割の一つだったのです。

北条氏の豪商としては、中国から帰化した宇野《うの》氏がいます。宇野氏の先祖は、薬の売買をしていた外郎《ういろう》氏です。外郎氏は十五世紀後半に博多（福岡市博多区）へ渡来し、天文八年（一五三九）に小田原へ住み着いたとされます。外郎氏は宇野定治《さだはる》と名乗り、北条氏綱《うじつな》から武蔵国河越《かわごえ》（埼玉県川越市）の今成郷《いまなり》の代官職を与えられました。

北条氏康《うじやす》が作成させた役高帳『小田原衆所領役帳』によると、宇野氏は「御馬廻衆」として、直属の親衛隊の役割も担いました。当時の商人には武士的な性格を持つ者も珍しくなく、同時に宇野氏は薬の売買にも携わっていたのです。北条氏には、このほかに武蔵国甘粕《あまかす》（埼玉県美里町）で塩の売買をしていた長谷部《はせべ》氏、武蔵・熊谷《くまがや》城下（埼玉県熊谷市）で小間物店や木綿売買宿を支配していた長野《ながの》氏ら、多彩な商人が領国経営を支えていました。

常陸（茨城県）佐竹《さたけ》氏の御用商人としては、深谷《ふかや》、遠山《とおやま》、小川《おがわ》などの諸氏がいました。深谷氏の場合は商人役免除の特権を佐竹氏から与えられており、領内の商業の采配などで貢献していました。天正十九年（一五九一）に佐竹氏が水戸《みと》（茨城県水戸市）に入ると、深谷氏らは城下町のプランに参画し、商人たちを城下に集住させました。深谷氏らは領外からの商人に宿を提供するなど、佐竹氏やその家臣との仲介役を担ったのです。さらに、商品価格の決定、商人の売上代金の立替・預託などの業務もこなしました。

越後（新潟県）上杉氏に仕えた商人としては、青苧座《あおそざ》の頭人《とうにん》を務めた蔵田《くらた》氏がいました。蔵田氏は、もと伊勢神宮の神官であったと言われています。十五世紀前半には、すでに青苧座を支配していました。青苧とは麻の原料のことで、京都や摂津で売買されるなど、越後で一番の特産品でした。蔵田氏は売買取引、青苧役の徴収、そして柏崎港《かしわざき》（新潟県柏崎市）からの輸送の管理などを行っていたのです。

甲斐（山梨県）武田氏の御用商人としては、古府八日市（山梨県甲府市）の坂田《さかた》氏がいます。坂田氏はもともと伊勢（三重県）北畠《きたばたけ》氏の家臣だったのですが、十六世紀前半に甲府へ移り住みました。坂田氏の商いの中心は、駿河（静岡県）や相模（神奈川県）で水揚げされた魚介類を仕入れ、甲斐に流通させることでした。甲斐は海岸に接していないため、魚、塩、干物などの海産物を調達することは、極めて重要なことだったのです。

こうして坂田氏は諸役免除の特権を武田氏から与えられましたが、天正十年（一五八二）に武田氏は滅亡します。武田氏に代わって浅野《あさの》氏が甲斐に入ると、坂田氏に領国内の魚介類の取引などを一手に任せました。代わりに坂田氏は年に一度、浅野氏に四十両の納入をしなくてはなりませんでした。さらに、坂田氏は麻布取引の課役徴収を担当し、木綿役として金子《きんす》の納入を行っています。

戦国大名の御用商人たち②

駿河・遠江（静岡県）今川氏のもとには、多彩な商人が集まりました。遠江国祝田《ほうだ》村（浜松市北区）に生まれた瀬戸《せと》方久《ほうきゅう》もその一人です。方久は井伊《いい》氏に重用され、のちに今川氏真《うじざね》に仕えたと言われています。ほかにも沼津《ぬまづ》大岡荘《おおおかのしょう》（沼津市）の問屋・山中《やまなか》氏、見附《みつけ》町（磐田市）の米屋・奈良《なら》氏、江浦《えのうら》（沼津市）の問屋・楠見《くすみ》氏、吉原《よしわら》（吉原市）の問屋・矢部《やべ》氏、気賀《きが》（浜松市北区）の中村《なかむら》氏など多士済々でした。

なかでも、駿河今宿（静岡市清水区）の友野《ともの》氏と松木《まつき》氏は、御用商人の代表的な存在です。友野氏は駿府の商人頭を務め、税の免除などの特権を与えられました。伝馬の運送を独占し、木綿役徴収の権利の獲得、酒・胡麻油、茜《あかね》、伊勢から取り寄せた米の販売権の独占など、手厚い保護を受けていたのです。逆に、友野氏は今川氏に搬送する荷物に課した路銭《ろせん》を納めるなど、奉仕していた点は見逃せません。

松木氏は今川氏から、京都に特産品を販売する権利を与えられていました。それは単なる商業活動にとどまらず、京都で政治に関する情報収集を行い、今川氏に報告する役割もあったと言われています。また、松木氏は蓄財した富によって、今川氏やその家臣らに対し、高利貸しを行っていました。今川家の諸経費を立て替えることもあり、松木氏の存在の大きさをうかがうことができます。

尾張（愛知県）織田氏の御用商人としては、清洲《きよす》（愛知県清須市）を舞台に活躍した伊藤氏がおり、百貨店の松坂屋の祖としても知られています。伊藤氏が織田氏から与えられた特権は、呉服の売買や海外からの輸入取引でした。伊藤氏も例に漏れず、他国からやって来る商人の管理、領内の商人の統制などを任される特権を得ていました。

このように、戦国大名の商人はさまざまな特権を与えられる代わりに、大名に奉仕するなどして、繁栄の礎を築いたのです。

宇喜多氏の御用商人――来住法悦

備前・美作（岡山県）の大名宇喜多秀家《うきたひでいえ》のもとにも御用商人がいました。秀家が岡山城下の振興を推進するなかで、協力を惜しまなかったのが商人の来住法悦《きしゅほうえつ》です。

法悦は岡山城改修のときに、櫓《やぐら》を寄進したとも言われています。熱心な日蓮宗の信者でもある法悦は、浦伊部《うらいんべ》（備前市）にその拠点を持っており、妙圀寺《みょうこくじ》（備前市）の再興にも尽力しました。その出自は、来住権右衛門の口上覚によると、讃岐国（香川県）の牢人のようです（「来住家文書」）。この口上覚には、法悦が天正十年（一五八二）における羽柴（豊臣）秀吉の備中高松城（岡山市北区）攻撃に際して、秀吉のためにわざわざ屋敷まで建てたと書かれており、相当な財力を保持していたと考えられます。

秀家の代に至ると、法悦は秀家から材木町に一町の土地を与えられたと言われており、何らかの特権を付与されたことをうかがわせます。天正十七年（一五八九）に書き記された法悦の譲状は、子息の弥三兵衛に資産を譲ったものです。その遺産は合計四千二百十石という莫大なもので、米、大豆、麦、金、銀、田地、家屋敷、山林等を石高に換算しています。このうち金と銀については、法悦が預かることとし、のちに孫に譲り渡すとしています。

莫大な資産を持った法悦は、秀家の厚い信頼を得ていました。文禄三年（一五九四）四月の秀家の判物《はんもつ》によると、①岡山に今ある屋敷については問題ないこと、②国中の諸役を免除すること、の二点について法悦に認めています。①は城下で武家と商人との混住を避けていたのですが、法悦の居住区は武家側にあったと考えられ、それを特例として認めたと推測されます。②は、商業活動上の特権として承認されたものです。

法悦は、秀家の判物によって家の売買を許可されています。その史料は、町奉行の浮田覚兵衛に宛てたものです。岡山城下には町奉行が組織され、居住区の管理がなされていたと推測されます。自由な家の売買が原則禁止されたのは、城下町における居住者を把握するためでした。一般的に、当時は牢人などの居住を制限していたほどです。しかし、法悦は例外として認められていたのですから、秀家配下の特権的商人として、その恩恵を受けていたのは明らかでしょう。

織田信長と堺の商人

和泉国堺（大阪府堺市）の商人として知られる今井《いまい》氏は、大和国今井荘（奈良県橿原市）の出身と言われています。青年期の宗久《そうきゅう》は堺の豪商納屋《なや》宗次の家に身を寄せ、のちに独立して納屋業を営むようになりました。納屋業とは、海浜に納屋という海産物などを保管する倉庫を設け、これを貸し付けて利潤を得る業態のことです。

永禄十一年（一五六八）に織田信長が上洛した際、摂津・和泉国に矢銭《やせん》を賦課しました。矢銭とは、戦国時代に大名が課した税の一種であり、軍用金に充てられたものです。室町時代以降、戦争時に軍用金や軍用米に充当するため兵粮料所が設定されていましたが、設定は恒常化する傾向にあり、新たに軍事費用を徴収する必要が生じたのです。そこで、登場したのが矢銭です。

同年、信長は堺の会合衆《えごうしゅう》に対して、二万貫の矢銭を要求しました。今の貨幣価値に換算すると約二億円という大金で、応じなければ堺を攻撃するとの脅しもあったのです。会合衆とは都市の自治組織を指導した豪商たちのことで、その合議によって市政が運営されていました。

大坂本願寺は信長の脅しに屈して、五千貫（約五千万円）という大金を信長に支払いました。これでことなきを得たのです。むろん会合衆のなかでも意見が分かれましたが、結局は支払い拒否を決意して、信長との全面対決に臨んだのです。

ところが、今井宗久は密かに堺を抜け出すと、信長に面会を求めました。宗久は信長との面会後、支払いに応じるよう会合衆の説得に乗り出しました。その結果、会合衆は信長に二万貫（約二億円）を支払い、大きな被害を回避できたのです。摂津国尼崎（兵庫県尼崎市）では支払いを拒否して焼き討ちにされたのですから、九死に一生を得たことになるでしょう。

以後、宗久は信長に気に入られ、御用商人としてさまざまな特権を得ました。たとえば、淀川《よどがわ》の通行権、摂津五ヵ庄の塩・塩合物《しおあいもの》（塩漬けの魚）の徴収権と代官職を獲得し、生野銀山《いくのぎんざん》（兵庫県朝来市）など但馬国の銀山の支配を任されました。さらに、代官領に河内鋳物師ら吹屋《ふきや》（鍛冶屋）を集め、鉄砲や火薬製造に関わり、堺での地位を確立したのです。

当時、鉄砲と言えば、近江国国友《くにとも》村（滋賀県長浜市）が一大生産地でしたが、すでに十六世紀の半ば頃に堺では鉄砲が作られ、ときの将軍足利義輝《よしてる》にも献上されていたと指摘されています。信長が大坂本願寺と戦っているとき、堺の鉄砲は大坂本願寺が用いていました。信長は堺の鉄砲の高性能に目を付け、堺の支配を目論んだと言われているほどです。

海外からの原料で生産される火薬の販売は、宗久に巨万の富をもたらしました。かつ堺で生産された鉄砲は、宗久が取り扱う主要な商品の一つでもあったのです。まさしく宗久は、堺を代表する豪商の一人と言えるでしょう。

また、宗久は茶道にも深く傾倒しており、千利休《せんのりきゅう》や津田宗及《つだそうぎゅう》らと共に、茶人として信長の茶頭《さどう》を務めていました。

堺の豪商―津田宗及

堺の豪商のなかには、天王寺屋《てんのうじや》と称する一族が存在しました。天王寺という屋号から、大坂天王寺から堺に移ったものと考えられます。その姓は津田《つだ》であり、近江（滋賀県）の出身であると言われています。

十五世紀の半ば頃、すでに天王寺屋新次郎《しんじろう》の名を文献で確認することができます。彼が津田氏の祖先です。天王寺屋宗柏《そうはく》は渡唐商人として知られ、堺の会合衆《えごうしゅう》の一人でした。宗柏は連歌《れんが》を肖柏《しょうはく》に学んで古今伝授《こきんでんじゅ》を受け、茶の湯を村田珠光《むらたじゅこう》に学ぶなど、教養の豊かな人物でもありました。

宗及の父宗達《そうたつ》とその弟道叱《どうしつ》（共に宗柏の子）も茶の湯を武野紹鷗《たけのじょうおう》に学び、多数の名物茶器を保有していました。二人は九州との交易を盛んに行っており、道叱は豊後（大分県）の大友宗麟《おおともそうりん》に重用されました。二人が茶を学び、多数の名物茶器や美術工芸品を保有したのは、商売によって財産を築き上げたからでした。

宗及は畿内から九州に至るまで幅広く商業活動を行い、もともとは本願寺の坊官下間《しもつま》氏や畿内の大名たちと深く関わっていました。また、三好三人衆の三好宗渭《みよしそうい》と結び、織田信長が堺に進出することを阻もうとしたこともあります。宗及は、信長に強い危機感を抱いていたようです。

ところが、永禄十一年（一五六八）に信長が上洛すると、あっさり鞍替えし、その所領管理、物資などの調達、年貢などの販売を一手に任されました。こうして宗及は、信長の信頼を勝ち取ることになったのです。宗及は、権力に巧みに近寄る能力に長けていたようです。

宗及の執り行った業務については、あまり詳しく知られていません。先述した国内における業務のほか、先祖から引き継いだ海外との交易がメインであったと考えられています。

むしろ宗及が有名なのは、茶人としての活動でした。宗及は父の宗達から武野紹鷗流の茶道を学び、のちに千利休《せんのりきゅう》、今井宗久《いまいそうきゅう》と共に三宗匠と称されました。信長や豊臣秀吉の茶頭《さどう》を務め、堺には六十余名の茶の弟子がいたと言われています。武術、生花《いけばな》、聞香《もんこう》、歌道にも優れていました。

天正二年（一五七四）の相国寺《しょうこくじ》（京都市中京区）での茶会では、信長から正倉院《しょうそういん》（奈良市）の秘宝蘭《らん》奢待《じゃたい》（香木）を与えられました。天正十五年（一五八七）に豊臣秀吉が北野天満宮（京都市上京区）で主催した北野大茶会では、運営上の重要な役割を果たしました。宗及の手になる『天王寺屋会記《てんのうじやかいき》』は、当時の茶会を知るうえで貴重な史料となっています。

宗及も堺の豪商の典型的な一人であり、莫大な富を背景にして茶に興じる、文化人の一人でもあったのです。

博多の豪商──島井宗室

島井宗室《しまいそうしつ》は、茂久の子として誕生しました。島井家は藤原北家《ふじわらほっけ》の流れを汲むとされ、父の代に島井を姓としました。古くから島井家は酒屋と土倉《どそう》を経営し、財力を蓄積しました。土倉とは高利貸しのことです。宗室は博多を支配する大友宗麟《おおともそうりん》や筑紫広門《つくしひろかど》をはじめ、九州の諸大名を相手に金融業を営ん

島井宗室肖像画

でいました。また、練貫酒《ねりぬきざけ》という銘酒の生産に携わるなど、酒屋も兼業していたのです。

宗室は金融業や酒屋で築いた財産を元手にして、朝鮮との交易を開始しました。その仲介に入ったのが、対馬《つしま》の宗《そう》氏です。こうして宗室は、わずか一代で有り余るほどの富を築いたのです。宗室の交友関係は深く、津田宗及《つだそうぎゅう》や千利休《せんのりきゅう》ら堺の商人・茶人をはじめ、権力者である織田信長や豊臣秀吉の知遇も得ていました。

宗室は茶に対する造詣も深く、名物の茶器を収集していました。なかでも秘蔵していた「楢柴《ならしば》の肩衝《かたつき》」は、「初花《はつはな》」「新田《にった》」と共に「天下の三名器」と称された茶器です。

天正十五年（一五八七）の島津征伐以降、宗室は秀吉の命によって博多の復興に従事し、神屋宗湛《かみやそうたん》と共に尽力しました。同年六月、秀吉は全九ヵ条の楽市楽座令《らくいちらくざれい》を博多津に下し、特権を持つ問屋や座を否定しました。また、借金を棒引きにする徳政令《とくせいれい》の適用を破棄し、住人たちの地子《じし》（土地代）を免除するなどしました。秀吉は博多の自治を認めると共に、武士の居住すら認めず、その保護と復興を保証したのです。

それらの秀吉の政策は、来たるべき朝鮮出兵への布石であり、やがて島井氏は秀吉の御用商人として活躍します。文禄・慶長の役では、兵糧米の調達にあたりました。しかし、当初の島井氏は朝鮮出兵に反対しており、秀吉から蟄居《ちっきょ》を命じられるありさまでした。反対していたのは当然のことで、貿易相手の朝鮮との戦争によって、貿易による利潤が失われるからでした。やがて宗室は許されると、兵糧などを扱い、莫大な収益を得たと言われています。

その後、宗室は海外貿易を展開して利益を上げ、諸大名を相手に金を貸し付けるなどしていました。ところが、徳川家康が天下を握ると、たちまち宗室は冷遇されることになります。しかし、黒田長政《くろだながまさ》が福岡城を築城する際には、多額の資金を提供し、それは材木などの物資のほか、金銀や名物の茶器にまで及んだと言われています。

宗室が養嗣子の信吉に家督を譲るとき、質素倹約と積極経営を旨とする十七ヶ条の遺訓を残したのは有名です。宗室の若い頃の失敗などの反省を踏まえた人生訓でもあります。節約や倹約を重視する考えは、近世の豪商の萌芽といえ、家業の永続と繁栄に寄与することを念願したと考えられるのです。

豊臣秀吉と神屋宗湛

十六世紀の半ば頃、すでに神屋《かみや》家は周防（山口県）大内《おおうち》氏の遣明船《けんみんせん》で惣船頭を務めていたことが確認できます。神屋寿禎《じゅてい》は出雲（島根県）の鷺銅山《さぎどうざん》へ輸出用の銅を仕入れに行く途中、石見銀山《いわみぎんざん》（島根県大田市）を発見し、発掘に着手しました。その際、博多の精錬技術者の宗丹《そうたん》と桂寿《けいじゅ》に依頼し、灰吹法《はいふきほう》（鉛を用いた精錬技術）によって白銀《はくぎん》の抽出に成功しました。石見銀山から産出される銀が、世界的に需要があったのは周知の通りです。

神屋宗湛《そうたん》は寿禎の四代目にあたり、紹策《しょうさく》の子として誕生しました。宗湛は博多商人として知られていますが、永禄十二年（一五六九）から十七年もの間にわたって唐津《からつ》（佐賀県唐津市）に住んでいました。博多が毛利《もうり》氏と大友《おおとも》氏の戦争によって荒廃し、難を避けたためです。

天正十年（一五八二）、宗湛は織田信長に謁見しましたが、本能寺の変に巻き込まれ、危ういところで脱出に成功しました。その際、十三世紀後半に宋《そう》・元《げん》で活躍した画家の牧谿《もっけい》の作品「遠浦帰帆図《えんぽきはんず》」（重要文化財）を持ち出したと言われています。

天正十四年（一五八六）、宗湛は豊臣秀吉の招きによって上洛すると、堺の豪商津田宗及《つだそうぎゅう》と会って交流を深めました。このとき大徳寺《だいとくじ》（京都市北区）で得度《とくど》し、宗湛と名乗るようになりました。戒師《かいし》を務めたのは、著名な禅僧の古渓宗陳《こけいそうちん》です。秀吉の信頼を得た宗湛は、堺の商人の助力を得て、中国、朝鮮、ルソン（フィリピン）、シャム（タイ）などと貿易を行うようになりました。

翌十五年（一五八七）の大坂城での大茶湯会では、秀吉から厚く遇せられました。宗湛は「筑紫ノ坊主」と秀吉から呼ばれ、面目を施したと言われています。むろん宗湛には、茶の嗜みがありました。武将で茶人の古田織部《ふるたおりべ》は「ヘウゲモノ（ひょうきんな人の意）」と称されていますが、それは『宗湛日記』に書かれた、宗湛による織部の評価なのです。

博多の町割りの際には、間竿《けんざお》（長さを測るための竿）を用いて秀吉をサポートし、名島《なじま》や博多の町家の建設、博多への兵糧米の集荷など兵站《へいたん》基地の商人としても貢献しています。その力量は、朝鮮出兵時にいかんなく発揮され、宗湛は莫大な富を築いたのです。

しかし、慶長三年（一五九八）に秀吉が亡くなると、島井宗室《しまいそうしつ》と同じく、後継たる天下人の徳川家康から冷遇されました。慶長五年（一六〇〇）の関ヶ原の戦い後、宗湛はすでに親交を深めていた黒田孝高《くろだよしたか》（官兵衛《かんべえ》・如水《じょすい》）との縁もあり、嫡男長政《ながまさ》が福岡城を築城する際には銀や渡来品の数々を献上しました。

のちに、宗湛は家宝の博多文琳《ぶんりん》（茶入れ）を藩主の黒田忠之《ただゆき》から召し上げられ、茶人としての生命を絶たれたと言われています。唐物茶入「博多文琳」は秀吉ら名立たる大名が所望しても、決して譲らなかった優品でした。譲った際、宗湛は黄金二千両と知行五百石を与えられましたが、知行は辞退したと伝わっています。

〔主要参考文献〕
泉澄一『堺と博多――戦国の豪商』（創元社、一九七六年）
泉澄一『堺――中世自由都市』（教育社、一九八一年）
佐々木銀弥『日本商人の源流――中世の商人たち』（教育社、一九八一年）
笹本正治『日本の商人3　異郷を結ぶ商人と職人』（中央公論新社、二〇〇二年）
武野要子『博多――町人が育てた国際都市』（岩波新書、二〇〇〇年）

第二部　戦国時代の生活文化

第八章　戦国時代の教養・娯楽

戦国武将と娯楽

戦国時代は戦いに次ぐ戦いで、とても娯楽に興じている暇などなかったはずと考える読者がいるかもしれません。しかし、戦国武将はもとより、家臣や領民にも日常生活があり、娯楽で一息つくゆとりはあったのです。そもそも娯楽とはいっても、それは生きるうえでの嗜みでもありました。伊勢宗瑞《いせそうずい》（北条早雲《ほうじょうそううん》）が定めた家訓「早雲寺殿廿一箇条《そううんじどのにじゅういっかじょう》」には、娯楽や教養に関する興味深い条文が散見します。宗瑞は少しでも時間があれば本を読み、常に文字の書いてあるものを懐に入れ、人目を忍んで読むべきだと述べています。また、文字を忘れないように、手習いをするようにも勧めているのです。というのも、宗瑞自身が歌道を学ぶべきと述べているので、当然、文字を知らなくてはいけなかったのです。

和歌や連歌《れんが》は教養として身につけておくべきもので、戦国武将は和歌会や連歌会をたびたび催しました。ときには京都から著名な歌人や連歌師を招き、指導を乞うこともありました。細川玄旨《げんし》（幽《ゆう》斎《さい》）は古今伝授《こきんでんじゅ》を受けるなど、優れた才能を持った武将として知られています。古今伝授とは『古今和歌集』の解釈を特定の個人に伝えるもので、その内容は門外不出とされてきました。

和歌や連歌は単なる教養にとどまらず、一つの座で和歌会や連歌会を興行することにより、当主と家臣間の関係を強化する効果もありました。それは、酒宴も同じと言えます。

茶道は、一種のステイタスでした。茶道を牽引したのは、経済的に豊かな堺の商人たちです。彼らが高価な茶器を入手すると、戦国武将は競って手に入れようとしました。織田信長による名物狩り（有名な茶器を取り上げたり、強引に買い上げたりすること）は、あまりに有名な話です。豊臣秀吉に至っては大坂城内に黄金の茶室を設け、北野天満宮（京都市北区）の境内で北野大茶会を主催するなど、天下人の権力を誇示する存在にすらなりました。

一方、娯楽の王様である、碁、将棋、笛、尺八などは、知らなくても恥にならないと宗瑞は述べています。それらは決して悪いことではないのですが、教養を高めたりすることや、武芸の技を高めることに比べ、優先順位が落ちるということになるのでしょう。ただし、囲碁、将棋、双六《すごろく》、博奕《ばくえき》などは、夢中になると時間を浪費するだけでした。特に、博奕は金銭も絡むのでトラブルが発生し、たびたび禁止されることがありました。

鷹狩、競馬《くらべうま》、相撲などは、武芸の鍛錬と一体化していました。鷹狩はかなりの運動量だったので、体力をつけるのに最適だったと言えます。競馬は戦場で馬に乗りながら弓矢などを扱う技術を高め、相撲は組打ちになったときの訓練でもありました。それらはスポーツ的な要素が強かったのですが、一方で実践的であったとも言えます。

このように戦国時代には、数多くの娯楽がありましたが、それらは単なる遊びにとどまらず、人間関係の構築や戦闘能力の向上に貢献したのです。

さまざまな娯楽

戦国時代の娯楽・遊びは多種多様だったのですが、ここでは博奕《ばくえき》、囲碁、将棋、双六、酒宴を取り上げることにしましょう。

今も昔も、人々の娯楽として人気があるのは賭博です。戦国時代においては、さまざまなものが賭けの対象になりました。闘鶏《とうけい》（鶏を闘わせる競技）、蹴鞠《けまり》などの勝負も賭けの対象になりました。ときに連歌《れんが》も作品の優劣を競い、賭けが行われたほどです。最もわかりやすいのが、目勝《めかち》（目増）でしょう。目勝とはサイコロを振り、目の数が大きいほうが勝ちで、負けたほうは金品を提供するか、技芸を披露しなくてはなりませんでした。

双六も賭博の一種でした。双六は盤上に白黒十五個ずつの駒を並べ、二つの賽《さい》の目の数で駒を進め、早く敵陣に入ったほうを勝ちとする遊びです。非常に単純な遊びですが、当時の人は夢中になったのです。平安時代後期には、白河院《しらかわいん》の自由にならないものとして、賀茂川《かもがわ》の水、比叡山《ひえいざん》の僧侶と並び、双六の賽の目も挙げられたほどなのです。

将棋は十一世紀に中国から日本に持ち込まれ、もともとは駒数が百三十枚もある大将棋が基本でした。しかし、大将棋は駒の動かし方やルールが非常に複雑なので、やがて現在の形の将棋が好まれるようになったのです。織田信長の配下で京都所司代《しょしだい》を務めた村井貞勝《むらいさだかつ》は、吉田兼見《よしだかねみ》とたびたび対戦した記録が残っています（『兼見卿記』）。越前（福井県）朝倉《あさくら》氏の本拠である一乗谷《いちじょうだに》（福井市）では、将棋の駒が発掘されているほどです。

囲碁は将棋よりも早く、すでに奈良時代には中国から日本に持ち込まれ、室町時代から戦国時代にかけて僧侶や公家の間に流行しました。山科言経《やましなときつね》の日記『言経卿記《ときつねきょうき》』には、膨大な囲碁の記録が記載されています。碁打ちで有名なのは、京都寂光寺《じゃっこうじ》の僧本因坊算砂《ほんいんぼうさんさ》でしょう。算砂は織田信長に召し出されて以来、豊臣秀吉、徳川家康に仕えたことでも知られています。一説によると、信濃（長野県）の武将真田昌幸《さなだまさゆき》も囲碁の愛好家だったと言われています。

酒宴は単なる娯楽と言うよりも、当主と家臣らとの紐帯《ちゅうたい》を強化する目的もありました。それぞれが着席する席次も決まっており、それは身分の上下を表していたのです。酒宴の席でリラックスすることは当然のことで、ときに酒を飲み過ぎて二日酔いになったとの記録もあります。一方、酒宴の場は暗殺の場となることもあり、武将が命を失った事件があります。

このように戦国時代にはさまざまな娯楽がありましたが、それは社交の場でもあり、情報交換の場でもありました。先述した村井貞勝が吉田兼見と将棋を指していたのは、密談していたからだという説もあるくらいです。つまり、将棋を指すことでカムフラージュしながら、怪しまれないようにしていたのかもしれません。

社交場の嗜み①—能

戦国時代においては、社交の場における嗜みが必要でした。能、舞、歌舞伎などは、その一つだと言えます。戦国武将は自らパトロンとなり、演者を保護したほどです。逆に言えば、戦国武将の金銭的な援助によって、諸芸能は発達したのです。

能は平安時代の猿楽《さるがく》を原型とし、室町時代に観阿弥《かんあみ》・世阿弥《ぜあみ》父子によって大成されました。そのとき、パトロンを務めたのが三代将軍足利義満《あしかがよしみつ》です。以後も能役者は武将の庇護《ひご》を受けました。なかでも能を愛好したことで有名なのが、豊臣秀吉です。秀吉は金春大夫《こんぱるだゆう》（金春安照《やすてる》）を登用し、お抱え役者として演じさせたのです。秀吉は「能狂い」と言われるほど、能に熱中しました。

文禄二年（一五九三）、秀吉は後陽成《ごようぜい》天皇の面前で能を演じて見せましたが、これは前代未聞のことでした。秀吉は自身で能を演じるだけにとどまらず、徳川家康、前田利家《まえだとしいえ》、毛利輝元《もうりてるもと》といった名立たる諸大名にも演じさせました。ところが、肝心の秀吉の能は未熟かつ稚拙だったと指摘されています。秀吉の能への執念は尋常なものではなく、自己の事績を劇化して新作能を作ったほどです（「太閤能」）。作曲は金春安照、作詞は御伽衆《おとぎしゅう》の大村由己《おおむらゆうこ》が担当しました。

歌人としても有名な細川玄旨《げんし》（幽斎《ゆうさい》）は、観世与左衛門国広《かんぜよざえもんくにひろ》に能を学び、その奥義をマスターし相伝しました。プロも唸るような腕前だったようです。玄旨は十三代将軍足利義輝《あしかがよしてる》に仕えていた頃、観世流の能に魅了されたと言われています。以来、玄旨は観世流の能楽を支援し、丹後（京都府）に観

観能図屏風（部分、神戸市立博物館所蔵）

世元頼《もとより》の弟古津宗印を能大夫として招聘しています。こうして丹後では、能が盛んに演じられるようになりました。地方文化の興隆に貢献したと例と言えるでしょう。

伊達《だて》政宗《まさむね》は中尊寺《ちゅうそんじ》（岩手県平泉町）の能楽堂を保護したことで知られていますが、実は若い頃から能を嗜んでいました。政宗は奥小姓の桜井八右衛門の能楽の才能を見出し、金春安照のもとで修行させています。やがて、八右衛門の芸は名人の域に達しましたが、政宗はなお細かい点で指導するほどの高い鑑識眼を備えていたと言われています。

社交場の嗜み②――幸若舞と歌舞伎

織田信長は、幸若舞《こうわかまい》を愛好していました。幸若舞とは曲舞《くせまい》の一種です。曲舞とは、謡《うたい》や鼓《つづみ》の伴奏に合わせ、男性が扇を持って舞うものです。十五世紀初頭、桃井幸若丸《もものいこうわかまる》が始めたとされ、やがて戦国武将の間に広まっていきました。好まれた理由は、題材として軍記物語が多かったからだと指摘されています。戦いにおける数多くの武勇伝は、戦国武将の魂を揺さぶったものと考えられます。

永禄三年（一五六〇）の桶狭間の戦いの出陣を控え、信長は「人間五十年、下天の内をくらぶれば、夢幻のごとくなり。一度生を得て滅せぬ者のあるべきか」という「敦盛《あつもり》」という作品の一節を舞って見せました（『信長公記』）。

「敦盛」とは、元暦元年（一一八四）の一の谷の戦いで熊谷直実《くまがいなおざね》が平敦盛《たいらのあつもり》を討ち、出家に至るまでを作品化したもので、信長は好んで舞ったと言われています。永禄三年（一五六〇）、信長は「敦盛」を舞ったあとで桶狭間に出陣し、見事に敵将の今川義元《よしもと》を討ち取ったのです。

天正十年（一五八二）、信長は徳川家康を近江の総見寺《そうけんじ》（滋賀県近江八幡市）に招き、幸若大夫《こうわかだゆう》に舞を舞わせ、梅若大夫《うめわかだゆう》に能を演じさせました。その際、梅若大夫の能が不出来だったために折檻《せっかん》を加えました。一方で、幸若大夫の舞が素晴らしかったので機嫌を直し、黄金十枚を与えています。信長は幸若大夫を寵愛し、越前（福井県）に百石の知行を給与したほどです。豊臣秀吉や徳川家康も幸若大夫を重用し、同じく知行を与えたことがわかっています。

能や舞などの諸芸能を受け、最も新しく誕生したのが歌舞伎です。「歌舞伎」の語源は、奇抜な身なりをする意の動詞「傾《かぶ》く」です。歌舞伎は、先行する諸芸能の特長である音楽、舞踊、セリフを融合した総合演劇と言われています。そして、歌舞伎の創始者とされているのが、女性の出雲阿国《いずものおくに》なのです。

出雲阿国の出自は実に不明な点が多く、一説によると、京都の京北出雲路河原（京都市北区）の時《じ》宗鉦打聖《しゅうかねうちひじり》の娘と言われています。あるいは、奈良近郊の散所《さんじょ》（賤民《せんみん》の集住地）の歩き巫女《みこ》であるとも指摘されています。さらに別の説では、出雲大社（島根県出雲市）で鍛冶職人だった中村三右衛門の娘であるとか、阿国自身は出雲大社の巫女だったとも指摘されています。いずれの説も十分な根拠はないのですが、阿国が漂流する芸能民だった可能性は高いと言えるでしょう。

天正十年（一五八二）、「国」という人物が奈良の春日社若宮殿で「ややこ踊り」を踊ったとの記録があります。その六年後には出雲大社の女神子《みこ》が勧進《かんじん》のために唄い踊っており、いずれも阿国と考えられています。慶長五年（一六〇〇）、「国」あるいは「菊」という女性が京都で「ややこ踊り」を踊ったことが確認され、この頃から阿国が京都で活動したと言われています。しかし、「ややこ踊り」や「念仏踊り」は地味な踊りなので、のちの歌舞伎とはかなり違っていたようです。

三年後の慶長八年（一六〇三）、阿国は「歌舞伎踊り」で一躍表舞台に躍り出ました。「歌舞伎踊り」では阿国が脇差《わきざし》を帯び、華麗な男装姿で登場し、男の座員には女装をさせていました。男装の麗人となった阿国は、茶屋の女のもとに通うさまの「茶屋あそびの踊り」を披露し、熱狂的なファンを獲得したのです。以降、歌舞伎は庶民文化として根づきました。

以上のように、戦国武将や当時の人々は、舞、能、歌舞伎などを楽しみ、一つの嗜みとしていました。戦乱が打ち続く不安定な社会のなかで、ほっと一息つける瞬間だったのかもしれません。

戦国武将と茶の湯

茶の湯、和歌、連歌《れんが》を習得するには、かなりの地位と金銭を必要としました。それぞれの分野で指導を乞うには、それなりの指導料を必要としたからです。また茶の場合は、道具がかなり高価だったことも影響しています。

織田信長と豊臣秀吉に茶の指導を行ったのは、千利休《せんのりきゅう》です。利休は北向道陳《きたむきどうちん》、武野紹鷗《たけのじょうおう》に茶を学び、茶を大成した人物です。利休の茶は日常性を追求し、従前の四畳半の茶室に代わって、二畳、一畳半といった小間の茶室を採用しました。また、身辺にある雑器を道具に取り上げるなど、従来にない工夫をしました。

利休の弟子には、古田織部《ふるたおりべ》や細川忠興《ただおき》などの著名な武将がいます。弟子のうち高弟は「利休七哲《しちてつ》」と称される人々です。利休の茶は「侘《わ》び寂《さ》び」を極めようとしましたが、信長や秀吉の茶への趣向はかなり違ったようです。

信長が茶器の名物狩りをしたのは、有名な話です。商人の今井宗久《いまいそうきゅう》から「松島の壺」「紹鷗茄子《じょうおうなす》」を、武将の松永久秀《まつながひさひで》から「九十九髪《つくもがみ》（九十九茄子、付藻茄子）」といった名器を献上されたのはよく知られた事実でしょう。

一方で、家臣も信長から茶の名器を与えられることを望みました。天正十年（一五八二）に武田氏が滅亡すると、滝川一益《たきがわかずます》は関東の支配を命じられ、上野一国（群馬県）などを与えられました。しかし、一益は茶の名器をもらえなかったので、非常に落胆したと言われています。というのも、柴田勝家《しばたかついえ》は「柴田井戸《しばたいど》」（高麗茶碗）を、丹羽長秀《にわながひで》は「白雲《しらくも》」（茶釜）を、明智光秀《あけちみつひで》は「八重桜《やえざくら》」（茶壺）を、羽柴（豊臣）秀吉は「乙御前《おとごぜ》」（茶湯釜）といった茶器を、それぞれ信長から与えられたからなのです。

茶が隆盛を極めたこともあり、戦国時代には武将茶人が数多く存在しました。上田宗箇《うえだそうこ》（重安《しげやす》）もその一人です。宗箇は尾張国（愛知県）で生まれ、のちに丹羽長秀に仕えました。長秀の歿後は豊臣秀吉に仕官し、重用されました。宗箇は利休に茶を学び、茶人の古田織部とも親交を深めました。上田宗箇流の茶道は、現在も脈々と伝わっています。なお、宗箇は作庭の技術に優れていたことも付記しておきます。

金森長近《かなもりながちか》も利休の茶の指導を受けた一人であり、「利休十哲《じってつ》」の一人に数えられています。長近の孫宗和《そうわ》は、武将としては大成しませんでしたが、のちに小堀遠州《こぼりえんしゅう》と並び称される茶の宗匠となり、宗和流を開きました。このほかにも、荒木村重《あらきむらしげ》、細川忠興、高山右近《たかやまうこん》など、茶の湯に優れた武将は数多くいます。

戦国武将と和歌・連歌

和歌については、細川玄旨《げんし》（幽斎《ゆうさい》）を挙げなくてはならないでしょう。玄旨は和歌の造詣が深く、三条西実枝《さんじょうにしさねき》から古今伝授《こきんでんじゅ》を受けました。本来、古今伝授は一子相伝でしたが、実枝の子息公国《きんこく》が幼かったという事情があり、玄旨に授けられました。玄旨は正統の古今伝授を継承した、当時唯一の存在だったのです。

古今伝授とは、『古今和歌集』の解釈を中心として、師が歌学などを口伝、切紙《きりがみ》、抄物《しょうもの》（注釈書）で弟子に伝えることです。その内容は、秘伝とされています。天正二年（一五七四）、玄旨は山城・

勝龍寺城《しょうりゅうじ》（京都府長岡京市）において、切紙伝授と呼ばれる方法で古今伝授を受けました。その様子は、智仁親王《としひとしんのう》（後陽成《ごようぜい》天皇の弟）が『古今伝授座敷模様』という記録にまとめています。

慶長五年（一六〇〇）に関ヶ原の戦いが迫ると、玄旨は東軍の徳川家康に味方し、わずかな軍勢で丹後・田辺城《たなべ》（京都府舞鶴市）に籠城しました。同年七月、ついに田辺城は西軍の軍勢に囲まれました。後陽成天皇は古今伝授の伝承者が死ぬのを恐れ、三条西実条《さねえだ》らを勅使として田辺城に派遣し、勅命によって講和を結ばせようとしたほどです。

玄旨の例はやや特殊かもしれませんが、当時の戦国武将の多くは和歌を詠みました。毛利《もうり》氏に仕えた玉木吉保《たまきよしやす》の『身自鏡《みのかがみ》』には、十五歳のときに『万葉集』『古今和歌集』や和歌の注釈書も読んだと書かれています。それは連歌も同じであり、「若侍の嗜み」でもあったのです。

播磨（兵庫県）の赤松義村《あかまつよしむら》は、京都から冷泉為広《れいぜいためひろ》を置塩城《おきしお》（兵庫県姫路市）に招いて講義を受けましたが、その際には家臣たちも同席しました。家臣らも和歌や連歌の作品を作ると為広に添削を求め、ときに和歌集などを与えられることもありました。能登（石川県）の畠山《はたけやま》氏の家臣である神保《じんぼう》氏、温井《ぬくい》氏、遊佐《ゆさ》氏らは冷泉家に誓状を提出し、弟子入りを認められたほどです。むろん、為広は見返りとして金銭を受け取っていました。

和歌と並んで人気があったのが連歌です。室町期に活躍した宗祇《そうぎ》は、各地の大名と親交を結び、指導することがありました。戦国武将は競って連歌会を興行し、それが一種のステイタスになったのも事実です。

連歌が特長的なのは、座の文学であることでしょう。連歌は五・七・五の長句と七・七の短句を交互に詠み、複数の参会者（連衆）が百句で完成させるものです。したがって、戦国武将は家臣との一体化を求めるべく、連歌会を催すという事情がありました。特に出陣に臨んでは、神社で合戦の勝利を祈願して連歌を詠み、奉納することもあったのです（戦陣連歌）。

連歌を好んだ意外な人物として、真田《さなだ》信繁《のぶしげ》（幸村《ゆきむら》）がいます。慶長五年（一六〇〇）の関ヶ原の戦い後、信繁は九度山《くどやま》（和歌山県九度山町）に流され、退屈な日々を送っていました。その合間に見つけた趣味が連歌なのです。年未詳九月二十日付けの信繁の書状（宛名欠）によると、追伸部分で信繁が九度山で連歌を嗜んでいたことがわかり、機会があれば興行したいと記しています。（「長井彦介氏所蔵文書」）。信繁が連歌を学んでいたことは、ほかの書状でも確認できるので、相当な力の入れようだったようです。

このように茶、和歌、連歌は単なる教養にとどまらず、自らのステイタスを高め、家臣との交流を深める手段でもあったのです。

武芸の鍛錬①—馬術

戦国武将は、来たるべき合戦に備えて、常に鍛錬をする必要がありました。剣術や馬術以外にも、鷹狩、馬術、相撲などを好んでいました。いずれも単なるスポーツのように感じられますが、それは戦場における戦いと密接に関わっていました。

馬術については、古くから朝廷などで競馬《くらべうま》が行われていました。馬に乗った騎手が左右に分かれ、神社の一の鳥居から二の鳥居の間の距離で速さを競うのです。十回の勝負で、左右のどちらが勝利したかを決めました。

武士たちの間で好まれたのは、流鏑馬《やぶさめ》でした。流鏑馬は約二百メートルの距離の間に、進行方向の左側に的《まと》を三つ立てます。そして、馬を疾走させると、矢を射て命中させるのです。こうして武士たちは、互いの馬や弓矢の技量を競ったのでした。

馬に乗って矢を的に当てるものとしては、笠懸《かさがけ》があります。より実践的なものとしては、犬追物《いぬおうもの》がありました。犬追物は三手に分かれ（一手は十二騎で編制）、一手につき十匹の犬を四騎ずつ交代に射ます。これを十五回行うのです。なお、犬を殺してしまわないために、矢は蟇目《ひきめ》（鏃《やじり》が卵型で、なかを中空にしたもの）を使用しました。鎌倉幕府十四代執権北条高時《ほうじょうたかとき》は、犬追物に熱中しすぎて、幕府滅亡の要因になったほどです。

馬術には、さまざまな流派がありました。小笠原流弓馬術礼法《おがさわらりゅうきゅうばじゅつれいほう》は、鎌倉時代に活躍した甲斐（山梨県）の小笠原長清《ながきよ》を祖とします（異説あり）。小笠原流を学んで、室町期に大坪《おおつぼ》流を起こしたのが大坪慶秀《よしひで》です。大坪流の師範は、代々にわたって室町将軍を指導し、その地位を確立しました。徳川家康が習得したのも大坪流です。

『信長公記』に記されている通り、織田信長は朝晩馬に乗り、乗馬の技術を磨くことに余念がありませんでした。尼子《あまご》氏の家臣多胡辰敬《たことときたか》が著した『多胡辰敬家訓』（天文十三年・一五四四年成立）においても、乗馬の重要性が説かれています。

戦国時代の馬

次に、戦国時代の馬とはどのようなものだったのか考えてみましょう。日本の馬の在来種は小型馬、中型馬であり、さながらポニーのような馬でした。現在、日本の競馬や乗馬で用いられるのは、外来種のサラブレッドです。馬は農耕だけでなく、戦闘時にも用いられていました。特に、武将にとっては、切っても切れない縁があったのです。

各地の戦国武将たちは、配下の者に馬術の鍛錬を奨励しました。伊勢宗瑞《いせそうずい》（北条早雲《ほうじょうそううん》）は、家訓の「早雲寺殿《そううんじどの》廿一箇条《にじゅういっかじょう》」のなかで、「奉公のすきには馬を乗ならふべし」と定めています。続けて、最初は馬の達人に習い、手綱《たづな》さばきは稽古で鍛錬せよと述べているほどです。

乗馬というのは、男だけの専売特許ではありませんでした。一例を挙げると、天文二十一年（一五五二）に今川義元《よしもと》の息女が武田晴信《はるのぶ》（信玄）の嫡男義信《よしのぶ》のもとに嫁ぐとき、「女房衆の乗る鞍馬百匹」が随行したと言われています（『妙法寺記』）。

馬は太刀と共に武将たちの間で贈答が行われました。たとえば、室町・戦国期に諸国の守護は、盛んに将軍へ献馬を行いました。当時、威勢が衰えたとはいえ、守護が将軍と繋がることには、権威という側面でメリットがあったようです。やがて、献馬は大名間にも広がりました。

では、馬はどうやって手に入れたのでしょうか。天正五年（一五七七）六月、織田信長は安土《あづち》城下に近江国中（滋賀県）の売買は当地でのみ行うこと、という掟を定めています（『竹橋蠹簡』）。また、馬の目利きもいたようで、信長の家臣森長可《もりながよし》は伯楽《はくらく》（馬を見分ける名人）として名高い道家弥三郎なる者を用いていました（『兼山記』）。弥三郎は馬の選定や調教によって、褒美を得ていたようです。

ちなみに馬は東北地方に名馬が多いとされ、大変高価でした。武将によって、馬を購《あがな》う際の意見はさまざまで、竹中重治《たけなかしげはる》（半兵衛《はんべえ》）は馬に必要以上のお金をかけてはいけないと説きました。馬を失うことを惜しんで、戦いに専念できないからです（『常山紀談』）。

馬と言えば、戦争と大きな関係がありました。とりわけ良い馬に恵まれない武将は、不運でした。天正十一年（一五八三）に賤ヶ岳《しずがたけ》の戦いが勃発したとき、加藤清正《かとうきよまさ》は馬に乗って出陣しましたが、どういうわけか馬が足を痛めてしまいました。同僚から馬の吟味が足りないと注意されると、清正は働きぶりでは負けないと言い、敵の名馬を奪って見せると苦々しく抗弁したようです（『清正記』）。

天正十三年（一五八五）、豊臣秀吉は反抗する土佐（高知県）の長宗我部元親《ちょうそかべもとちか》を打ち破りました。元親配下の谷忠澄《たにただずみ》は、敗因を馬の質に求めています。豊臣方の馬は太く馬具も華やかなので、千騎が二千騎に見えるほどだが、長宗我部方の馬は細くて馬具も貧弱で、千騎が五百騎くらいにしか見えなかったと述べています。

馬を用いた戦争と言えば、やはり天正三年（一五七五）の長篠の戦いが有名でしょう。従来説によると、織田・徳川連合軍が三千挺の鉄砲の三段撃ちによって、武田の騎馬軍団を打ち破ったと言われてきました。しかし、現在では武田氏に近代の軍隊のような騎馬軍団は存在せず、当時の戦闘では下馬して戦うのが通例だったことから疑問視されています。まだまだ検討の余地があるようです。

信長と馬のエピソード

馬と言えば、織田信長もエピソードにこと欠きません。『信長公記』によると、青年期の信長は朝夕を問わず馬の鍛錬に励んでいます。あるとき、信長は家臣平手《ひらて》政秀《まさひで》の嫡男久秀《ひさひで》の名馬を所望しましたが、久秀は断りました。それゆえ信長は久秀を遺恨に思い、このことが政秀が切腹した遠因になったと言われたほどです。

しかも、信長は朝夕ずっと馬に乗り詰めている状態であり、馬をどんなに荒っぽく乗りこなしても、息を切らせて苦しませるようなことはなかったと言います。信長が馬の鍛錬に励んでいたことは、甲斐（山梨県）の武田信玄の耳にも入っていたようです。

信長は馬を愛していたので、諸国の大名とたびたび馬の贈答を行っていたことが記録に見えます。永禄十一年（一五六八）、武田信玄は信長に十匹の馬を贈りました。うち一匹は、下野（栃木県）の宇都宮《うつのみや》氏から進上された「鬼瓦毛」です（『甲陽軍鑑』）。信玄の子息勝頼《かつより》の妻龍勝院《りゅうしょういん》は、信長の養女でした。龍勝院の死後、信長の嫡男信忠《のぶただ》は信玄の六女松姫《まつひめ》を娶りました。こうして同盟を築いた両者は、馬の贈答を通して関係強化に努めたと考えられます。

遠隔地の大名も、信長に馬を献上していました。奥州の伊達輝宗《だててるむね》は、名馬として名高い「ガンゼキ黒」「白石鹿毛」を天正三年（一五七五）に献上しました。なかでも「白石鹿毛」は、奥州でも指折りの名馬だったと言われています（『信長公記』）。東北は名馬を数多く産出していたので、安東《あんどう》氏、南部《なんぶ》氏、大宝寺《だいほうじ》氏なども競って信長に馬を献上しました。その目的は、当時、台頭していた信長と厚誼《こうぎ》を結ぶためです。

天正七年（一五七九）、常陸（茨城県）の多賀谷重経《たがやしげつね》は信長に「星河原毛《ほしかわらげ》」の馬を献上しました。丈は四尺八分、馬齢は七歳、太くたくましい駿馬《しゅんめ》で、一日に三十里（約百二十キロメートル）も乗ることができました。信長は大いに喜び、黄金五十両、小袖三重などを与えています。その後、信長が実際に乗ってみると、紛れもない名馬であると感嘆し、馬の世話をしていた側近に刀の「正宗」を与えたと言います（『信長公記』）。

信長は馬をもらうだけではなく、贈ることもありました。天正四年（一五七六）、讃岐（香川県）の香川元景《かがわもとかげ》は、香西《こうざい》氏を通じて信長の配下に加わろうとしました。香川氏から二名、香西氏から二名の使者の計四名が信長のもとを訪れ、了承を得ました。このとき信長は、四名の使者に馬を贈っています。その馬は常陸の佐竹義宣《さたけよしのぶ》が献上したもので、信長は「四国で関東の馬は珍しいだろう。国の人に見せるがよい」と述べたとあります。まさしく信長自慢の馬でした。馬は精悍《せいかん》な面構えで、四国の者が見たこともないような名馬だったと伝わっています（『南海通記』）。信長は秘蔵の馬を与えることによって、忠誠を誓わせようとしたのでしょう。

ただ、諸国の大名すべてが、信長から喜んで馬をもらったわけではないようです。天正十年（一五八二）に武田氏を滅ぼして勢いに乗った信長は、下総（千葉県）の千葉邦胤《ちばくにたね》に書状を添えて馬を贈りました。

信長は版図を広げるため、邦胤に関東方面を管轄していた滝川一益《たきがわかずます》の配下になるよう迫ったのです。しかし、信長の書状の内容が横柄であることから、関東の名族千葉氏の流れを汲む邦胤は激しく憤りました。そこで、信長から贈られた馬の尻尾を切って街道に放逐し、使者の頭を剃って返したというエピソードが残っています（『関八州古戦録』）。

信長の馬揃え

このように信長と馬に関わる逸話は多いのですが、実際に自らの武威を天下に知らしめるために馬揃えを行いました。天正四年（一五七六）、信長は近江に安土城《あづち》（滋賀県近江八幡市）を築き、城下町を形成しました。天正九年（一五八一）一月一日、信長は安土城近くの松原町に馬場を作り、馬揃えを計画しています。同月八日には爆竹が鳴らされ、盛大なパレードが催されました。黒い南蛮笠をかぶった信長は、派手な衣装に身を包み、葦毛《あしげ》の名馬にまたがり颯爽と現れました。見物客はどっと囃し立て、噂は天下に轟いたと言われています（『信長公記』）。

天正九年二月二十八日、信長は禁裏の東門外に正親町《おおぎまち》天皇を招き、馬揃えを行いました（『御湯殿上日記』など）。信長は、正親町らのために馬揃えを企画し喜ばせようとしたのです。見物人は約二十万人、参加した武将は約七百人で、参加した誰もが信長の威勢に驚きました。結果、正親町は信長に対して、大変満足であるとの言葉をかけて大喜びだったと言います（『信長公記』）。

これまで、この馬揃えについては、信長が自身の軍事力を誇示し、正親町を圧迫しようとしたものという評価でしたが、妥当な見解ではありません。馬揃えの意味は、信長が畿内周辺の諸勢力を集め、各地の諸大名に自らの力を誇示した点にありました。誇示する対象が異なっていたのです。

正親町を招いたのは、自らの権威を高めようとした信長の思惑に過ぎません。天皇を招いて馬揃えを開催したことは、全国各地に情報が伝わったでしょうから、それで十分に信長の目的は達せられたのです。このように信長は馬を愛し、馬を武器として版図拡大を行いました。馬はただの動物に過ぎませんが、見方によっては権力の象徴と言えるのかもしれません。

武芸の鍛錬②――相撲

相撲と言えば、何といっても信長の独壇場です。最初に、少し相撲の歴史を紐解いておきましょう。相撲は古代から記録に見え、そもそもは五穀豊穣《ごこくほうじょう》の吉凶を神に占う農耕儀礼でした。朝廷でも相撲は行われ、やがて相撲節会《せちえ》という宮廷儀式へと発展します。鎌倉幕府の初代将軍源頼朝《よりとも》は、鎌倉の鶴岡八幡宮《つるがおかはちまんぐう》で神事を兼ねてたびたび上覧相撲を開催しました。室町時代になると、職業的な土地の相撲取りが各地を巡業し、普通の人々の間にも草相撲（辻相撲）が流行します。なかでも相撲の記録を数多く残したのが、信長なのです。以下、信長の伝記史料『信長公記』で確認しましょう。

信長が初めて相撲を催した記事は、永禄十三年（一五七〇）三月三日に見えます。信長は近江国内（滋賀県）から相撲取りを集め、常楽寺《じょうらくじ》（滋賀県湖南市）で相撲を取らせました。腕に覚えのある相撲取りが、われもわれもと押し寄せたようです。なかでも鯰江又一郎と青地与右衛門はかなり強かったらしく、信長は熨斗《のし》つきの太刀《たち》と脇差《わきざし》を与え、家臣に加えたと記されています。

天正六年（一五七八）二月二十九日、信長は近江国内から相撲取り三百人を召し寄せ、相撲を取らせました。そのうち二十三人の相撲取りを厳選し、彼らに扇を、行事を務めた者には服をそれぞれ与えました。

同年八月十五日、信長は近江国内だけでなく京都も加え、安土に千五百人の相撲取りを集めました。信長は辰刻（午前八時頃）から酉刻（午後六時頃）まで相撲を見物したとあります。そのうち十四人の相撲取りが召し出され、熨斗つきの太刀・脇差・服（裃《かみしも》）に加え、知行百石と私邸まで与えられました。

同年十月五日には、摂関家など公家の前で相撲を行っています。信長はかなり相撲が好きだったのです。

武芸の鍛錬③——鷹狩

次に取り上げるのは鷹狩です。鷹狩とは、文字通り鷹を飼いならし、山野で野鳥を捕獲することです。鷹を放って猟をするので、「放鷹《ほうよう》」とも言います。その起源は古く、すでに『日本書紀』に記録があります。

古代に誕生した鷹狩は、中世にも盛んに行われ、戦国時代には大名にも多くの愛好家がいました。当時、鷹は戦国大名間において、珍重された贈答品でした。その例は、枚挙に暇がありません。文禄・慶長の役の際、朝鮮に出兵中の吉川広家《きっかわひろいえ》は、現地から豊臣秀吉に鷹を贈ったほどです。

　ところが、鷹を飼育するには、かなりの経費がかかりました。備前・美作（岡山県）の戦国大名である宇喜多秀家《うきたひでいえ》は、鷹の餌にするための犬を飼っていたと言われています。それゆえ、鷹のみならず、餌となる犬の飼育の経済的負担が大きかったのです。

　鷹狩を好んだのが、織田信長です。信長は盛んに鷹狩を行い、各地の大名に鷹を贈るようにと依頼したほどです。ときに良い鷹を得るため、鷹匠《たかじょう》を東北に派遣することもありました。信長と厚誼《こうぎ》を結びたい諸大名は、競って鷹を献上したのです。

　豊臣秀吉も鷹狩を好んだ一人です。天正十五年（一五八五）の九州征伐後、秀吉は降参した島津義《しまづよし》弘《ひろ》を鷹巣奉行に任命しています。優れた鷹を得たかったのでしょう。徳川家康は健康に気を遣っただけあって、鷹狩を健康法の一つとしていました。しかし、家康は鷹狩に出た先で皮肉にも倒れ、三ヵ月後の元和二年（一六一六）四月十七日に亡くなっています。

　このように、馬術などはスポーツ的な要素を持ちながら、大名のステイタスの一つだったと考えても良さそうです。

戦国女性と和歌・連歌

　平安時代には多くの女流作家が活躍し、紫式部《むらさきしきぶ》が『源氏物語』を、清少納言《せいしょうなごん》が『枕草子』をそれぞれ著したことは、その後の日本文学に大きな影響を与えました。二人は、歌人としても活躍しました。戦国時代に至っても、女性が和歌や連歌に嗜みがあることは、教養として非常に重要だったのです。

十六世紀初頭、播磨国守護の赤松義村《あかまつよしむら》は、十一代将軍足利義澄《あしかがよしずみ》から「和歌の師範」として認定された冷泉為広《れいぜいためひろ》を居城の置塩城《おきしお》（兵庫県姫路市）に招きました。為広の代表的な歌集としては、『為広詠草』があります。その際、義村の乳母は、為広に和歌一首の書写を懇望しました。為広は「老眼を顧みず」書写したと言われています。都からの遠隔地においても、女性たちは和歌や連歌を学び、和歌の短冊を所望したのでした。戦国女性にとって和歌や連歌とは、教養として身につけるべきものだったことがうかがえます。

慶長三年（一五九八）三月、豊臣秀吉の主催で醍醐《だいご》の花見が執り行われました。このとき大名衆をはじめとして、秀吉の妻妾《さいしょう》や侍女《じじょ》も花見に招かれ、和歌を短冊として残しています。それらの短冊は醍醐寺三宝院《さんぽういん》（京都市伏見区）に所蔵され、国宝に指定されています。このなかには、次に示す淀《よど》殿《どの》の和歌もあります。

あひおひの　松も桜も　八千世へん　君がみゆきの　けふのはじめに
はなもまた　君のためにと　さきいでて　世にならひなき　春にあふらし

この二首には「にしの丸（淀殿）」との押紙が付されており、自筆ではなく代筆であることが指摘されています。このほかに、秀吉の側室松の丸殿の和歌も残っています。このように、女性たちは和歌の会に招かれることがあったので、一定の技量が求められたのです。

ところが、和歌を詠む場面は、そうした華やかなときだけではありませんでした。戦場において、最期に辞世を残すこともあったのです。

天正八年（一五八〇）一月、播磨・三木《みき》城主の別所長治《べっしょながはる》は羽柴（豊臣）秀吉の兵糧攻めに屈し、一族の命と引き換えに城兵らの助命を願い出ました。秀吉はその願いを了承し、別所一族に切腹を命じています。このとき長治の妻は、「もろともに　消へはつる身こそは　うれしけれ　をくれ先だつ　ならひなるよに」という辞世を残しました（『別所長治記』）。夫と共に死ねることがうれしいとの意であり、武将の妻としての覚悟がうかがえます。

天正十一年（一五八三）、浅井《あざい》三姉妹の母お市の方も、再婚相手の柴田勝家《しばたかついえ》が秀吉との戦いに敗れ、越前・北庄《きたのしょう》城（福井市）で運命を共にする際に辞世を残しています（『柴田合戦記』）。

さらぬだに　打ぬる程も　夏の夜の　夢路をさそふ　郭公《ほととぎす》かな（お市の方）

夏の夜の　夢路はかなき　跡の名を　雲井にあげよ　山郭公（柴田勝家）

死に臨んでも二人の凛とした態度をうかがうことができ、同時にこの二首が見事なまでに対応していることがわかります。戦国の女性は、落城という非常事態に陥っても、心静かに辞世を詠むなど、冷静に対応することが求められたのです。

戦国女性と諸芸能

戦国女性と芸能との関わりも重要で、その一つに茶道を挙げることができますが、戦国期に女性が茶道に親しんだ例は乏しく、本格化するのは江戸時代に入ってからだと言われています。しかし、茶道具の管理には女性が携わっていました。

豊臣秀吉は茶会を催すため、「よめ」「ちょぼ」の二人の侍女《じじょ》に対して、茶道具を準備するよう命じています。二人の侍女は茶道具の扱いに精通していたので、秀吉は高価な舶来の茶道具を彼女らに託したのでしょう。公式な場において、女性が積極的に茶会を主催することは少なかったようです。ただし、茶の心得はあったようで、それが江戸時代になって花開いたと考えられます。

千利休《せんのりきゅう》の後妻宗恩《そうおん》（おりき）は、利休の茶の湯に貢献した逸話が残っています。たとえば、袱紗《ふくさ》（絹製の方形の布）が大きすぎるとして、現在の寸法にまでサイズを縮めたなどのことです。こうした話は創作とされていますが、茶の素養があったのは事実と考えてよいでしょう。

ほかの芸能では、小野《おのの》お通《つう》が浄瑠璃《じょうるり》の創始者であると言われています。お通は謎の多い人物で、その出自は、①織田信長の侍女、②豊臣秀吉・淀殿の侍女、③東福門院《とうふくもんいん》（後水尾《ごみずのお》天皇の中宮）・新上東門院《しんじょうとうもんいん》（後陽成《ごようぜい》天皇の生母）の侍女という説がありますが、いずれも疑わしいと評価されています。

お通は浄瑠璃の起源である『十二段草子（浄瑠璃姫物語とも）』（牛若丸と浄瑠璃姫の恋物語）の作者に比定されていますが、この作品の成立は十五世紀後半です。したがって、お通は本当の作者ではなく、この作品に曲節をつけて改作したと指摘されています。また、「柿本人麻呂図」や「達磨図」はお通の作品と言われていますが、実際は根拠に乏しく疑問視されています。

慶長三年（一五九八）に豊臣秀吉が醍醐《だいご》の花見を主催した際、お通は参加して短冊を残しています。おそらくお通が和歌、絵画、琴、書に秀でていたことから、浄瑠璃作者として比定されたのかもしれません。

先述の通り、歌舞伎には出雲阿国《いずものおくに》が深く関わっていました。女性と芸能は、戦国時代においても重要だったのです。

〔主要参考文献〕

大嶌聖子「戦国武将の日常と非日常」（渡邊大門編『真実の戦国時代』柏書房、二〇一五年）
大嶌聖子「信長は、文化的な貢献をしたのか」（日本史史料研究会編『信長研究の最前線――ここまでわかった「革新者」の実像』洋泉社歴史新書y、二〇一四年）
小川剛生『武士はなぜ歌を詠むか――鎌倉将軍から戦国大名まで』（角川選書、二〇一六年）
増川宏一『遊芸師の誕生――碁打ち・将棋指しの中世史』（平凡社選書、一九八七年）
増川宏一『賭博の日本史』（平凡社選書、一九八九年）
脇田晴子『女性芸能の源流 傀儡子――曲舞・白拍子』（角川ソフィア文庫、二〇一四年）

第九章　戦国時代の宗教

多様だった宗教

日本では、古来いくつもの宗教が信仰されてきました。最初に神道《しんとう》、仏教、キリスト教について概略を述べておきましょう。

神道は、日本固有の宗教と言えます。神道はシャーマニズムやアニミズムを起源とし、やがて国祖神・氏神《うじがみ》・祖先神《そせんしん》を崇拝するようになり、国家的祭祀として大和政権によって制度化されました。各地の神社、とりわけ一宮《いちのみや》や総社《そうじゃ》は格式が高かったので、戦国武将や民衆から崇敬されていました。ただし、仏教のように特定の経典《きょうてん》があるわけではありません。

六世紀に朝鮮半島を経由して伝来したのが、仏教です。その後、仏教は国家的宗教の地位を獲得し、各地に国分寺《こくぶんじ》、国分尼寺《こくぶんにじ》が建立されました。日本における仏教の位置づけは、国家鎮護の目的が主だったと言えます。ゆえに、南都六宗《なんとろくしゅう》（倶舎《くしゃ》、成実《じょうじつ》、律《りつ》、法相《ほっそう》、三論《さんろん》、華厳《けごん》の各宗）や天台宗《てんだい》、真言宗《しんごん》が尊重されたのです。

鎌倉時代になると、個人の救済を目的とする鎌倉新仏教（浄土宗《じょうど》、浄土真宗《じょうどしん》、時宗《じ》、法華宗《ほっけ》、臨済宗《りんざい》、曹洞宗《そうとう》）が開宗されました。浄土宗や浄土真宗、法華宗などは念仏を唱えるだけで救われるなど、その気軽さが受けて人々の間に広まっていったのです。禅宗のなかでも臨済宗は、室町幕府が積極的に支援したため、全国各地の武将の間に広がっていきました。

修験道《しゅげんどう》は山岳信仰に道教《どうきょう》、密教《みっきょう》、神道、陰陽道《おんみょうどう》の諸要素が組み合わさったもので、実践的な儀礼を中心とした宗教です。修験道信仰と言えば、室町幕府を支えた細川政元《まさもと》が有名です。政元は生涯独身を通し、空を飛ぶなど天狗《てんぐ》の術を身につけようとしたと言われています。それゆえ、政元は突然放浪の旅に出たり、修行に熱中したりすることがあったのです。ここまで宗教に打ち込む例は、やや特異なのかもしれません。

日本には、外来宗教である仏教の信仰と日本古来の神の信仰とを結びつけた神仏習合《しんぶつしゅうごう》という考え方があります。神社に付属して神宮寺《じんぐうじ》が建立されたり、神社で菩薩《ぼさつ》信仰が行われるのは、その一例と言えるでしょう。日本の宗教は非常に複雑で、特殊性があったことを忘れてはなりません。

日本に最も遅く入ってきた宗教が、ポルトガルの宣教師がもたらしたキリスト教です。天文十八年（一五四九）、キリスト教はイエズス会の宣教師であるフランシスコ・ザビエルによって、わが国にもたらされました。ザビエルや、その後日本にやって来たルイス・フロイスの尽力によって、キリスト教は九州から畿内へと信仰の輪を広げていったのです。

しかし、天正十五年（一五八七）に豊臣秀吉がバテレン追放令を発布したために、宣教師は国外へ追放されました。江戸時代には、さらにキリスト教そのものの禁止が徹底されたのです。

寛容だった宗教観

戦国武将は右に示した神道、仏教、キリスト教のうち、必ずしも一つだけを信仰していたのではありません。キリスト教のような一神教《いっしんきょう》を除いては、何を信仰するかは自由であり、非常に寛容だったのです。それゆえ戦国武将の信仰は、実に多方面にわたりました。

仏教と神道においては、戦いを勝利に導く神や仏が信仰されましたが、戦国武将は同時に領内の寺社には広く支援を行っていました。修験道も戦勝祈願のために信仰されましたが、個人的な修養のためという目的もあったのです。

キリスト教については、心から信仰する武将がいたのも事実ですが、一方で、南蛮《なんばん》貿易でもたらされる鉄砲や火薬が目的の一つだったとも言えます。戦国武将は貿易で得られる利益を獲得するため、宣教師を説教的に領内へ招き、キリスト教の布教を許したのです。しかし、右の事情以外にも、戦国武将がキリスト教を受け入れる理由がありました。

唯一神キリストの前ではすべての人が平等なため、戦国武将はキリスト教による領内の統制を目論んだと言われています。自身も含め、領内の人々すべてが同じ神を信仰し、教えや掟を従い守ることによって、封建的支配を完全なものにしようとしたというのです。つまり、神への忠誠、服従を、そのまま戦国武将への忠誠、服従ということに転化させたのです。

宗教の保護

現代人の多くは、科学的な思考が発達しているので、迷信などに惑わされることは少ないでしょう。しかし、戦国時代の人々は、神仏に対して畏敬の念を抱いており、非常に信仰心が篤かったのです。つまり、大名が配下の武将のみならず、領民の支持を得ようとするならば、宗教の庇護が必要不可欠でした。

そのため大名は、寺社への所領の寄進、あるいは寺社の造営や修繕に積極的に関わりました。千部経《せんぶきょう》（同じ経を千回読経すること）の執行などを依頼し、領内の安全を祈ったりしたのです。祭礼行事の執行にも関与し、ときに寺社内外におけるさまざまなトラブルの解決にも尽力したのでした。大名は寺社を保護することによって、人心の収攬《しゅうらん》を図ったと考えられます。

同時に最も重要なのは、戦争時における戦勝祈願でした。大名は出陣前に神社や寺院に赴き、勝利を祈願してから戦場に向かったのです。勝利の祈願だけではなく、出陣の日取りなども相談しました。それゆえ大名には、ブレーンとなる僧侶が政治顧問的な役割を果たすことが多かったのです。今川氏の太原雪斎《たいげんせっさい》、毛利《もうり》氏の安国寺恵瓊《あんこくじえけい》などは、その代表と言えるでしょう。彼らは、ほかの大名との交渉役も担当することもありました。

このように大名と宗教は密接不可分の関係にあり、その目的は配下の武将や領民の支持を得るためだったのです。

武将が信仰した仏教・神道

武田信玄が諏訪大社《すわたいしゃ》（長野県諏訪市）を信仰していたのは、有名な話です。諏訪大社は諏訪氏が神《しん》官《かん》を務め、「軍神」としても崇拝されていました。古くは源頼朝《よりとも》らも、厚く崇敬していたことが知られています。天文十一年（一五四二）、信玄は信濃国諏訪領へと攻め込みました。武田氏の諏訪信仰は、祖父の信縄《のぶつな》以来のものでしたが、このときから信玄は諏訪大社を活用して信濃支配を進めたのです。

たとえば、「諏方南宮上下大明神」や「南無諏方南宮法性上下大明神」の軍旗を武田軍の本陣に立てることは、信玄が諏訪大社の加護を受けている印象を与えました。この軍旗を前面に押し出すことにより、信濃の国人《こくじん》らを精神的な面で圧倒したのでしょう。それは信濃国内の領民支配にも効果をもたらし、円滑な支配を可能にしました。信玄は諏訪大社に関東出陣の戦勝祈願の願文《がんもん》を残しており、崇敬の念が厚かったことは明らかです。

やがて、信玄は子息の勝頼《かつより》を諏訪氏の養子に送り込み、実質的に諏訪氏を乗っ取ることに成功しました。こうして信玄は諏訪大社の威光を背景にし、信濃国支配を着実に進めたのです。

信玄のライバル上杉謙信《けんしん》は、熱心に毘沙門天《びしゃもんてん》（多聞天《たもんてん》）を信仰しました。毘沙門天とは仏教の仏であり、持国天《じこくてん》、増長天《ぞうちょうてん》、広目天《こうもくてん》と共に四天王の一尊に数えられています。その姿は、甲冑《かっちゅう》を身につけた武将であることが多く、軍神として信仰されました。そして、毘沙門天は悪魔を降《くだ》す神でもあったことが知られています。

毘沙門天（多聞天）

謙信は、居城の春日山《かすがやま》城（新潟県上越市）に毘沙門堂と護摩堂を設けました。毘沙門堂は北方を守る神だったので、春日山城の北方に設けられました。そして、護摩堂では、密教の修法が行われました。謙信の毘沙門天信仰を象徴するのが、「毘」の字を象った兜《かぶと》の前立《まえだて》と軍旗です。軍神を強く全面に出すことで味方を鼓舞し、勝利への確信をいっそう強いものにしました。謙信は自らが毘沙門天の生まれ変わりと信じており、戦場では鉄砲玉が当たらなかったと言われています。

宗教は弾圧されたのか

織田信長は無神論者であると言われていますが、決してそうではありません。信長は荘園制を温存するなど保守的な考えを持ち、積極的に寺社保護も行っていました。信長が無神論者であれば、わざわざ保護することはないでしょう。しかし、元亀二年（一五七一）に比叡山《ひえいざん》が信長に焼き討ちされたのは、宗教弾圧であると言われています。これは事実なのでしょうか？

考古学的な調査では、焼かれたのは大講堂と根本中堂《こんぽんちゅうどう》だけだったと指摘されています。したがって、『言継卿記《ときつねきょうき》』や『御湯殿上日記《おゆどののうえのにっき》』に書かれているような、僧侶や男女三千人が斬首される大量虐殺が行われ、寺社堂塔の五百余棟が灰燼《かいじん》に帰したなどについては、再考の余地があると言われています。

何より信長が比叡山を焼き討ちにしたのは、彼らが敵対行為に及び、僧侶としての本分を果たしていなかったからだと指摘されています。天正九年（一五八一）に高野山《こうやさん》（和歌山県高野町）を攻囲したこと、また大坂本願寺と長年にわたって抗争を繰り広げたのも同じ理由だったのです。

豊臣秀吉はバテレン追放令を発布し、宣教師を追放しようとしましたが、それにはいくつか理由がありました。理由としては、ポルトガル商人が日本人を奴隷として売買していたのも一因です。秀吉は、そういう現状を黙認できなかったようです。文禄五年（一五九六）、航海中に暴風雨に遭ったスペイン船サンフェリペ号が土佐国浦戸港《うらど》（高知市）に漂着し、豊臣秀吉に保護を求めました。ところが、秀吉は積み荷と乗組員の所持金を没収し、その後、在日スペイン人宣教師を処刑しました（サンフェリペ号事件）。慶長二年（一五九七）には、長崎において二十六人のカトリック教徒を処刑するなど、キリスト教の一掃に力を入れたのです。

また、秀吉は高野山を屈服させ、根来寺《ねごろじ》（和歌山県岩出市）を焼き討ちにしました。これも信長の例と同じく、彼らが反抗的な態度を改めなかったからです。他方において、秀吉は寺社の保護に力を入れていたのですから、決して宗教弾圧が目的ではなかったのです。

戦国時代において、戦国大名を窮地に陥れた一大勢力が一向一揆です。十五世紀後半、浄土真宗《じょうどしんしゅう》の門徒は国人《こくじん》、地侍《じざむらい》、名主《なぬし》、百姓らと結託し、守護や荘園領主と対決しました。長享二年（一四八八）、加賀一向一揆は守護の富樫政親《とがしまさちか》を自刃に追い込み、その後、約九十年にわたって加賀を支配したのは有名な話です。

永禄六年（一五六三）から翌年にかけては、三河一向一揆が徳川家康に戦いを挑みました。この戦いでは家康の家臣団が分裂するなどの危機に陥りましたが、一揆を平定することによって、強固な領国支配体制を築くことに成功しました。

家康は、排他的な日蓮宗《にちれんしゅう》の不受不施派《ふじゅふせは》（法華経《ほけきょう》を信仰しない者から施しを受けたり、法施《ほうせ》などをしない日蓮宗の一派）を徹底して弾圧しました。理由は信長や秀吉と同じでしょう。なお、松平氏（徳川氏）は浄土宗《じょうどしゅう》を信仰しており、大樹寺《だいじゅじ》（愛知県岡崎市）が菩提寺《ぼだいじ》です。

戦国大名にとって、宗教とは民衆支配の拠りどころでもあり、戦勝祈願を依頼する大切な存在でした。一方、服さない場合は徹底抗戦を挑むなど、激しい弾圧すら辞さなかったのです。

戦国大名の心をつかんだキリスト教

戦国時代に日本にもたらされたキリスト教は、戦国大名たちの心をつかんで離しませんでした。キリシタン大名が数多く誕生したのは、その証左と言えるでしょう。

キリスト教の効用とは、伝来に伴ってヨーロッパの物資や先端の科学技術がもたらされたことです。例を数え上げると、きりがないほどです。火薬の材料となる硝石《しょうせき》は、日本では産出されないので、海外から取り寄せる必要がありました。同時に日本から産出される銀は、ヨーロッパの商人を通じて海外に輸出されました。それゆえ、戦国大名は少なくともキリスト教の布教を認め、ヨーロッパとの貿易を実現させる必要があったのです。

先述の通り、戦国大名がキリスト教に改宗した理由は、海外との貿易と封建支配の実現にありました。しかし、彼らのなかにはキリスト教の教えを理解し、心から信仰した人物がいたのも事実です。天正十五年（一五八七）に豊臣秀吉がバテレン追放令を発布すると、高山右近《たかやまうこん》などは信仰を棄てなかったことが知られています。心から信仰していた証でしょう。それゆえ領内には教会や神学校が設けられ、家臣や領民にも信仰が促されました。

追放された高山右近

摂津・高槻《たかつき》城主の高山右近は、有名なキリシタン大名の一人です。右近の父で大和・沢《さわ》城主の高山友照《ともてる》はキリシタンを弾圧していましたが、のちに入信しています。

右近が入信したのは、永禄七年（一五六四）のことです。元亀四年（一五七三）、右近は高槻城主となり、荒木村重《あらきむらしげ》の配下に収まりました。その間、右近は領内に教会を建設し、領民へのキリスト教の布教に力を入れました。一方で、領内の神社や寺院を次々に破却するなど、徹底した弾圧を行ったと言われています。

天正六年（一五七八）に村重が織田信長に反旗を翻すと、右近は村重と信長のいずれに与するか煩悶《はんもん》しました。信長はキリシタンを人質として右近に帰順を迫ったので、最終的に右近は信長に味方することを決断します。結果、右近は高槻を安堵され、キリスト教の布教も認められたのです。天正十年（一五八二）に信長が本能寺の変で横死すると、右近は羽柴（豊臣）秀吉に仕えました。ところが、五年後に秀吉はバテレン追放令を発布し、右近に棄教《ききょう》を迫ったのです。

結局、右近は棄教を拒否し、困難な道を歩むことになります。右近はすべての所領を奪われ、小西《こにし》行長《ゆきなが》や前田利家《まえだとしいえ》に庇護《ひご》を求め、各地を転々としました。慶長十九年（一六一四）に江戸幕府が禁教令を発布すると、右近はフィリピンのマニラへと向かいましたが、到着してからわずか四十日後に病死したのです。

大坂の陣で活躍した明石掃部

大坂の陣で活躍した、宇喜多《うきた》氏の旧臣明石掃部《あかしかもん》（全登《ぜんとう》）もキリシタンでした。掃部がキリシタンになった時期は不明ですが、少なくとも慶長五年（一六〇〇）の関ヶ原の戦い以前だったのは、確かなことと考えられます。

この戦いで主君の宇喜多秀家《ひでいえ》と共に西軍に与した掃部は、敗北後、黒田孝高《くろだよしたか》（官兵衛《かんべえ》・如水《じょすい》。母が明石一族だった）に匿われたと言われています。しかし、孝高の嫡男長政《ながまさ》がキリスト教を棄教《ききょう》すると、その後は孝高の弟で熱心なキリシタンの直之《なおゆき》、あるいは柳川《やながわ》藩主の田中忠政《たなかただまさ》の庇護下にあったと言われていますが、そのあたりの詳細は不明です。

慶長十九年（一六一四）に大坂冬の陣が勃発すると、掃部は豊臣秀頼《ひでより》に与し、大坂城に入城しました。もちろん、それにには理由があります。秀頼が徳川家康に勝利を得た暁には、キリスト教の布教を許すと約束したからです。それゆえ掃部だけでなく、牢人となっていた多くのキリシタン武将が豊臣家に味方したのです。むろんイエズス会も積極的に豊臣方を応援しました。戦いの結果は豊臣方の敗北に終わり、以後の掃部の動向はわかっていません。

大友宗麟と小西行長

キリシタン大名としては、大友宗麟《おおともそうりん》が最も有名な存在です。天文二十年（一五五一）、宗麟は日本でキリスト教の布教に訪れていたイエズス会の宣教師フランシスコ・ザビエルと面会しました。受洗したのは、天正六年（一五七八）のことです。宗麟は領内でのキリスト教の布教を認め、教会や神学校を設け、南蛮貿易を積極的に展開します。ただし、輸入品には奢侈品《しゃしひん》が多く、武器などの実用品は少なかったと指摘されています。

宗麟は天正十年（一五八二）に天正遣欧《けんおう》少年使節をローマに派遣し、キリスト教を認める一方、領内の神社や寺院などを次々と破却しました。一説によると、宗麟は自らの領国をキリスト教王国にしようと考えたようなのですが、かえってこのことが仏教などを信仰する一部の家臣から反発を招きました。結果、大友氏は衰退の一途をたどり、宗麟の嫡男義統《よしむね》（吉統）はキリスト教の棄教《ききょう》を決意しました。

関ヶ原の戦い後に非業の死を遂げた小西行長《こにしゆきなが》は、秀吉によるバテレン追放令以後も、領内の天草《あまくさ》（熊本県）でキリシタンを保護していました。天草にはコレジヨ（神学校）やノビシアド（修練院）が設立され、日本における最高水準のキリスト教の教育が行われていました。

行長の領内では、天正遣欧少年使節がヨーロッパから運び込んだ、最新式のグーテンベルグ式金属活字印刷機が設置されました。そして、『イソップ物語』『平家物語』、『ラポ日辞典』などが印刷・刊行されたのです。

関ヶ原の戦い後、西軍に属していた行長は逃亡し、途中で会った村人に自分を徳川家康のもとへ連行し、褒美の金をもらうように言いました。村人は行長に自刃するよう勧めましたが、行長はキリスト教徒で自殺が禁止されていると述べ、連行されたという逸話が残っています。

このように戦国武将のキリスト教への関わり方はさまざまですが、江戸時代になると棄教する武将が増えていきました。黒田孝高《くろだよしたか》（官兵衛《かんべえ》・如水《じょすい》）もキリシタンだったのですが、福岡藩ではそういう記録を残していません。江戸時代以降、キリスト教の禁止が徹底されたので、そうした事情を反映して憚ったのでしょう。

フロイスが見た織田信長

フロイスは織田信長と豊臣秀吉という二人の天下人に接近し、『日本史』などの著作に二人の評価を書き残しています。フロイスの目に、二人はどう映ったのでしょうか。

フロイスによると、信長は朝早く起床し、酒を好まず食を節するなど、極めて健康的な生活を送っていたようです。背丈は中ぐらいで髭《ひげ》は少なく、声は快調（甲高いということか）だったと書かれています。その性格は好戦的で正義感が強く、名誉心に富んでいました。また、貪欲な性格ではなく、平素は穏やかだったのですが、ときに激昂することもあったと書いています。

信長は常日頃から軍事的修練を欠かさず、老練な戦術を身につけていました。家臣の忠言には耳を貸しませんでしたが、家臣からは畏敬の念を抱かれていました。王侯に対しても軽蔑した態度を取り、人々は絶対君主に対するように信長に服従した、とフロイスは述べています。

信長の強さは、どこにあったのでしょうか。信長は理性的で明晰な判断能力を有しており、神仏などの迷信を一切廃していました（先述の通り、この記述には誤解があります）。信長は戦局が厳しくなっても、忍耐強く戦い抜きました。それゆえ、フロイスは信長を稀に見る優れた人物と評価し、天下人にふさわしいと絶賛したのです。ただし、信長が神格化を標榜すると、フロイスは宗教的な見地（キリスト教は一神教）から、その評価を下げているのです。

フロイスが見た豊臣秀吉

一方の秀吉に対する評価はどうだったのでしょうか。『日本史』には、秀吉の出自を物語る一節があります。

若い頃の秀吉は山で薪を刈り、その売買で生活を支えていたと書かれています。秀吉の身長は低く、とても醜い容姿で、髭《ひげ》は少なく目が飛び出していたようです。フロイスは秀吉の片手には指が六本あったと記していますが、それは前田利家《まえだとしいえ》の伝記史料『国祖遺言』という書物にも書かれていることと一致しています。フロイスは、秀吉に良からぬ感情を抱いていたようです。

秀吉は戦闘に熟練していましたが、気品に欠けていたと指摘しています。周知の通り、秀吉は一介の百姓から身を起こしたので、品位がなかったのかもしれません。秀吉は抜け目のない策略家で、決して本心を明かさず、偽ることに巧みで悪知恵に長け、人を欺くことに長じていたとも書いています。さらに、極度に淫蕩《いんとう》で、悪徳に汚れ、獣欲《じゅうよく》に耽溺《たんでき》していたと徹底してこき下ろしており、かなりの低い評価がうかがえます。

フロイスが秀吉を評価しないのは、天正十五年（一五八七）にバテレン追放令を発布し、宣教師を追放しようとしたからでしょう。それだけでなく、慶長二年（一五九七）に秀吉は二十六人のカトリック信者を長崎で磔刑《たっけい》に処しています。つまり、フロイスは秀吉による禁教などの影響もあり、必然的に評価を下げたと考えられます。

フロイスが見たキリシタン大名①

フロイスには布教という目的があったので、布教に手を差し伸べる大名には好意的な評価を与えていました。

豊後（大分県）の大名大友宗麟《おおともそうりん》は、天文二十年（一五五一）にフランシスコ・ザビエルと引見して以来、キリスト教を保護してきました。天正六年（一五七八）、宗麟はキリスト教に帰依し、ドン・フランシスコの洗礼名を与えられます。四年後には、ローマ法王のもとに天正遣欧少年使節を派遣しました。それゆえ、宗麟は「日本で最も英知聡明な王」と最大の賛辞を贈られたのです。

宗麟はポルトガル人を手厚く保護し、領民にも食糧や衣服を与えるなど、慈悲深い大名として高く評価されています。ゆえに宗麟は宣教師を通して軍事物資を手に入れるなど、さまざまな便宜を図られました。ただし、すでに触れた通り、宗麟がキリスト教を信仰することで、家中に軋轢《あつれき》を生んだのは誠に不幸なことでした。

室町幕府十三代将軍足利義輝《あしかがよしてる》は、キリスト教に理解のある人物でした。永禄三年（一五六〇）、義輝は上洛したイエズス会の宣教師ガスパル・ヴィレラと面会し、京都におけるキリスト教の布教を許しました。義輝自身は入信しなかったのですが、理解を示したということになります。フロイスは理解を示しただけでも、好感をもって接しました。

ところが、永禄八年（一五六五）五月、義輝は三好三人衆に襲撃され、戦いの末に落命します。『日本史』には、義輝の最期の戦いの様子が詳しく描かれています。最初、義輝は薙刀《なぎなた》を用いて戦っていましたが、最後は刀に持ち替えて戦い、戦死したと伝えています。ここまで詳しく義輝の最期を記したのは、布教を許したことに対する恩義なのかもしれません。義輝の死後、京都におけるキリスト教の布教は禁止され、関係者は京都から追放されました。

高山右近《たかやまうこん》はキリシタン大名として知られており、永禄七年（一五六四）に洗礼を受けました。洗礼名はジュスト。右近は領内の人々にキリスト教を強要しませんでしたが、多くが仏教から改宗したと言われています。右近が居城とした高槻城《たかつき》（大阪府高槻市）は京都から近かったので、フロイスはたびたび訪れ、教会でミサを執り行ったようです。天正四年（一五七六）、右近はオルガンティノを招き、盛大に復活祭の儀式を執り行いました。

元亀二年（一五七三）、右近は和田惟長《わだこれなが》と戦い、瀕死の重傷を負いました。『日本史』によると、その傷は腕と首に受け、大量出血を伴い、死の危険が迫っていました。その後、右近は何とか一命を取り留めましたが、それは神のおかげであり、右近の信仰心の賜物であるとフロイスは述べています。しかし、右近は戦争に出陣する際、京都の神父にデウスの加護を祈ってほしいと依頼をしたほどです。最期は、先述の天正十五年（一五八七）に秀吉がバテレン追放令を発布すると、右近は失脚しました。最期は、先述の通りにフィリピンのマニラで迎えたのです。

黒田孝高《くろだよしたか》（官兵衛《かんべえ》・如水《じょすい》）も、キリシタンの一人として知られています。孝高がキリスト教に改宗したのは、天正十二年（一五八四）のことです。『日本史』では、孝高は秀吉に仕えて多忙だったので、キリスト教を学ぶ時間が少なかったが、稀有な才能の持ち主であり、大いに期待できると記しています。孝高はフロイスから布教を推進する役割を期待され、実際に多くの人々を改宗に導きました。

フロイスの孝高に対する評価も高く、フロイスは孝高を通してたびたび秀吉に要望を伝えました。しかし、孝高は秀吉の意に反し、キリスト教を棄教しなかったため、苦境に追い込まれました。晩年の孝高はキリスト教を棄てており、キリシタンだった事実は、福岡藩の正史である『黒田家譜』にすら書かれていません。

フロイスが見たキリシタン大名②

小西行長《こにしゆきなが》は、隆佐《りゅうさ》の次男として誕生しました。キリスト教に入信し、アゴスチーニョという洗礼名を与えられました。天正十六年（一五八八）、行長は前年の肥後国人一揆の平定に貢献し、恩賞として肥後国三郡（宇土《うと》、益城《ましき》、八代《やつしろ》）を秀吉から与えられました。

その後、天草《あまくさ》を併呑した行長は、イエズス会を積極的に支援しました。天草には神父が派遣されており、教会も建てられ、多数のキリシタンが住んでいました。キリシタンに教義を説いていたのが、イタリア人修道士のジョバンニ・ニコラオです。聖像《せいぞう》学校では、聖像を描くべく油絵、水彩画、銅版画が教えられ、パイプオルガンや時計などが製作されるなど、布教の中心地となりました。行長がたびたび『日本史』に登場するのは、その信仰心の厚さゆえでしょう。

天正十五年（一五八七）にバテレン追放令が発布され、高山右近が失脚するなど、キリシタンは窮地に陥っていました。行長は処分を受けなかったので、イエズス会は彼に大いに期待していたようです（『十六・十七世紀イエズス会日本報告集』）。行長は朝鮮出兵でも活躍し、フロイスから「海の司令官」と称されました。しかし、肥後国を分割支配していた加藤清正《かとうきよまさ》とは、キリスト教の信仰をめぐって関係が悪化し、関ヶ原の戦いでは激しく対立したのです。

蒲生氏郷《がもううじさと》は、天正十三年（一五八五）に大坂でキリスト教に入信し、宣教師オルガンティノからレオンという洗礼名を与えられました。二年後にバテレン追放令が発布されると、氏郷は表面的にキリスト教を棄教したふりをしたと言われています。

天正十八年（一五九〇）、氏郷は会津へ移封になると、領民たちにキリスト教への改宗を勧めました。家臣の蒲生郷安《さとやす》、小倉作左衛門《おぐらさくざえもん》らの重臣の多くも、キリシタンだったようです。現在の会津若松市内には、氏郷の命によって建造された三ヵ所の教会（天子神社と称した）の跡が残っています。猪苗代《いなわしろ》（福島県猪苗代町）にも、同様に神学校（セミナリオ）がありました。このように氏郷の信仰心は大変篤く、オルガンティノは「優れた知恵と万人に対する寛大さと共に、合戦の際、特別な幸運と勇気のゆえに傑出した武将である」と、ローマ教皇に報告したほどです。

フロイスは熱心にキリスト教を信仰し、援助を惜しまなかった武将には賛辞を送りましたが、キリスト教の布教を阻む者には、厳しい評価を与えたのです。

キリスト教を嫌悪した人々①

フロイスはキリスト教に理解を示す武将には高い評価を与えましたが、逆に信仰を妨げる武将には厳しい評価を下しています。以下、その例を取り上げてみましょう。

毛利元就《もうりもとなり》が本拠とした安芸（広島県）は、浄土真宗《じょうどしんしゅう》の信仰が根づいていました（安芸門徒）。むろん、元就も熱心に浄土真宗を信仰していました。一方、大内《おおうち》氏の領国だった周防（山口県）ではキリスト教の信仰が認められていましたが、大内氏の滅亡後、周防・長門（山口県）は元就が支配することになりました。元就の意向もあり、周防・長門におけるキリスト教の布教は難しくなったので、フロイスは元就を「悪魔」と称して論難したのです。

ただし、元就の孫でのちに筑後・久留米《くるめ》城主となった秀包《ひでかね》は、大友宗麟《おおともそうりん》の娘を妻に迎えたこともあり、熱心なキリシタンになりました。洗礼名はシマオ。城下には天主堂が建設され、多くのキリシタンが集住したと伝わっています。ゆえに秀包は、「宣教師の偉大な友」と称されたほどです（『日本切支丹宗門史』）。小早川隆景《こばやかわたかかげ》もキリスト教に理解を示し、伊予（愛媛県）を支配した際には、道後《どうご》（愛媛県松山市）に教会を建てることを認めています。それゆえフロイスは、隆景にも最大の賛辞を贈っています。

天正二年（一五七四）、長宗我部元親《ちょうそかべもとちか》は土佐一国（高知県）の支配を果たし、それまで土佐国内に強い影響力を持っていた一条兼定《いちじょうかねさだ》を豊後国（大分県）へ追放しました。翌年、大友氏の庇護下にあった一条兼定は、キリスト教に入信します。洗礼名はドン・パウロ。兼定に強い影響を与えたのは、イエズス会の日本布教長カブラルだったと言われています。

フロイスによると、キリシタンとなった兼定は娘を入信させました。兼定は、土佐一国を再び手に入れた暁には、土佐をキリシタンの基盤とするという強い決意を有していたと書かれています。しかし、天正三年（一五七五）に大友氏の援軍と共に土佐へ出陣した兼定は、四万十川《しまんとがわ》の戦いで元親に無残な敗北を喫しました。同時に、フロイスが描いた夢も潰え、元親はキリスト教の布教を阻む存在となりました。そういう事情から、元親はキリスト教を弾圧するとして酷評されたのです。

武田信玄は仏教に帰依していました。元亀二年（一五七一）に織田信長が比叡山延暦寺《ひえいざんえんりゃくじ》を焼き討ちにした際、甲斐へ逃れた覚恕法親王《かくじょほうしんのう》を庇護下に置きました。覚恕は信玄に仏法の再興を託し、翌年に権僧正《ごんのそうじょう》の位を授けました。実のところ、信玄は不動明王などの神仏を信仰し、日本古来の宗教に傾倒していたのです。フロイスの言葉を借りれば、一日に三回は偶像を拝むほど、信玄は熱心に信仰していたということです。

信玄が熱心に神仏を信仰した理由は、隣接する諸国を奪うことにありました。一神教《いっしんきょう》であるキリスト教は偶像崇拝を認めず、何より信玄はキリシタンになる余地がなかったようです。そのような状況から、信玄はフロイスにとって好ましくない人物に映ったと考えられます。

キリスト教を嫌悪した人々②

大和（奈良県）の大名松永久秀《まつながひさひで》は、法華宗《ほっけしゅう》に帰依《きえ》していました。永禄八年（一五六五）、三好三人衆らに襲撃されて十三代将軍足利義輝《あしかがよしてる》が横死すると、久秀は法華宗の僧侶から多額の金銭を送られ、京都から宣教師を追放しました。法華宗はキリスト教だけでなく、仏教の他宗派すら嫌っていたからでしょう。久秀がキリスト教を嫌っていたか否かは、判断が分かれるところです。

フロイスは久秀を評して、狡猾《こうかつ》ではあるが博識であるとし、支配者としての才覚を評価しています。永禄四年（一五六一）段階において、フロイスは久秀を五畿内における最高権力者と認識し、天下を掌中に収めたとも述べています。フロイスから見れば、久秀は最も過激な仏教の宗派・法華宗を信仰していたので、不満な点があったのかもしれません。しかし、久秀が畿内で強い権力を持っていたので、止むを得ず従っていたのでしょう。

朝山日乗《あさやまにちじょう》は天台宗《てんだいしゅう》の僧侶であり、キリスト教に強い嫌悪感を抱いていました。永禄十二年（一五六九）、日乗は朝廷に申請し、宣教師を京都から追放する旨の綸旨《りんじ》を得ました。日乗は綸旨を携え、十五代将軍足利義昭《あしかがよしあき》のもとを訪れ、宣教師の追放を求めました。しかし義昭は、宣教師の扱いについては、天皇ではなく将軍に権限があるとして拒否しています。次に、日乗は岐阜の織田信長のもとを訪れ、同じことを求めましたが、信長は宣教師の保護を進めていました。

本懐を遂げられなかった日乗は、朝廷と結託し、何とか宣教師を追放するよう画策します。こうした動きを見たフロイスは、日乗をキリスト教布教の敵と見なし、徹底して罵倒し続けるのです。

肥前（佐賀県）の大名龍造寺隆信《りゅうぞうじたかのぶ》は、キリシタンを磔《はりつけ》にして惨殺しています。隆信の三男後藤家信《ごとういえのぶ》がキリスト教に入信しようとすると、猛烈に反対して翻意させたと言われています。フロイスによると、隆信は六人担ぎの駕籠《かご》が必要なほどの巨漢でしたが、迅速な決断力があったと評価しています。天正十二年（一五八六）、島原半島における沖田畷《おきたなわて》の戦い（龍造寺隆信と有馬晴信《ありまはるのぶ》・島津家久《しまづいえひさ》の戦い）で、イエズス会はキリシタンの有馬晴信を支援しましたが、敵対する隆信の軍備については、カエサル（古代ローマ期の政治家、軍人）でも成し得ないほどだったと賛辞を贈りました。敵ながらあっぱれと思ったのでしょうか。

信長の配下にあり、京都所司代《きょうとしょしだい》を務めた村井貞勝《むらいさだかつ》はキリシタンではなかったのですが、深い理解を示しています。それゆえフロイスは、「尊敬できる異教徒の老人であり、甚だ権勢あり」と貞勝を評価し、「都の総督」と呼んだのでした。

戦国大名と僧侶

戦国大名と僧侶は切っても切れない関係にありました。なかでも禅宗の一派である臨済宗《りんざいしゅう》は、室町幕府の庇護を受け、その教えが地方に伝播すると、大名たちから熱烈な支持を受けました。こうして臨済禅は、積極的に政治権力と関わりを持ったのです。むろん、ほかの宗派も同様に大名と深い関係を結びました。

僧侶の役割は、実に多岐にわたりました。その一つは、教育者としての役割です。僧侶は仏教だけでなく、儒学《じゅがく》などにも通じた知識人でもありました。儒学は個々人の道徳的修養と徳治主義的政治を重視し、まさしく帝王学と呼ぶにふさわしい学問だったのです。大名にとって、必須の教養だったと言えます。兵法書として知られる、中国の古典『六韜《りくとう》』『三略《さんりゃく》』も読まれました。

もう一つは、出陣の日取り、戦勝祈願など軍配師《ぐんばいし》としての呪術的な役割です。それは戦闘方法を指示するというよりも、宗教的な役割（戦勝祈願も含め）によって戦争に貢献したということです。また、陣僧《じんそう》は従軍して、戦死者を弔う役割を担っていました。

僧侶は大名間の交渉において、和睦交渉などの役割も担当しました。世俗に無縁の僧侶が交渉役を務めることで、果たせる役割でもあったのです。交渉の範囲は国内の大名間にとどまらず、語学力を生かして、中国や朝鮮との外交文書の執筆を担当したほどでした。こうして僧侶は戦国大名のブレーンとなり、陰で大名権力を支えていたのです。

武田信玄と岐秀元伯・快川紹喜

岐秀元伯《ぎしゅうげんぱく》は臨済宗《りんざいしゅう》妙心寺派《みょうしんじは》の禅僧ですが、その生年および出生地には不明な点が多いと言えます。元伯は尾張国瑞泉寺《ずいせんじ》（愛知県犬山市）に住しており、大宗玄弘《たいそうげんこう》のもとで修業して印可《いんか》を受け、その法を継いだと言われています。

その後、元伯は甲府五山の名刹長禅寺《ちょうぜんじ》の住持に招かれました。当初、長禅寺は山梨県南アルプス市に所在しましたが（現在の古長禅寺）、天文二十三年（一五五五）に武田信玄の命によって甲府市に移転しています。

元伯を長禅寺に招いたのは、甲斐国西部に勢力を誇った、武田氏の支族である大井氏の娘（大井夫人）でした。のちに信玄の父信虎《のぶとら》の妻に迎えられた女性です。

大井夫人は信仰心の篤い女性であり、早くから元伯に帰依していました。信玄を産んだ大井夫人は、我が子の教育を元伯に託そうと考えたのです。ただ、長禅寺と信玄が住んでいた躑躅ヶ崎館《つつじがさきやかた》（山梨県甲府市）までは約十七キロメートルと距離が離れており、その指導は頻繁ではなかったと推測されます。

『甲陽軍鑑』には、信玄が元伯のもとで『碧巌録《へきがんろく》』を学んだと記されています。『碧巌録』は宋《そう》の圜《えん》悟克勤《ごこくごん》の著作であり、一一二五年に成立した臨済宗《りんざいしゅう》で最も重要な書と位置づけられています。信玄は出陣の合間も参禅を欠かすことがなく、『碧巌録』を手放すことがありませんでした。元伯はそんな信玄に対して、巻七まで修得するよう助言したと言われています。その熱心さは、元伯も認めるところでした。

信玄が三十一歳のときに出家すると、元伯は導師を務め、「信玄」の号を与えました（『甲陽軍鑑』）。永禄二年（一五五九）のことです。「信玄」とは、中国の臨済義玄《りんざいぎげん》と日本の関山慧玄《かんざんえげん》という二人の名僧の「玄」の字を取ったものと言われています。

天文二十一年（一五五二）に大井夫人が亡くなると、元伯は葬儀で導師の役を務めました（『高白斎記』）。のちに元伯は、大井夫人の三回忌のときも導師を務めています。そのことが縁となって、長禅寺が甲府に移った際に、元伯は開山となったのでした（開基は大井夫人）。元伯が亡くなったのは、永禄五年（一五六二）のことです。

元伯の歿後、信玄が師事したのが快川紹喜《かいせんじょうき》です。紹喜は文亀二年（一五〇二）に誕生し、その祖先は美濃国守護の名門土岐《とき》氏の流れを汲むと言われています。妙心寺派に属する禅僧として知られ、のちに恵林寺《えりんじ》（山梨県甲州市）の住持を務めました。

紹喜が甲斐に招かれたのは、永禄四年（一五六一）と弘治元年（一五五五）の二つの説があります。元亀四年（一五七三）に信玄が歿すると、その遺言によって死は三年間伏せられました。信玄の葬儀は恵林寺で行われ、紹喜が導師を務めました。

天正十年（一五八二）に武田氏が滅亡すると、最後まで紹喜は織田信長に抗し、恵林寺で焼き討ちに遭って焼死しました。死に際したときの「安禅必ずしも山水を須《もち》ひず、心頭滅却すれば火も自ずから涼し」という辞世はあまりにも有名です。

今川氏と太原崇孚雪斎

太原崇孚雪斎《たいげんそうふせっさい》は、今川氏に仕えた臨済宗妙心寺派《りんざいしゅうみょうしんじは》の僧侶です。単に、号である雪斎とも呼ばれます。

雪斎が駿河国（静岡県）に誕生したのは、明応五年（一四九六）のことです。父は庵原左衛門尉《いはらさえもんのじょう》、母は興津《おきつ》氏の娘で、両親は今川氏の重臣として仕えていました。その血筋は、極めて良かったと言えるでしょう。

雪斎は九歳頃に出家し、十歳で駿河国善得寺《ぜんとくじ》（静岡県富士市）に入山しました。同寺では九英承菊《きゅうえいしょうぎく》と称し、琴渓承舜《きんけいしょうしゅん》のもとで学びました。これが雪斎の修行時代の始まりです。

享禄三年（一五三〇）、雪斎は京都建仁寺《けんにんじ》の常庵龍崇《じょうあんりゅうそう》から得度《とくど》を受け、そのもとで修行を積みました。さらに京都妙心寺などで研鑽《けんさん》を重ねます。学僧としての道を着々と歩んだと言えるでしょう。今川氏親《うじちか》は雪斎の有能さを知り、今川家に迎えようとしましたが、雪斎は二度もこれを断ったという逸話が残っています。

やがて、雪斎は今川氏親から五男梅岳承芳《ばいがくしょうほう》（のちの義元《よしもと》）の養育を依頼され、駿河へ帰国します。のちに雪斎は承芳と共に、善得寺の琴渓承舜門下で修行を重ねました。さらに承芳を伴って上洛し、建仁寺の常庵龍崇、そして妙心寺の大休宗休《だいきゅうそうきゅう》のもとで教えを受けています。妙心寺で修行をしていた頃に、太原崇孚と改名したとされます。

ところが、こうした修行時代に暗雲が立ち込めることになるのです。

大永六年（一五二六）に氏親が亡くなると、嫡男氏輝《うじてる》が跡を継ぎました。しかし、氏輝は病弱でもあり、母寿桂尼《じゅけいに》の後見を受けていました。その氏輝は、天文五年（一五三六）に突如として亡くなります。氏親には梅岳承芳と異母兄の玄広恵探《げんこうえたん》という二人の子供がおり、後継をめぐって争うことになるのです（花倉《はなくら》の乱）。

実は、雪斎は義元の兄氏輝の死の直前に帰国し、承芳サイドにつきました。寿桂尼（梅岳承芳＝今川義元の母）と雪斎は梅岳承芳を還俗させて義元と名乗らせます。ところが、義元の家督相続については、恵探と今川氏の重臣福島《くしま》氏の反対に遭い、実現しませんでした。そこで、両者は戦いを繰り広げることになるのです。

結局、義元は勝利を得て、今川家の家督を継承しました。以後、義元は雪斎を厚く信頼し、ブレーンとして重用します。雪斎はいわば政治顧問のような存在であり、権力基盤の確立に必要な人材だったのです。それは、今川氏の発展と機を一《いっ》にしていました。

雪斎の役割

雪斎は優れた外交手腕をもって、近隣諸国との交渉に臨みました。当時、今川氏は甲斐の武田氏との関係が悪化しており、長年の懸案事項だったのですが、雪斎はこの問題を収束すべく動いています。雪斎が手をつけたのは、婚姻による関係の改善と強化でした。

天文六年（一五三七）、義元は正室に武田信虎《のぶとら》の娘定恵院《じょうけいいん》を迎え入れました。代わりに信虎の嫡男晴信《はるのぶ》（のちの信玄）は、三条公頼《さんじょうきんより》の娘三条の方を妻としました。当時、婚姻関係を結ぶことは、同盟関係を構築することを意味したので、これは甲駿《こうすん》同盟と呼ばれています。

天文十四年（一五四五）、今川氏は北条氏との関係が悪化し、交戦状態になりますが（河東《かとう》の乱）、武田氏と連携して対処しています。同盟の効果です。この間、雪斎は多くの戦いに出陣し、今川氏の勝利に貢献しました。天文十七年（一五四八）には小豆坂《あずきざか》の戦いで織田氏と交戦し、優位に戦いを進めています。

翌年には三河・安祥城《あんじょう》（愛知県三河安城市）を攻撃し、織田信長の庶兄信広《のぶひろ》を捕縛しました。その後、織田氏に捕らわれていた松平竹千代《まつだいらたけちよ》（のちの徳川家康）と信広を交換し、今川家に取り戻すことに成功したのです。

天文十九年（一五五〇）に不測の事態が起こりました。義元の正室定恵院が亡くなったのです。武田氏との婚姻関係が途絶えることは、同盟を結ぶ以上は好ましいことではありません。天文二十一年（一五五二）、晴信の嫡男義信《よしのぶ》に義元の娘嶺松院《れいしょういん》を嫁がせることによって、何とか事態を収拾しました。こうして両家の同盟関係は、再び結ばれたのです。

天文二十二年（一五五三）には、今川氏の武家家法『今川仮名目録』の追加分二十一ヵ条が義元によって制定されました。この追加分の制定についても、雪斎が大いに貢献したと言われています。その学識を生かした助言は、まさしくブレーンという立場にふさわしいものだったのです。

一方で、雪斎は天文十九年に妙心寺（京都市右京区）の三十五世に就任しました。雪斎は東海地方の臨済宗妙心寺派の拡大に寄与し、駿府に氏輝の菩提寺である臨済寺《りんざいじ》（静岡市葵区）を建立して自ら住持となります。加えて、興津《おきつ》の清見寺《せいけんじ》（静岡市清水区）、富士の善得寺《ぜんとくじ》（静岡県富士市）の住持も兼ねたのです。

雪斎の名を高めたのは、いわゆる「善得寺の会盟」でしょう。雪斎はかねてから今川義元、北条《ほうじょう》氏康《うじやす》、武田晴信の同盟締結を目論んでおり、三人を善得寺に招いて会合を開き、「甲相駿《こうそうすん》同盟」を結んだと言われています。三者の間では互いに婚姻関係を結び、同盟をより強固なものにしたのです。ただ、現在では「甲相駿同盟」が結ばれたのは事実ですが、「善得寺の会盟」は確かな史料で確認できないことから、単なる創作に過ぎないと考えられています。そもそも三人の大名が一ヵ所に集まり、同盟について話し合うこと自体が当時の常識からして疑わしいことです。

こうして今川家の繁栄に尽力した雪斎は、弘治元年（一五五五）閏十月十日に亡くなりました。雪斎が生きていれば、その後の今川家はまた違った歩みをしたのかもしれません。

上杉謙信と天室光育

天室光育《てんしつこういく》は明応元年（一四九二）に誕生し、長尾《ながお》家の菩提寺である林泉寺《りんせんじ》（新潟県上越市）の住持を務めた微笑珍慶《みしょうちんけい》の弟子となりました。のちに光育も同寺の住持となります。

天文五年（一五三六）に長尾為景《ためかげ》が引退し、嫡男晴景《はるかげ》が跡を継ぐと、弟の謙信は林泉寺に入寺しました。

以後、謙信は天文十二年（一五四三）に元服して景虎《かげとら》と名乗るまでの七年間、光育のもとで禅の厳しい修業を受けました。

謙信は母の篤い信仰心の影響を受け、禅宗の修行に励んだと言われています。光育は禅宗の教えをはじめ、和歌、四書五経《ししょごきょう》、漢詩など、謙信に対して努めて幅広い教養の指導に腐心しました。謙信の信仰心の篤さは、光育の指導の賜物であると考えられます。謙信は光育に全幅の信頼を寄せ、日々研鑽に励んだと伝わっています。

後年、謙信は光育に書状を送っていますが、文武に秀でた断太公、越王の勾践《こうせん》を範として武術修行に励んだことが記されており、師匠の指導の効果のほどがわかります（『歴代古案』）。

一方で、謙信は非常に扱いにくい性格の持ち主で、一度は春日山城《かすがやま》（新潟県上越市）へ返されたこともありました。その後、越後の常安寺《じょうあんじ》（新潟県長岡市）へ送られ、泰廉門察《たいれんもんさつ》のもとで修業を積んだという説がありますが、真偽のほどは不明です（『北越軍談』）。

天文二十年（一五五一）、光育は長慶寺の住持となり、林泉寺住持の職は弟子の益翁宗謙《やくおうそうけん》に譲りました。光育が亡くなったのは、永禄六年（一五六三）のことです。

伊勢宗瑞と以天宗清

以天宗清《いてんそうせい》は文明四年（一四七二）に京都で誕生しました。のちに大徳寺《だいとくじ》（京都市北区）に入り、伊勢《いせ》宗瑞《そうずい》（北条早雲《ほうじょうそううん》）が師事した東海宗朝《とうかいそうちょう》のもとで指導を受けることになったのです。こうしたことが機縁になり、永正十三年（一五一六）頃に宗清は宗瑞に招かれ、香山寺《こうざんじ》（静岡県伊豆の国市）に入ります。

若き頃の宗瑞は、京都の大徳寺や建仁寺《けんにんじ》（京都市東山区）などで修業を行い、禅宗には深い造詣があったと考えられます。宗瑞が仏神に崇敬の念を抱いていたことは、自身が定めた家訓「早雲寺殿廿一箇条《そううんじどのにじゅういっかじょう》」の第一条および第五条に定めがある通りです。つまり、宗瑞は禅宗での修行を現実の政治に生かそうとしたと考えられるのです。

永正十六年（一五一九）に宗瑞が歿すると、嫡男氏綱《うじつな》は父の遺言に従って、早雲寺（神奈川県箱根町）を建立し、菩提を弔いました。大永元年（一五二一）のことです。同寺の開山に招かれたのが、ほかならない宗清でした。その葬儀は戦国の先駆けとなる活躍をした宗瑞にふさわしい、荘厳なものだったと伝わっています。

翌大永二年（一五二二）、宗清は大徳寺の八十三世として招聘されましたが、引き続き早雲寺の住持も務めています。その間、多くの禅僧が宗清のもとに集まり、彼らは優秀な禅僧として活躍しました。以降、宗清の法流は、大徳寺関東龍泉派と称されるようになったのです。

宗清が亡くなったのは、天文二十三年（一五五四）のことでした。著作としては、『伊天和尚録』があります。

徳川家康と南光坊天海

南光坊天海《なんこうぼうてんかい》は、徳川家康の懐刀あるいはブレーンとして知られています。「黒衣《こくい》の宰相《さいしょう》」と称された天海とは、いったい何者なのでしょうか。

天海は陸奥国会津高田（福島県会津美里町）の出身で、名族蘆名《あしな》氏の流れを汲むと言われています。足利将軍の落胤《らくいん》という説もありますが、年代的に矛盾し、成り立ちません。

天海の生年には、十二もの説が存在します。寛永九年（一六三二）四月十七日、天海は日光東照宮薬師堂法華万部供養の導師を担当しました。そのときの年齢は九十七歳だったと記されており（『孝《たか》亮宿禰日次記《すけすくねひなみき》』）、天海の誕生年は天文五年（一五三六）が正しいとされています。

天海が出家したのは、わずか十一歳のときでした。高田稲荷堂の別当舜海《しゅんかい》に師事したと伝わっています。天海は十四歳になると、比叡山延暦寺《ひえいざんえんりゃくじ》（滋賀県大津市）で天台宗を修め、さらに奈良の主要寺院へ遊学して勉学に励んでいます。

のちに天海は、故郷の高田稲荷堂別当になりました。天正五年（一五七七）には上野国長楽寺《ちょうらくじ》（群馬県太田市）で宣海春豪《せんかいしゅんごう》から天台密教葉上流《てんだいみっきょうようじょうりゅう》を授けられ、天正十年（一五八二）に武蔵国無量寿《むりょうじゅ》寺北院《じきたいん》（埼玉県川越市）に入りました。この頃から天海と名乗り、同時に家康と親交を深めています。

天正十八年（一五九〇）に豊臣秀吉が小田原北条氏を攻撃したとき、天海はすでに家康の陣中に入っていたと言われています。慶長四年（一五九九）になると、天海は無量寿寺北院の住持となり、同寺の寺号を喜多院《きたいん》と改めました。

慶長五年（一六〇〇）の関ヶ原の戦いでは家康に従ったという説がありますが、真偽のほどは定かではありません。合戦後、家康が天海に対し、下野宇都宮《うつのみや》（栃木県宇都宮市）に誰を置くべきかと相談したとき、天海は奥平家昌《おくだいらいえまさ》の名を挙げました。これは、家康の考えと合致していたとの逸話が残っています。

以後、天海は家康のブレーンとして、主に朝廷との交渉の任にあたっていました。慶長十二年（一六〇七）には比叡山探題執行に任じられ、延暦寺の再興に尽力しています。このとき延暦寺の南光坊に住していたので、南光坊天海と称されるようになりました。それだけではなく、家康に従って駿府に赴き、論議・法要などを執り行いました。

天海の事績で最も有名なのは、慶長十九年（一六一四）に勃発した大坂の陣における暗躍でしょう。戦いの発端となった方広寺鐘銘事件《ほうこうじしょうめいじけん》に関わり、豊臣家討伐の機会を作り出しました。ただ実際には、その前段階で堂供養などの日程などをめぐって、家康にさまざまな助言を与え、豊臣家に揺さぶりをかけたというのが実情と思われます。

元和二年（一六一六）に家康が歿すると、天海は家康を山王一実神道《さんのういちじつしんとう》で祀りました。そして、「権現《ごんげん》」にすべきと主張し、以心崇伝《いしんすうでん》や本多正純《ほんだまさずみ》らと争いました。結果、天海の主張が通り、家康は「東照大権現《とうしょうだいごんげん》」として日光東照宮に祀られることになるのです。寛永元年（一六二四）には寛永寺《かんえいじ》（東京都台東区）の創建に関わり、寛永二十年（一六四三）に百八歳で亡くなりました。

毛利氏と安国寺恵瓊

安国寺恵瓊《あんこくじえけい》は、安芸国（広島県）の守護武田氏の流れを汲むとされ、父は武田信重《のぶしげ》と言われています。

生年は不詳です。幼少期をうかがい知る史料は乏しく、謎が多い人物と言えます。

成長した恵瓊は、臨済宗東福寺末寺の安芸国安国寺（広島市東区。現在の真言宗不動院）に入り、竺《じく》雲慧心《うんえしん》に師事しました。慧心は毛利氏の使僧を務めており、のちの恵瓊の生涯に大きな影響を与えることになります。

慧心の歿後、恵瓊は毛利氏に仕えて信任を得ることになりました。恵瓊は師匠と同じく、毛利氏の使僧として活躍しました。同時に安芸国安国寺、備後国鞆《とも》（広島県福山市）の安国寺の住持を兼ねるなど、本来の禅僧としての役割も十分に果たしています。まさしく、毛利氏のブレーンだったと言えるでしょう。

折しも中央政界では、永禄十一年（一五六八）に織田信長が足利義昭《あしかがよしあき》を奉じて入京しました。ところが、元亀四年（一五七三）に義昭と信長は決裂することになります。このとき恵瓊は、信長方の木下（豊臣）秀吉と交渉を行うなど、義昭のために尽力しました。

恵瓊は秀吉や信長との交渉を通して、信長の天下の短いこと、そして秀吉の高い将来性を予言した書状を残しています。これは単なる逸話ではなく、現実のものとなったので、恵瓊には天下の情勢を鋭く見抜く才覚があったのかもしれません。

義昭を奉じた毛利氏は勢力拡大を図り、信長との対決姿勢を深めていきました。天正十年（一五八二）、秀吉は毛利氏と雌雄を決すべく、備中高松城（岡山市北区）へと向かいました。迎え撃つのは、毛利方の城将清水宗治《しみずむねはる》です。秀吉は水攻めによって、宗治を追い詰めつつありました。ところが、このとき予想さえしなかったことが勃発したのです。

同年六月、信長が京都の本能寺で配下の明智光秀《あけちみつひで》によって討たれたのです（本能寺の変）。この一報を受けた秀吉は激しく動揺し、早急な対処を迫られましたが、最終的に毛利氏と和睦して早々に信長の仇を討つと決断しました。毛利方の交渉相手は、旧知の恵瓊でした。

和睦の条件は、清水宗治の切腹などでした。毛利家では受け入れがたいとする者もおり、交渉は難航したものの、恵瓊は粘り強く説得しました。結果、毛利家首脳はもちろんのこと、宗治を切腹に応じさせることに成功したので、和睦を締結した秀吉は凄まじいスピードで京都へ引き返し（中国大返し）、光秀の討伐を成し遂げました（山崎の戦い）。

この一事は、恵瓊を秀吉に引き寄せる契機となりました。以後、恵瓊は秀吉にも重用され、毛利家にも仕えるという変則的な立場となります。秀吉が恵瓊を起用したのは、その類稀なる交渉能力と先見性にあったと考えられます。

その後、引き続き秀吉と毛利氏は領土策定をめぐって交渉を続けました。毛利方は恵瓊が交渉を担当し、秀吉方は黒田孝高《くろだよしたか》と蜂須賀正勝《はちすかまさかつ》が窓口となっています。交渉は長期に及びましたが、恵瓊らの尽力もあり、無事にまとまりました。

恵瓊の功は秀吉に認められ、伊予国（愛媛県）に二万三千石の所領を与えられました。天正十三年（一五八五）のことです。その翌年には、さらに六万石を加増され、恵瓊は大名になったと指摘されています。いわゆる「恵瓊大名説」ですが、この説には未だ真偽をめぐって議論があります。

天正十八年（一五九〇）の小田原征伐では、恵瓊も従軍し、活躍しています。文禄・慶長の役でも、恵瓊は秀吉の命で出陣しました。僧侶としても学識が深かったので、現地では通訳的な役割を果たすと共に、朝鮮の人々に日本語を教えたという記録も残っています。

関ヶ原の戦いにおける恵瓊

慶長三年（一五九八）に秀吉が歿すると、にわかに政治情勢が流動的になります。これまでおとなしくしていた徳川家康が主導権を握ろうと画策し、諸大名と私婚などを重ねて権力を掌中に収めようとしたのです。いったんは石田三成《いしだみつなり》ら五奉行の抗議によって謝罪したものの、家康が不気味な存在だったのは変わりありませんでした。

毛利家内部でも家康に与するか抗するべきか、意見が分かれました。しかし、恵瓊は反家康の急先鋒として、石田三成に与することを支持しました。毛利輝元《てるもと》も同じです。一方、同じく毛利家を支える吉川広家《きっかわひろいえ》は、未だどちらにつくべきかを決めかねていました。広家は黒田孝高《くろだよしたか》・長政《ながまさ》父子を通して、家康方にも通じていたのです。

結果的に関ヶ原の戦いでは、恵瓊が毛利氏を豊臣方の西軍に引き入れようとしましたが失敗に終わり、土壇場で輝元は家康に与しました。西軍が敗北すると、恵瓊は逃亡したものの捕縛されました。恵瓊は西軍の首謀者である石田三成、小西行長《こにしゆきなが》と共に、京都六条河原《ろくじょうがわら》で処刑されたのです。

毛利家は開戦前の不穏な動きを家康から指摘され、最終的に百二十万石から三十万石の一大名へと転落しました。和睦の際に結んだ安堵の約束は、反故にされたのです。この不手際は、のちに恵瓊にすべて転嫁されました。軍記物語などで、恵瓊がさんざんに罵られているのは、子孫が残らなかったことも影響していると推測されます。

最近の研究では、輝元は積極的に西軍に加担し、打倒家康の急先鋒の存在だったと指摘されています。毛利家は西軍に与したのが恵瓊の独断専行であると宣伝し、失策の責任を恵瓊に押しつけ、家の存続が図られたのです。その背後には、吉川広家の存在がありました。

恵瓊は戦国時代に輝いた政僧の代表と言えますが、末路は哀れでした。残念ながら、自身の将来までは予測できなかったのです。

〔主要参考文献〕

浅見雅一『概説　キリシタン史』（慶應義塾大学出版会、二〇一六年）

天野忠幸「戦国時代の寺社」（渡邊大門編『真実の戦国時代』柏書房、二〇一五年）

大隅和雄ほか編『日本仏教史　中世』（吉川弘文館、一九九八年）

岡田荘司『日本神道史』（吉川弘文館、二〇一〇年）

五野井隆史『日本キリスト教史』（吉川弘文館、一九九〇年）

清水有子「キリスト教の伝来から拒絶まで」（渡邊大門編『真実の戦国時代』柏書房、二〇一五年）

第十章　戦国時代の食事

戦国時代の食事とは

戦国時代の食事については、意外と知られていません。そもそも食事の現物は残っておらず、史料的にも豊富ではありません。食の詳細が明らかになるのは、おおむね江戸時代以降になります。そのような制約はありますが、まずは平時における食事について触れることにしましょう。

日本において、朝・昼・晩に食事を摂る三食制が確立したのは、おおむね織豊期（十六世紀後半）頃と言われています。それまでは朝・晩の二食制でした。ただし、二食とはいっても、間食（間水《けんずい》）を摂ることも多かったようです。

食事を摂るタイミングもさまざまで、一般的な武将の場合、朝食は午前八時頃、夕食は午後五時頃だったようです。ただし、公家の場合は午前十時頃に朝食を摂り、午後四時頃に夕食を食したとの記録も残っています。

戦国時代の人々は、日々農作業や土木作業に従事し、自らの足で歩くことが多かったので、多くのエネルギー量を必要としました。それゆえ、日常食は米を大量に摂取し、味付けの濃い副菜で飯をかき込むというスタイルだったのです。米には、粟《あわ》や稗《ひえ》などの雑穀も混じっていました。副菜の品数は一～二品程度で、ほかに汁があり、汁には野菜や肉が具材として用いられました。ときにはおやつとして、果物（杏、桃など）が供されています。

当時の米は蒸して提供されており、強飯《こわいい》と称されました。白米も用いられましたが、多くは黒米《くろまい》（半搗米《はんつきまい》、玄米《げんまい》）でした。ちなみに、現代のように水を入れて炊いた米は、姫飯《ひめいい》と言います。強飯は湯漬や水漬にされたり、あるいは汁をかけて食することもありました。菜飯《なめし》や赤飯といった混ぜご飯、おかゆも好まれたと言われています。

副菜・調味料・おやつ

海辺に近い場所では、海藻を含む魚介類が好んで食され、山間部では川魚を食べていました。魚介類は長持ちしないので、干したり、熟《な》れ鮨《ずし》のようにして保存していました。牛や馬は農耕の作業に必要なので、ほとんど食されませんでした。代わりに、鶏、雉《きじ》、鴨《かも》、猪、鹿などを食べていました。野菜は山菜などのほか、瓜《うり》、茄子《なす》、葱《ねぎ》など多種多様なものを食し、各地には地名を冠するような特産品もありました。

おおむね十六世紀中頃になると、醬油が使用され始めました。当時の醬油は、味噌桶に残った残り汁程度のものではなかったかと考えられています。すでに味噌は普及しており、奈良の法論《ほろ》味噌が珍重されました。ほかの調味料としては、酢、山葵《わさび》、辛子《からし》、生姜《しょうが》などがあります。さまざまな調味料が登場することにより、料理法が徐々に発達したのです。

果物類も豊富で、柿、栗、桃、蜜柑《みかん》、葡萄《ぶどう》などがありました。この頃から、甲斐（山梨県）の葡萄は有名だったと言われています。おやつとしては、草餅、わらび餅、羊羹《ようかん》などが好まれました。小さい団子の阿古屋《あこや》、またぜんざいが誕生したのもこの頃ですが、こうした菓子類は非常に貴重だったようです。このように戦国時代の食卓は、意外なほど豊かだったのですが、まだ高度な調理は発達していませんでした。

テーブルマナー

武士や公家の饗宴では、式三献《しきさんこん》という礼法が確立しました。伊勢《いせ》流や小笠原《おがさわら》流などの流派があり、三三九度《さんさんくど》の源流となります。現在の結婚式などの宴席に通じているものです。

例を挙げると、初献で雑煮《ぞうに》、二献で饅頭《まんじゅう》、三献で吸い物といった肴《さかな》を食し、杯事《さかずきごと》（盃事）を執り行います。そのあとで食事が始まり、一の膳に飯と七種類のおかず、以下二の膳から七の膳へと続き、それぞれに三〜五種類のおかずに一〜三種類の汁がつきます。これらが本膳《ほんぜん》料理であり、懐石《かいせき》料理のルーツになるのです。

次に、饗宴の例として、天正十年（一五八二）五月に織田信長が徳川家康をもてなした例を確認しておきましょう。

同年三月、信長は甲斐（山梨県）の武田勝頼《かつより》を滅亡に追い込み、その遺領である駿河（静岡県）は家康に与えられました。家康はそのお礼として安土《あづち》城（滋賀県近江八幡市）を訪れ、五月十五日から六日間にわたって滞在しました。訪れた家康をもてなすため、信長は明智光秀《あけちみつひで》に命じて接待を執り行いました。そして、家康のために本膳から五の膳、お菓子まで準備されたのです（『天正十年安土御献立』）。メニューは鯛の焼物、焼鳥、鯉《こい》汁、鮒《ふな》汁などのほか、今も滋賀県の名物である鮒鮨《ふなずし》が用意されました。

ところが、この様子を見た信長は、機嫌が悪かったと言われています。『真書太閤記』によると、まるで将軍家の御成《おなり》のようにあまりに贅沢で、信長はいくら費用がかかったのか計り知れないと激怒したのです。

しかも、家康の接待が終わった五月十八日、光秀は過分な饗応を批判され、森蘭丸《もりらんまる》ら若い小姓から殴られたとも言われています。翌十九日に光秀は饗応役を解任され、備中高松城（岡山市北区）で清水宗治《しみずむねはる》と対峙していた羽柴（豊臣）秀吉の救援に向かわされたのです（『明智軍記』）。むろん、一連の出来事は、質の悪い二次史料に書かれたことで、ほとんど信はおけません。しかし、信長と光秀の確執の原因として広く流布した説でもあります。

伊勢流や小笠原流などの食事の礼法が発達すると、武家や公家の間に食事の作法が広まりました。その一端を挙げておくことにしましょう。

汁のなかの魚の骨は、折敷《おしき》（食台の一種）の隅に置くのは良くないというのも一つです。飯を食べるときは、茶碗の左右、向かい側から一箸ずつ飯をとり、一口にして食べるという作法もありました。また、箸を添えて汁を吸うこと、饅頭は三分の一を箸で割って、餡《あん》をこぼさないように口に運ぶこともマナーでした。

料理人の心得としては、魚や肉のおいしいところは、主人や上座《かみざ》の人に提供するというのもあります。何より招かれた人は、食事やもてなしに対して賛辞を贈るのが、最大のマナーだったと言えるでしょう。

酒宴のマナー

宴席における、飲酒のマナーもありました。基本的に、酒は食事を終えたあとに振る舞われました。これを中酒《ちゅうしゅ》と言います。酒は亭主と客人との間で盃を交わすのが本式でした。略式のときは客中で盃を回し、最後に上座に盃が戻ってきます。そして、再び上座から盃が回ります。こうして酒宴は続くのですが、なかなか客人が帰れないこともあったようです。

当時の公家や僧侶の日記を見ると、「大飲」という文字が散見し、相当量の酒を飲んだことが知られています。僧侶は戒律《かいりつ》によって、酒を飲んではいけないのですが、実際はそうでもなかったのです。ちなみに、当時の酒は清酒《せいしゅ》ではなく濁り酒でした。なかでも河内（大阪府）の天野酒《あまのざけ》や京都の柳酒《やなぎざけ》は、名酒として知られています。

もっとくだけた酒宴の席では、酒樽や酒瓶から瓢《ひさご》に入れて酒を提供し、座敷で銚子《ちょうし》に移されました。盃は大きなものを用い、これで各人が回し飲みしたと言われています。肴《さかな》は各人の前に一皿が置かれ、盛物《もりもの》は座の中央に置かれました。当時の公家や僧侶の日記によると、鼓《つづみ》、太鼓《たいこ》、笛を鳴らし、ほぼ毎日宴席が設けられたようです。

こうして宴席が設けられるのには、もちろん意味がありました。宴席に際しては、当然ながら大名の家中における身分によって、席次が決められました。上座《かみざ》（大名の席）に近ければ身分が高く、下《しも》座《ざ》に近ければ身分が低いということになるでしょう。これが家中における序列を示したのです。また、当主と家臣が一緒に食事を摂ることは、その結束力を高める効果がありました。今でも「同じ釜の飯を食う」と言うのは、その名残と考えられます。

このように戦国時代の食事には作法があり、それぞれに意味があったのです。

食にまつわる逸話①

食と戦国武将とのエピソードも数多く残っています。

十五世紀の終わり頃には、『四条流包丁書《しじょうりゅうほうちょうがき》』という料理法に関する故実書《こじつしょ》が刊行されました。四条流は四条中納言藤原山蔭《ふじわらのやまかげ》を祖とし、料理法のほかに配膳法や食作法などを定め、広く食文化に影響を与えました。同書には、おいしいものは上が海のもの、中が川のもの、下が山のものであると記されています。例外として、川のものは中だが、魚では鯉《こい》が極上とあります。鯉と同格に位置づけられたのが、鯨《くじら》でした。

『四条流包丁書』には、刺身の調味料についても詳しく書かれています。鯉は山葵酢《わさびず》、鱸《すずき》は蓼酢《たですず》、鱶《ふか》と鱏《えい》は実辛子酢《みがらしず》、鰈《かれい》は饅酢《ぬたず》と定められています。足利将軍家の包丁人大草公次《おおくさきんつぐ》を祖とする大草流の故実書『大草家料理書《おおくさけりょうりしょ》』には、鯛《たい》を刺身にするときには辛子が一番であると書かれています。料理法や調味料の選択は、各流派によって違ったようですが、味の好みはさまざまだったのも事実です。次に、織田信長の逸話を紹介することにしましょう。

三好氏の滅亡後、坪内某なる料理人が織田家に生け捕りにされました。坪内某は鶴や鯉の料理に優れ、饗宴の膳も作るほど優れた腕を持っていました。子供も料理人として奉公していたので、織田家の料理番をさせてはどうかという話になりました。その話を聞いた信長は、坪内某に明朝の食事を作らせることにしたのです。

朝、信長が坪内某の料理を食べると、「水臭い（味が薄い）」と怒り出し、坪内某を殺してしまえと言いました。坪内某はかしこまって、「もう一度作らせてください。それでまずかったら、腹を切っても構いません」と懇願しました。謝罪に免じて、信長はいったん許したと言われています。翌日、信長が坪内某の料理を食べると、その味のうまさに大変驚き、喜びのあまり坪内某に禄を与えようとしたのです。

包丁師（『七十一番職人歌合』より。1500年末頃成立）

実は、信長が坪内某の料理を激賞したのには理由がありました。三好家は将軍に仕えるなどし、京風の薄味を好んでいました。しかし、信長は尾張（愛知県）の田舎者なので、味が濃いものを好んでいました。ゆえに、信長はあまりの味の薄さに怒ったのです。そこで、坪内某は塩加減を濃い目にしたところ、信長は大変喜んだというわけです。坪内某自身は、濃い味の料理を田舎風と揶揄《やゆ》していたと伝わっています（以上『常山紀談』）。

食にまつわる逸話②

料理好きで知られたのが、伊達政宗《だてまさむね》です。政宗が考案したとされる食べ物には、東北名物の「ずんだ餅（すりつぶした枝豆を餡《あん》に用いる餅菓子）」があります。お正月に食べる「伊達巻《だてまき》」も政宗にちなんだ食品とされます。豆腐を凍結乾燥させた保存食の「凍《こお》り豆腐」や「仙台味噌」も、政宗が戦場に携える兵糧食として考えたと言われていますが、それらがすべて事実であるか否かは史料的な裏づけがなく、疑問視されている部分もあります。

『政宗公御名語集』では、政宗の食へのこだわりが随所に見えます。たとえば、鮑《あわび》と海鼠《なまこ》が入った豪華かつ贅沢な雑煮もその一つと言えるでしょう。

料理好きな政宗が徳川将軍家をもてなしたことは、さまざまな史料で確認することができます。『伊達治家記録《だてじけきろく》』寛永七年（一六三〇）四月六日条によると、政宗は仙台藩の江戸屋敷へ、ときの将軍徳川家光《いえみつ》を招いて饗応しています。料理は白鳥汁など、現代では珍しいものも提供されていますが、室内の調度品も立派なものでした。寛永十二年（一六三五）正月二十八日にも、政宗は江戸城の二の丸で家光に料理を提供しています。

まだ若い頃の北条氏政《ほうじょううじまさ》には、有名な汁かけ飯の逸話が残っています。食事の際、氏政は飯に汁をかけて食べようとしました。しかし、汁が少なかったのか、もう一度飯に汁をかけたのです。父の氏《うじ》康《やす》はこの様子を見て、「飯にかける汁の量も計れぬようでは、家臣や領民の気持ちも推し量れまい」と嘆息しました（『武者物語』）。そして、その予言通り、北条氏は滅亡したのです。

氏政には、麦に関する逸話も残っています（『甲陽軍鑑』）。氏政は百姓が麦刈りをしているのを見て、「昼飯はあの取れたての麦にしよう」と述べました。刈ったばかりの麦は、そのままではすぐには食べられません。麦は干したあとに脱穀し、精白《せいはく》するなどして、ようやく食べることができるのです。武田信玄はその話を伝え聞いて、氏政のあまりの無知ぶりを笑い飛ばしたと伝わっています。

このように食事に関する逸話は数多いですが、実際には信頼できる史料で裏づけられず、不確かなものが多いようです。

「お好み焼き」の起源

お好み焼きと言えば、大阪の人にとっての「ソウル・フーズ」です。いや、「日本人の」と言い換えてもよいでしょう。今や全国的な食べ物です。ところで、お好み焼きには、どのような歴史があるのでしょうか。

周知の通り、お好み焼きは地域によって製法が異なっています。もう一つの「お好み焼きの聖地」である広島では、小麦粉を薄く敷いて、その上に焼きそばや大量のキャベツを載せています。いわゆる「広島焼き」です。ところが、大阪では小麦粉の生地のなかにキャベツを練り込んで焼いています

（「大阪焼き」。「関西焼き」とも）。ここでルーツをたどるのは、後者のほうです。

意外かもしれませんが、お好み焼きの起源をたどると、茶人千利休《せんのりきゅう》に遡ることができます。利休とお好み焼きとは、あまりに想像もつかない組み合わせです。茶会の席では茶菓子が出されますが、そのなかの一つに「麩《ふ》の焼き」（麩焼きとも）があります。この「麩の焼き」こそがお好み焼きのルーツなのです。

では、「麩の焼き」とは、どのようなお菓子なのでしょうか。「麩の焼き」は、水で小麦粉を溶いて薄く焼き、具として芥子《けし》の実などを入れました。焼き上がると砂糖や山椒《さんしょう》味噌を塗り、巻物状に形を整えて提供されます。もともとは仏事用の菓子だったのですが、たびたび利休の茶会記『利休百《りきゅうひゃっ》会記《かいき》』にも表れるように、茶菓子としても提供されていました。

江戸時代末期以降、それらは「もんじゃ焼」「どんどん焼」へと進化し、やがて「大阪焼き」と呼ばれるものに発展したのです。今やお好み焼きは庶民の食べ物として、日本人に愛される食べ物になりました。

戦国時代に誕生した信州の「蕎麦」

蕎麦《そば》と言えば、手軽な食品として親しまれています。なかでも長野県の蕎麦は、「信州蕎麦」として一つのブランドを確立しています。ところで、この「信州蕎麦」のルーツをたどると、戦国時代まで遡ることができることをご存じでしょうか。

そもそも長野県と蕎麦との関係は深く、先史時代まで遡ります。約五千〜三万年前と推定される野《の》尻《じり》湖《こ》の湖底からは、土のなかから蕎麦の花粉が採集されています。むろん古代人が食したとは断言できませんが、古くから蕎麦と関わりがあったことを確認できます。

江戸時代に成立した諸文献によっても、長野県と蕎麦の関わりを確認できます。『毛吹草《けふきぐさ》』（寛永十五年〈一六三八〉成立）には、蕎麦切りが信濃国で始まったとあり、俳文集『風俗文選《ふうぞくもんぜん》』（宝永三年〈一七〇六〉）にも、蕎麦切りは信濃国本山《もとやま》宿（塩尻市）で始まり、広く諸国に広まったと書かれています。

現在、われわれは蕎麦を細く切って、出汁《だし》につけたり、つゆをかけたものを食べていますが、昔は必ずしもそうではなかったのです。蕎麦粉に熱湯を加えて餅のように捏《こ》ね、蕎麦餅や蕎麦掻《そばがき》としていただくのが普通だったと言われています。

定勝寺《じょうしょうじ》（大桑村）には、天正二年（一五七四）に仏殿を修繕した記録が残っていますが、その史料には、仕事の合間に「蕎麦切り」が振る舞われたとの記載があります。今のような蕎麦切りではないにしても、その原型となるものだったに違いありません。

ちなみに文永寺《ぶんえいじ》（飯田市）においては、天文期に京都の醍醐寺理性院《だいごじりしょういん》の高僧厳助が文永寺へ訪れた際、頻繁に麺類を食した記録が残っています。それは、「冷麺」あるいは「煎麺」と称されるものでした。

このように蕎麦の原型は、戦国時代までたどることが可能なのです。

熊本名物「馬刺し」の起源

馬刺しと言えば、熊本県や長野県の郷土料理として非常に有名です。馬の肉は「さくら肉」とも呼ばれますが、その肉の色がほのかなピンク色（さくら色）をしているので、そう称されていると考えられています。

ところで、馬肉は本来、食用には一般的ではありませんでした。しかし、今や馬刺しに関しては、生姜醤油《しょうが》をつけていただくなど、ごく普通の食べ物になっています。居酒屋などでも、普通に提供されているほどです。

馬刺しの食用については、加藤清正《かとうきよまさ》が関係しているとされますが、その話は本当に事実なのでしょうか。

馬刺しを食べるきっかけとなったのは、豊臣秀吉による朝鮮出兵（文禄・慶長の役）と言われています。むろん、豊臣恩顧の大名である清正は、朝鮮に出陣し活躍しました。当初、戦いは日本軍が優勢でしたが、徐々に朝鮮軍も勢いを盛り返し、清正が苦境に立たされることもたびたびだったようです。名将清正も、ついには籠城をする始末でした。しかし、籠城をしているうちに、徐々に食糧は尽きていきます。最後は、軍馬にも手をつけざるを得なくなりました。これが馬刺しのルーツであり、清正が肥後へ帰国後に広めたと言われているのです。

現在、この説は俗説として退けられていますが、当時の籠城戦で軍馬が食された例は、多々見られるところです。背に腹は代えられないということでしょう。実際に馬刺しには滋養《じよう》があり、病に効果がありました。熊本の人は、そのことを古くから知っていたのではないでしょうか。

日本最北限の茶産地で採れる「奥久慈茶」

茨城県では、古くから茶の栽培が行われていました。なかでも奥久慈茶《おくくじちゃ》は、非常に有名です。まず、触れておかなくてはならないのが猿島茶《さしまちゃ》です。その歴史は、十三世紀初頭まで遡ることができます。猿島では、「猿島の空っ風」と呼ばれる北西風が冬から春先にかけて吹きます。猿島地域では、作物を守り、土壌浸食を防ぐため、畑の境界に茶を植えたのです。これが猿島茶の起源であると言われています。

古内茶《ふるうちちゃ》は十四世紀の終わり頃から、八溝《やみぞ》山系の鶏足山塊《とりあしさんかい》の丘陵で栽培が始まったと言われています。現在では、関東一円にお茶が出荷されており、非常に強い人気を保持しています。これも、長い歴史の積み重ねと言えるでしょう。

奥久慈茶は、古くは保内茶《ほないちゃ》と呼ばれていました。奥久慈茶は茨城県内で最も古い歴史を有しているといわれていますが、それにはいくつかの説があります。

十五世紀半ば頃、村内文珠院の僧侶常庵が京都を訪れていました。その際、茶の名産地である宇治《うじ》から茶の実を携えて持ち帰り、それを播いたのが奥久慈茶の起源であると伝わっています。また、近隣の町に雲巌寺という古寺があり、そこの僧侶が広めたという説も残っています。

別の伝承によると、十六世紀の終わり頃、左貫《さぬき》の西福寺《さいふくじ》の宥明、慶松、常庵などの僧侶が、京都の宇治から茶の実を持ち帰ったことが起源であるとしています。いずれにしても慶長六年（一六〇一）、左貫の石附兵次らの努力によって、近隣で広く栽培されるようになり、広まっていったのは確かなようです。

岡崎の特産品「八丁味噌」の起源

愛知県、とりわけ名古屋と言えば、八丁《はっちょう》味噌を使用した名物料理が数多く知られています。たとえば、「味噌カツ」や「味噌煮込みうどん」などは有名な一品です。

そもそも八丁味噌とは、どのように製造されているのでしょうか。八丁味噌は、大豆のみを原料とする豆味噌です。色は赤褐色で、味は辛口の味噌なのです。熟成には二冬二夏の長い期間を要し、甘味が少なく独特の渋みがあり、うまみが多いのも大きな特徴です。

名古屋圏では、八丁味噌を用いた赤い味噌汁を食するのが普通です。名古屋人のこだわりを感じるところでしょう。

この八丁味噌は、質素倹約を旨とした徳川家康の大好物だったと言われています。家康は八丁味噌を丸めて、こんがりと焼き目をつけ、その焼き味噌と共にご飯をかき込んだのです。健康に気を遣い、粗食を好んだ家康らしいエピソードと言えます。では、なぜこの味噌は八丁味噌と呼ばれたのでしょうか。

八丁味噌のルーツをたどると、岡崎城（岡崎市）にほど近い八丁村で盛んに作られてきたと伝わっています。八丁村は、岡崎城から西へ八丁（約八百四十メートル）離れていたので、その名称がついたそうです。八丁味噌は、戦争時の兵糧としても珍重されました。

家康のもとで激闘を繰り広げた三河武士は、八丁味噌を兵糧として持ち歩いたと言われています。彼らは芋づるに味噌を滲み込ませ、戦場では兜《かぶと》を鍋代わりにして、その芋づるを湯漬にして食べたのです。今でいうインスタント食品に近いものでした。大豆には貴重なタンパク質が含まれており、三河武士たちのエネルギー源になったのです。

今や八丁味噌は多くの食通を唸らせ、新商品も数多く生まれています。これを戦場で食した三河武士が見たら、いったいどう思うのでしょうか。

戦国武将の好物

戦国武将には、徳川家康が八丁味噌を愛したように、それぞれ大好物がありました。

弘治三年（一五五七）、石見（島根県）の武将益田藤兼《ますだふじかね》は、毛利元就《もうりもとなり》の猛攻に耐えかねて降伏しました。窮地に立たされた藤兼に対し、救いの手を差し出したのは吉川元春《きっかわもとはる》です。元春は、元就と藤兼の会談の場を設けて和解させようとしました。

藤兼は、元就が白身魚が好物であることを知り、料理を準備しました。調味料として準備されたのが「煎《い》り酒」です。煎り酒は室町時代に考案され、製造法は酒に鰹節と梅干を入れ、煮出したものです。元就は料理のうまさと藤兼の人柄に感じ入って、家臣に加えることにしたと言われています。塩分過多な現在、「煎り酒」は再び脚光を浴びています。

出羽国南部（山形県）を領した最上義光《もがみよしあき》の好物は、鮭でした。庄内川では秋に鮭《さけ》が遡上して来るので、多くの人に食されました。特に、義光は塩引き鮭が大好物だったと伝わっており、自身の書状からも鮭が好きだったことがうかがえるほどです。

山間部に位置する甲斐（山梨県）の武田信玄が好んで食したのは、「鮑《あわび》の醬油漬け」でした。このことは、『甲陽軍鑑』にも記されています。鮑は駿河（静岡県）で採れたと考えられ、保存するために醬油に漬け込まれました。そして、陸路で甲斐まで運ばれたのです。「鮑の醬油漬け」は非常に栄養価が高く、滋養強壮《じようきょうそう》に富んでいました。

風変わりなのが、越後（新潟県）の上杉謙信《うえすぎけんしん》です。謙信はいざ合戦となると、いつもよりたくさんの飯を準備し、山海の幸を豊富に取り揃え、家臣らに食べさせたというのです。メニューは、鮑の黒煮、酢で洗った魚やクラゲの刺身、牛蒡《ごぼう》や芋づるなどの具材がたくさん入った集め汁などです。これらは合戦前の縁起がよい食事で、「かちどき飯」と称されました。また、謙信は大変な酒豪だったと言われています。

豊臣秀吉の好物は、割粥《わりがゆ》でした。ある日、母の菩提を弔うべく高野山《こうやさん》を訪れた秀吉は、割粥を食べたいと言い出しました。ところが、高野山には米が乏しく、米を割る米臼すらなかったのです。そこで、住職は知恵を絞り、米をかき集めて包丁で二つに割りました。秀吉は大いに喜んだのですが、米の切り口がきれいなことを不思議に思い、理由を尋ねました。包丁で二つに割ったことを知った秀吉は大いに感嘆し、褒美を取らせたと伝わっています（『老人雑話』）。

このように、戦国武将の好物やそれにまつわるエピソードは非常に多く、興味をそそられます。

〔主要参考文献〕

石川尚子ほか編『日本食物史』（吉川弘文館、二〇〇九年）
江後迪子『信長のおもてなし』（吉川弘文館、二〇〇七年）
熊倉功夫『日本料理の歴史』（吉川弘文館、二〇〇七年）

第十一章　戦国大名と茶道

茶の湯の始まり

茶の湯は、平安時代初期の九世紀初頭に中国から伝わったとされ、延暦二十三年（八〇四）に遣唐使船で入唐《にっとう》した空海《くうかい》・最澄《さいちょう》がもたらした可能性が極めて高いと言われています。弘仁年間（八一〇〜八二四）になると、嵯峨《さが》天皇が公家や僧侶と喫茶《きっさ》（団茶法《だんちゃほう》）を行いました。当時の茶は「団茶」といい、茶を固形状にしたものです。以後、喫茶の風習は廃れていきますが、寺院では法会《ほうえ》に際して、茶でもてなす習慣が残りました。

平安期の茶は飲むときに湯で煎じたので、煎茶《せんちゃ》と称されました。中国では宋《そう》の時代に入り、ようやく抹茶《まっちゃ》が普及します。茶を飲むときは、併せて薬も服用し、これを「一茶一湯」と称していました。十一世紀後半、入宋《にっそう》した天台僧成尋《じょうじん》は宋の寺院や官衙《かんが》などで茶を喫しましたが、その際には同時に薬湯をいただいたと言われています。喫茶は、健康法の一つだったのです。

仁安二年（一一六八）と建久二年（一一九一）の二度にわたって入宋した臨済宗《りんざいしゅう》の開祖栄西《ようさい》は、日本に抹茶法を伝え、『喫茶養生記《きっさようじょうき》』を著して鎌倉幕府三代将軍源実朝《さねとも》に献上しました。栄西は茶の製法や効能、喫茶による諸病の治療法を説明し、健康管理の必要性を主張したのです。茶の湯が健康に繋がる実用的なものであり、そのことを広く認識させた結果、武士社会にも徐々に喫茶の風習が広がっていきました。

その後、高山寺《こうざんじ》（京都市右京区）の僧明恵《みょうえ》は、栄西から茶の種子を贈られ、寺で栽培を行いました（栂尾茶《とがのおちゃ》）。栂尾茶は「本茶《ほんちゃ》」と称され、ほかの場所で収穫された「非茶《ひちゃ》」より良いとされました。明恵が茶を宇治《うじ》（京都府宇治市）で栽培するようになり、これが宇治茶の起源と言われています。やがて、茶の栽培は寺院から各地の農村へと広がり、年貢として徴収されたほどです。

鎌倉時代以降の展開

鎌倉時代後期になると、闘茶《とうちゃ》が広まっていきました。闘茶の起源は、宋《そう》の時代から確認することができます。日本の闘茶は、本茶と非茶を言い当てる「本非茶勝負」から始まりました。やがて、「四《し》種十服茶勝負《しゅじっぷくちゃ》」（四種類の茶で十服飲んで，その銘柄を当てること）など、より複雑なルールのものが好まれるようになったのです。

バサラ大名として知られる佐々木導誉《ささきどうよ》は、闘茶会で賭けをしていたことで知られています。室町幕府の発足後に『建武式目《けんむしきもく》』が制定され、「群飲佚遊《ぐんいんいつゆう》（飲んで遊ぶ放蕩《ほうとう》）」が禁止されましたが、それでも闘茶の風習は止まなかったのです。

鎌倉時代後期以降は、茶の湯の喫茶儀礼が定まり、民間においても茶礼《されい》や茶会の形式が誕生しました。ベースになったのは、禅院における禅院茶礼です。四《よ》つ頭《がしら》の茶会は、正客《しょうきゃく》四人に相伴客《しょうばんきゃく》がつくスタイルで、『太平記《たいへいき》』や『喫茶往来《きっさおうらい》』などの文献で確認できます。また、立礼《りゅうれい》といって、茶会で椅子が用いられることもありました。

同じ頃、中国から唐絵《からえ》（中国の絵画）や唐物《からもの》が日本にもたらされ、「唐物数寄《からものすき》（唐物の愛好）」が広まっていきます。唐物には中国の品物という意味がありますが、この場合は中国の美術工芸品を示しています。茶会では唐物の茶道具を用いたり、部屋に唐物の絵画などを飾ったりするようになったのです。

室町期に入ると、唐物の収集はピークを迎えました。

唐物の収集に熱心に取り組んだのは、足利将軍家でした。歴代将軍が収集した唐物は、「東山御《ひがしやまぎょ》物《ぶつ》」として集大成されたのです。「東山御物」の中心をなすのは、唐絵、墨跡《ぼくせき》、漆器《しっき》、香炉《こうろ》、花瓶《かびん》、茶盞《ちゃさん》、茶壺《ちゃつぼ》、茶入《ちゃいれ》などです。唐物奉行の同朋衆《どうぼうしゅう》（僧体で殿中《でんちゅう》の雑役に従事した者）の能阿弥《のうあみ》らが唐物の鑑定を行い、座敷飾りや表装を担当しました。能阿弥は中国美術の鑑賞・鑑識などに関する秘伝書として、『君台観左右帳記《くんだいかんそうちょうき》』という書物をまとめたことで知られています。

唐物を飾る場所が床の間です。部屋には畳が敷かれ（書院座敷）、新しい茶礼が誕生しました。十五世紀半ばになると、「書院茶の湯」が登場します。それまでの立礼《りゅうれい》から畳に座る座礼《ざれい》となり、座り方も胡坐《あぐら》から正座へと変わっていったのです。当時はまだ室内に囲炉裏はなく、別室や廊下で茶を点てて室内へと運ばれました。こうして茶の湯は、ますます発展していきました。

室町時代の茶の湯

室町期に至ると、日本に広まった茶の湯は、唐物崇拝というべき状況にありました。人々は中国の美術工芸品を買い漁り、茶の本質を忘れたかのようだったと言われています。中国文化を賛美し、日本古来の美術工芸品に関心が寄せられなかったと評価されるほどです。この流れに棹さしたのが、侘び茶の開祖とされる村田珠光《むらたじゅこう》なのです。

珠光の生涯には、不明な点が多いと言えます。応永三十年（一四二三）、珠光は奈良の村田杢市検校《けんぎょう》の子として誕生しました。初名は茂吉です。珠光が十一歳のときに奈良の称名寺《しょうみょうじ》に入りましたが、二十歳の頃には寺を離れたようです。一説によると、両親からも勘当され、連歌師《れんがし》や闘茶《とうちゃ》の判者《はんじゃ》（勝負の判定をする人）を務めることで糊口《ここう》を凌ぎ、一時は京都の六条左女牛《さめうし》（下京区）に住んだと伝わっています。

その後、放浪生活を送った珠光は、大徳寺《だいとくじ》の一休宗純《いっきゅうそうじゅん》と邂逅《かいこう》しました。一休は臨済宗《りんざいしゅう》の僧侶でしたが、風狂の生涯を送った人物として知られています。珠光は一休のもとで参禅し、大きな影響を受けました。のちに珠光は一休から、印可《いんか》の証として圜悟克勤《えんごこくごん》（宋《そう》の臨済宗の僧）の墨跡《ぼくせき》（禅宗の高僧の筆跡）を与えられました。珠光はこれを初めて茶掛《ちゃがけ》として用いたので、「墨跡開山」と称せられたほどです。

こうして珠光は、一休から茶と禅の一体化した精神を会得し、同時に能や連歌の世界から多くを学びました。それが、のちの「侘び茶」の精神へと繋がっていきます。

やがて珠光は、唐物数寄《からものすき》に通じた能阿弥《のうあみ》と知遇を得ました。珠光は、能阿弥から『君台観左右帳記《くんだいかんそうちょうき》』の相伝を受けたと言われています。能阿弥の指導により、珠光の唐物に対する豊かな審美眼が養われました。珠光は、「珠光名物」と呼ばれる名物道具十数種を所持していたと伝わっています。能阿弥のもとで、立花《りっか》や唐物の鑑定を学んだ珠光は、八代将軍足利義政《あしかがよしまさ》の茶道師範を務めるようになりました。それは、能阿弥の推薦によるものでした。

能阿弥が珠光を義政に紹介した際、「孔子の道を学ぶ人」と珠光を称しており、その高い精神性を評価したように思えます。義政は、珠光の住む六条堀川西の四畳半草庵を「珠光庵主」と名づけたと言われています。珠光の茶室はわずか四畳半の広さで、床は一間しかなく、書院風の方形造《ほうぎょうづくり》だったようです。

方形造とは、建築物の屋根形式の一つで、四枚の屋根をすべて三角形にしたものです。また、会所では、台子《だいす》（水指《みずさし》などの茶道具を置く棚物）を点茶《てんちゃ》用の棚として客前に置きました。十五世紀後半に東山文化が花開くと、義政は東求堂《とうぐどう》（京都市左京区）を造営しました。仏間の東北には、同仁斎《どうじんさい》と呼ばれる四畳半の書院が造作され、のちに茶室の起源になったとまで言われています。四畳半の書院は、明らかに珠光の影響を受けたものでした。

唐物崇拝からの脱却

当時の茶の湯は、富裕層である将軍や大名が高級な唐物《からもの》を買い漁り、室内に飾り付けることに重点が置かれていました。それは、中国渡来の唐物崇拝と言えるものでした。先述した「東山御物《ひがしやまぎょぶつ》」は、その代表だったのです。

珠光は道具賞玩の場だった茶会を否定し、より精神性の高い交流の場にしようと考えました。茶会における闘茶《とうちゃ》や酒盛りを排除し、亭主と客との精神的交流に主眼を置いたのです。珠光には「月も雲間のなきは嫌にて候」という言葉がありますが、この言葉は茶の侘びの指針を著したものとして知られています。

それゆえ、珠光の交友範囲は極めて広かったと言えます。連歌師《れんがし》の宗長《そうちょう》や香道の志野宗信《しのそうしん》、能楽師の金春禅鳳《こんぱるぜんぽう》などと親しく交わり、その精神を学んで茶の湯に生かしたのです。先の珠光の言葉は、禅鳳の聞き書き『禅鳳雑談』に記されたものです。

珠光は高級な唐物志向から脱却し、和物を積極的に用いようとしました。たとえば、これまでの茶会では天目《てんもく》茶碗や中国龍泉窯《りゅうせんよう》の青磁《せいじ》茶碗を好んで用いていましたが、珠光は粗末な道具を好んで使いました。それらは「珠光茶碗」と称され、近江（滋賀県）の信楽焼《しがらきやき》はその代表です。信楽焼は珠光に注目され、茶壺、水翻《みずこぼし》、水指《みずさし》、花入などが、茶道具として使用されるようになったのです。

珠光の弟子の一人として、大和（奈良県）の土豪古市播磨法師《ふるいちはりまほうし》（澄胤《ちょういん》）がいます。珠光は澄胤に対して、

「心の文」なるものを与えました。そこには、珠光の茶の湯に関するエッセンスが披露されています。まず、達人を嫉《ねた》むことなく教えを請い、初心者を見下さずに育てることを説き、唐物と和物の境界を取り払い、道具へのこだわりを捨てよと論じます。珠光が至言とする「心の師とはなれ、心を師とせされ（わが心の師となれ　心を師とするな）」という言葉は、古人の言葉として引用されています。

珠光の登場によって、茶の湯はますます発展したのです。

侘び茶の誕生と武野紹鷗

十六世紀になると、茶の湯は市民の間にも広まっていきました。茶の湯を生業とする者も現れ、彼らは「茶湯者《すきしゃ》」と呼ばれたのです。一方、村田珠光《むらたじゅこう》が志向した「侘び茶」は、弟子たちによってさらに深められました。その代表的な人物こそ、後継者の武野紹鷗《たけのじょうおう》でしょう。紹鷗は珠光の精神を受け継ぎ、茶の湯の展開に指導的な役割を果たしました。

文亀二年（一五〇二）、武野紹鷗は信久の子として、大和国吉野郡に誕生しました。母は、大和の土豪中坊《なかのぼう》氏の娘と伝わっています。応仁元年（一四六七）に応仁・文明の乱が勃発すると、信久は中坊氏の庇護を受けました。その後、信久は和泉国堺（大阪府堺市）へと移り、武具の製造に欠かせない皮革の商売で巨万の富を築いたのです。やがて、信久は堺の町人としての地位を築き、指導的な役割を担うようになりました。

信久は、紹鷗の栄達を願いました。紹鷗は二十四歳になると、父の援助を受けて、京都四条室町上ルに屋敷を構えました。紹鷗の屋敷は、のちに大黒庵《だいこくあん》と号されます。紹鷗は二十九歳のときに朝廷へ献金し、従五位下《じゅごいのげ》因幡守に叙位任官されました。紹鷗の茶の湯は、父の財産がバックボーンにあったと言えます。

二十七歳となった紹鷗は、当時、最高の知識人として知られていた公家の三条西実隆《さんじょうにしさねたか》と親しく接するようになります。実隆は飛鳥井雅親《あすかいまさちか》から和歌を学び、飯尾宗祇《いいおそうぎ》から古今伝授《こきんでんじゅ》を受けた碩学《せきがく》です。能書家としても名を成し、このほか香道、有職故実《ゆうそくこじつ》にも通じていました。古典学の権威として、多くの著作も残しています。

紹鷗は、実隆から藤原定家《ふじわらのさだいえ》の歌論書『詠歌大概《えいがたいがい》』の序の部分の講義を受け、そこから自身の茶の湯に計り知れない影響を受けたと言われています。それこそが、侘びの精神なのです。また、和歌を作るうえにおいて、単に学んだ通りに作歌するのではなく、創意工夫が必要であることを学びました。それは絶えざる稽古を通して精進することであり、茶の湯にも通じる考え方だったのです。

こうして紹鷗は、「侘び」の美意識を意識的に自らの茶の湯に取り入れました。本来の「侘び」とは、ものが欠如した状態のことで、そこから生み出される悪い感情のことを意味していました。しかし、平安・鎌倉期に活躍した藤原定家などは、「侘び」を一種の美意識として受け止めて和歌を詠んでいました。紹鷗は和歌や歌論を学ぶことにより、茶の湯に「侘び」を取り入れ、新境地を開いたのです。

一方、通俗的な茶の湯の世界では、相変わらず茶器に対するこだわりがあったのも事実です。「東山御物《ひがしやまぎょぶつ》」などは、その代表と言えるでしょう。茶の湯は道具の所有と一体不可分であり、名器を保持することが重要視されました。紹鷗の侘びの精神は、これまでの茶の湯と一線を画したのです。ただし、紹鷗自身は、多数の名物茶器を所有していました。

紹鷗が開いた独自の世界

村田《むらた》珠光《じゅこう》の登場以来、茶室は四畳半が好まれました。四畳半の茶室は、「都の隠家」「市中の山里」と称され、京都や堺の人々が好んで利用したのです。武野紹鷗《たけのじょうおう》の大黒庵《だいこくあん》は、連歌師《れんがし》の心敬《しんけい》が説いた枯淡《こたん》の美を茶の湯に取り入れたことが特長です。紹鷗が四畳半茶室を基本とする、草庵茶の湯の発展に指導的な役割を果たした所以と言えます。

紹鷗は四畳半よりもさらに小さい三畳半、二畳半の茶室を考案しました。四畳半以上の茶室は「寂敷《さびしき》」、三畳半、二畳半の茶室は「侘敷《わびしき》」として区別されました。後年、これは「侘び」と「寂び」とが混同される要因となったと言われています。

三十一歳になった紹鷗は出家し、「紹鷗」と号して大徳寺《だいとくじ》の古岳宗亘《こがくそうこう》に参禅したと伝わっています。相前後して、紹鷗は藤田宗理《ふじたそうり》や村田珠光の弟子十四屋宗悟《じゅうしやそうご》、十四屋宗陳《そうちん》から茶の湯を学びました。彼らは珠光の茶の湯の精神を受け継いだ数寄者《すきしゃ》であり、市中において隠遁生活をしていました。紹鷗は彼らから茶を学ぶことにより、自らの「侘び茶」の精神を確固たるものにしたのです。

のちに紹鷗は、大徳寺の末寺である堺の南宗寺《なんしゅうじ》の大林宗套《だいりんそうとう》のもとで参禅しています。紹鷗は、参禅することによって禅的な教養を会得し、「茶禅一味《ちゃぜんいちみ》」の境地に達したと言われています。「茶禅一味」

とは、茶道は禅から始まったものなので、求めるところは禅と同一であるべきだ、という考え方のことです。「茶禅一致」とも言います。

南宗寺と茶人との関係は、そのまま京都へ持ち込まれ、大徳寺と茶人との関係が深くなることを「茶面《ちゃづら》」と称するようになりました。まさしく茶と禅は、切っても切れない非常に深い関係にあったのです。

紹鷗は今井宗久《いまいそうきゅう》、津田宗及《つだそうぎゅう》、田中宗易《たなかそうえき》（千利休《せんのりきゅう》）らを育て、後継者の育成にも余念がありませんでした。天文二十四年（一五五五）、五十四歳で歿しました。墓は南宗寺にあります。

天下三宗匠①――今井宗久

武野紹鷗《たけのじょうおう》の後継者として、史上に颯爽と登場したのが、今井宗久、津田宗及、千利休の天下三宗匠《てんかさんそうしょう》です。彼らは、どのように茶と接していたのでしょうか。最初に、今井宗久を取り上げます。

永正十七年（一五二〇）、今井宗久は氏高の子として誕生しました。若い頃に和泉国堺（大阪府堺市）へ出て、納屋《なや》宗次のもとに身を寄せ、やがて納屋業（倉庫業）で財を成しました。その後、紹鷗に請われて、その娘を妻として迎え、併せて紹鷗の家財や多数の名物茶器を継承したと言われています。紹鷗は、宗久の茶の湯と、商人としてのセンスを評価したのかもしれません。

宗久の茶のデビューは、弘治元年（一五五五）十一月八日のことです。客は、津田宗達《そうたつ》（堺の豪商・茶人、宗及の父）、薩摩屋宗忻《さつまやそうきん》（堺の豪商・茶人）の二人でした。このとき宗久は、紹鷗から受け継いだ道具で茶を点てたのです。

永禄十一年（一五六八）、織田信長が足利義昭《あしかがよしあき》を擁して上洛すると、堺に矢銭《やせん》（軍費）二万貫（約二億円）を要求しました。堺の町衆は反対に動きましたが、宗久は講和を取りまとめ、信長に急接近しています。その後、宗久は紹鷗伝来の松島の茶壺、紹鷗茄子などの名物茶器を信長に献上し、信長の茶頭《さどう》を務めました。それだけでなく、宗久は堺五ヶ庄の代官職、淀川今井船の関銭免除、生野銀山《いくのぎんざん》の経営、鉄砲鍛冶の差配など、多くの特権を信長から与えられ、一代で栄華を築いたのです。

天正十年（一五八二）の本能寺の変で信長が横死すると、宗久は羽柴（豊臣）秀吉の茶頭になりました。しかし、秀吉との茶道観の相違、宗久が本願寺と関係を持っていたことから、天正十五年（一五八七）の北野大茶会頃から姿を見せなくなります。宗久の茶道観を伝える記事は乏しいですが、茶の湯を媒介として権力者に近づいた嚆矢《こうし》と言えます。宗久が亡くなったのは文禄二年（一五九三）のことで、墓は堺の臨江寺《りんこうじ》にあります。

天下三宗匠②——津田宗及

津田宗及《つだそうぎゅう》は、堺の豪商・茶人として知られる宗達《そうたつ》の子として誕生しました。生年は不詳です。宗及は堺の南宗寺《なんしゅうじ》の大林宗套《だいりんそうとう》のもとに参禅し、天信の号を授けられました。宗及は、茶を父の宗達あるいは紹鷗から学んだと伝わっています。宗及は多彩な能力を有しており、武術、蹴鞠《けまり》、生花、歌道にも秀でており、刀剣の鑑定は最も得意だったと言われています。

宗及も今井宗久と同様に、信長の配下に収まりました。その後、宗及はたびたび信長の茶会に列席します。元亀二年(一五七一)二月、宗及は信長に招かれ、信長が所持する茶の名器を拝見しました。同年三月に信長が東大寺正倉院《とうだいじしょうそういん》(奈良市)の蘭奢待《らんじゃたい》(香木)を切り取ったとき、宗及は一包を拝領しています。以後も宗及は信長に茶の名器を差し出したり、あるいは与えられるなどの関係を続けました。

天正十年(一五八二)、本能寺で信長が横死しましたが、宗及はその事情の一端を自身の日記で触れています。信長がわずかな手勢で本能寺に宿泊したのは、博多の豪商島井宗室《しまいそうしつ》に自身が秘蔵する名物の茶道具を見せるためだったとされ、そのリストも完成していました。

信長の歿後、宗及は羽柴(豊臣)秀吉に仕えましたが、茶匠としては千利休に後れを取ったと言われています。また、六十余人の弟子がいましたが、茶人としての名声も利休に譲ってしまったようです。それは、自らの茶道観を示すことができなかったからではないでしょうか。宗及が亡くなったのは天正十九年(一五九一)のことで、墓は堺の南宗寺にあります。

天下三宗匠③——千利休

千利休《せんのりきゅう》(宗易《そうえき》)は大永二年(一五二二)に誕生しました。納屋《なや》業を家業としていましたが、魚問屋だったという説もあります。北向道陳《きたむきどうちん》(堺の茶人)、武野紹鷗《たけのじょうおう》のもとで茶を学び、堺の南宗寺《なんしゅうじ》の僧大《だい》林宗套《りんそうとう》のもとに参禅していたと言われています。青年期には多くの茶人と接し、二十三歳で茶会を開いた記録が残っています。

永禄十一年（一五六八）に織田信長が上洛すると、今井宗久《いまいそうきゅう》、津田宗及《つだそうぎゅう》らと共に茶頭《さどう》に取り立てられました。天正十年（一五八二）に本能寺の変で信長が横死すると、利休は引き続き羽柴（豊臣）秀吉の茶頭となります。天正十三年（一五八五）に秀吉が関白に就任すると、禁中で開かれた茶会で正親町《おおぎまち》天皇に茶を献じ、利休居士《こじ》の号を贈られました。天正十五年（一五八七）に豊臣秀吉が主催した北野大茶会では、利休が演出を行いました。

利休は侘び茶を大成し、独創的な工夫によって茶会の形式、点前作法、茶道具、茶室露地、懐石《かいせき》などを改革しました。また、室町時代における茶器の名物に偏重した考えを否定し、瀬戸《せと》茶碗や高麗《こうらい》茶碗を積極的に用いています。長次郎《ちょうじろう》の作陶による楽茶碗は、「宗易型」と称され、茶碗の新機軸を開拓しました。茶室は二畳という狭小なものを好み、躙《にじ》り口（茶室の出入口）を設けるなど、茶の湯の空間に非日常的な世界観を持ち込んでいます。

利休の侘び茶は、秀吉の豪華絢爛な茶とは決して相容れませんでした。このことが、天下一の宗匠と評されながらも、最後に切腹を命じられた原因の一つと考えられています。ただし、秀吉が利休に切腹を命じた理由は、未だにわかっていません。利休が切腹を命じられたのは天正十九年（一五九一）二月二十八日のことで、京都の一条戻橋《いちじょうもどりばし》に梟首《きょうしゅ》されました。

三千家とは

三千家《さんせんけ》とは、千利休《せんのりきゅう》の孫が興した表千家《おもてせんけ》、裏千家《うらせんけ》、武者小路千家《むしゃのこうじせんけ》のことです。三千家の成立に至るまでには、厳しい苦難の道のりがありました。

天正十九年（一五九一）二月二十八日、利休は豊臣秀吉の命によって、自刃して果てました。利休の死により、残された千家の人々には過酷な運命が待ち構えていました。ただ残念なことに、利休の嫡男道安《どうあん》や養子少庵《しょうあん》の動静については、あまり詳しいことがわかっていません。以下、乏しい史料から、その後の経緯を探ってみましょう。

利休の生前、道安が後継者と目されていました。道安は茶の見識や技量も優れており、当然だったと言えるでしょう。一方、利休は宗恩《そうおん》と再婚し、道安と同年齢の少庵を養子に迎えていました。二人の関係に悩んだ利休は、少庵を堺から離れさせ、大徳寺《だいとくじ》（京都市北区）の門前に住まわせました。これが、堺千家と京千家の始まりです。利休は道安に家督を譲るつもりで、財産処分状も作成していましたが、利休の死によって反故となってしまいます。

利休の歿後、道安は飛騨（岐阜県）へと逃れ、金森長近《かなもりながちか》を頼って庇護下にあったと言われています（『千利休由緒書』）。ほかにも、阿波（徳島県）の蜂須賀家政《はちすかいえまさ》を頼ったとか、琉球《りゅうきゅう》に逃れたとの説があります。ただし、長近は利休に茶を学び、養子の可重《よししげ》は道安から茶を教わったという関係にあったので、飛騨へ逃れたという説が有力視されています。

一方、少庵は奥州へ流罪となり、会津の蒲生氏郷《がもううじさと》の庇護下にありました。少庵が秀吉から許された年は諸説ありますが、現在では文禄三年（一五九四）が有力です（「不審庵所蔵文書」）。その翌年、少庵は会津から京都へと戻り、本法寺《ほんぽうじ》（京都市上京区）の前に屋敷を構え、念願の千家再興を果たしました。道安については、少庵のような史料的根拠がありませんが、おおむね同じ頃に秀吉から許しを得たと考えられています。

文禄三年以降、道安と少庵は許されたものの、その後は明暗を分けました。千家の家督は道安から離れ、蒲生家で厚遇された少庵へと移りました。そもそも少庵には千家の家督を継ぐ意思はなく、嫡男の宗旦《そうたん》を大徳寺に入れていました。しかし、少庵の赦免後、秀吉は宗旦に対して、利休の遺品である茶道具などを返しました。こうして少庵は、千家の家督を継ぐ名目を得たのです。

一方の道安は、慶長三年（一五九八）に秀吉が亡くなると、伏見から堺へと移り、「泉南道安老人」と称されました。その後、道安は豊前小倉（福岡県）に赴き、細川忠興《ただおき》の庇護を受け、知行を得ていたと言われています。おそらく道安は、細川家で再起を図ろうとしたのでしょう。道安は後継者に恵まれず、慶長十二年（一六〇七）に亡くなりました。

その後の千家

慶長五年（一六〇〇）、少庵は嫡男の宗旦《そうたん》に家督を譲りました。少庵が亡くなったのは、慶長十九年（一六一四）のことです。ところが、以後の宗旦の前途は多難でした。まず、家庭的には二人の子供に恵まれたものの、妻とは離婚するという不幸に見舞われました。さらに嫡男の宗拙《そうせつ》が家を飛び出し、加賀前田家に仕えましたが、最終的に家を継ぐことはありませんでした。加えて経済的にも困窮しており、宗旦の茶に批判的な利休の高弟との対立もあったのです。

経済的に苦しかったのには理由がありました。宗旦は徳川将軍家や大名家から出仕を求められましたが、病気などを理由として、ことごとく断っていたのです。宗旦は生涯を通じて清貧に甘んじましたが、家族にとっては本意ではなかったでしょう。宗旦は「乞食宗旦」と称されていました。

宗旦は清貧に身を置きながら、侘び茶の精神を徹底し、利休の精神をよく受け継ぎました。利休の茶禅一致の理念を高められたのは、大徳寺での修行時代の経験が強く影響したと考えられています。江戸時代の初期頃には、利休を思慕する風潮が高まっており、これは宗旦の名声を高める良い機会になりました。

寛永十年（一六三三）、宗旦は「不審庵《ふしんあん》」の前身となる一畳半の茶室を建てました。さらに宗旦は、「今日庵《こんにちあん》」を四男の宗室《そうしつ》に譲り、四畳半の茶室「又隠《ゆういん》」を建てました。「又隠」とは文字通り、「また隠れる」という意味があります。公家の近衛信尋《このえのぶひろ》は両方の茶室に招かれましたが、茶事や道具は質素なものだったと書き残しています。

宗旦は自身が経済的に恵まれなかった分、子供たちの有付《ありつき》（就職）には熱心でした。それぞれが大名家に仕え、三千家の礎を築いたのは宗旦の賜物でした。

次男の宗守《そうしゅ》は、いったん塗師《ぬし》の吉岡家の養子となりましたが、のちに千家に戻り、讃岐高松の松平家の茶頭《さどう》になりました。松平家を辞したのち、武者小路《むしゃのこうじ》（京都市上京区）に官休庵《かんきゅうあん》を営み、官休庵一世・武者小路千家を称したのです。

三男の宗左《そうさ》は、茶室の「不審庵」を譲られ、不審庵四世・表千家を創設しました。宗左は肥前唐津の寺沢《てらさわ》氏、讃岐高松の生駒《いこま》氏に仕え、紀州徳川家の茶頭を務めています。豪商として知られる三井家とも深い関係にありました。以後、子孫は代々、宗左の名を世襲しています。

四男の宗室《そうしつ》は、医学者の野間玄琢《のまげんたく》のもとで医術を学びましたが、その死によって家に戻りました。その後、宗室は加賀の前田利常《まえだとしつね》の茶頭となり、長左衛門に茶陶を、また宮崎寒雉《みやざきかんち》に茶釜を作らせました。こうして加賀には、茶の文化が広まったのです。宗室は父から「今日庵」を譲り受け、今日庵一世・裏千家を名乗ります。なお、裏千家の名称は、宗旦の屋敷の北裏に「今日庵」が造られたのでそう呼ばれていると言われています。

このように千家は三つに分立し、利休の茶の湯の精神と伝統を引き継いだのでした。

文武二道の御大名―蒲生氏郷

「利休七哲《りきゅうしちてつ》」とは、利休の弟子たちのうち、茶法を直々に伝えられた七人の高弟のことです。しかし、メンバーは諸書によって異なっており、一貫性がありません。

十七世紀初頭に成立した『茶道四祖伝書《ちゃどうしそでんしょ》』（奈良の塗師で茶人の松屋久重《まつやひさしげ》の編）によると、「七人衆」として前田利家《まえだとしいえ》、蒲生氏郷《がもううじさと》、細川忠興《ただおき》、古田織部《ふるたおりべ》、牧村兵部《まきむらひょうぶ》、高山右近《たかやまうこん》、芝山監物《しばやまけんもつ》の七人の名を挙げています。

一方、寛文三年（一六六三）に成立した『江岑夏書《こうしんげがき》』（千宗旦《せんのそうたん》の三男宗左《そうさ》の著）には、「利休弟子衆七人衆」として、前記の七人のうち前田利家に替えて瀬田掃部《せたかもん》の名が挙がっています。また、十九世紀末に成立した『古今茶人系譜《ここんちゃじんけいふ》』以後は、織田有楽《おだうらく》（信長の弟）、荒木村重《あらきむらしげ》、千道安《せんのどうあん》（利休の嫡男）などの名前が挙がり、共通するのは氏郷と忠興の二人だけに過ぎません。

ここでは『江岑夏書』の説を採用し、利休七哲について述べます。まず、蒲生氏郷を取り上げましょう。

氏郷は、弘治二年（一五五六）に近江国（滋賀県）で誕生しました。織田信長、豊臣秀吉に仕え、天正十八年（一五九〇）の小田原征伐後には、軍功によって会津に四十二万石を与えられました（のちに九十二万石に加増）。

氏郷の茶の湯のデビューは天正八年（一五八〇）のことで、堺の豪商津田宗及《つだそうぎゅう》の茶会に招かれました。以降、天正十一年、同十二年にも茶会に招かれた様子がわかります。氏郷の茶人としての素養は、宗及によって高められたと考えられます。

その後、氏郷は千利休《せんのりきゅう》から茶の湯の指導を受けて才能を開花させ、のちに利休七哲の一人に加えられました。利休は氏郷について「文武二道の御大名にて、日本において一人二人の御大名」と高い評価を与えました。利休は氏郷に対し、赤楽茶碗「早船《はやふね》」（長次郎《ちょうじろう》作）を贈るなど、師弟関係には深いものがありました。

天正十八年の小田原征伐の際には、豊臣秀吉が主催し、利休が茶頭《さどう》を務める茶会が催されました。

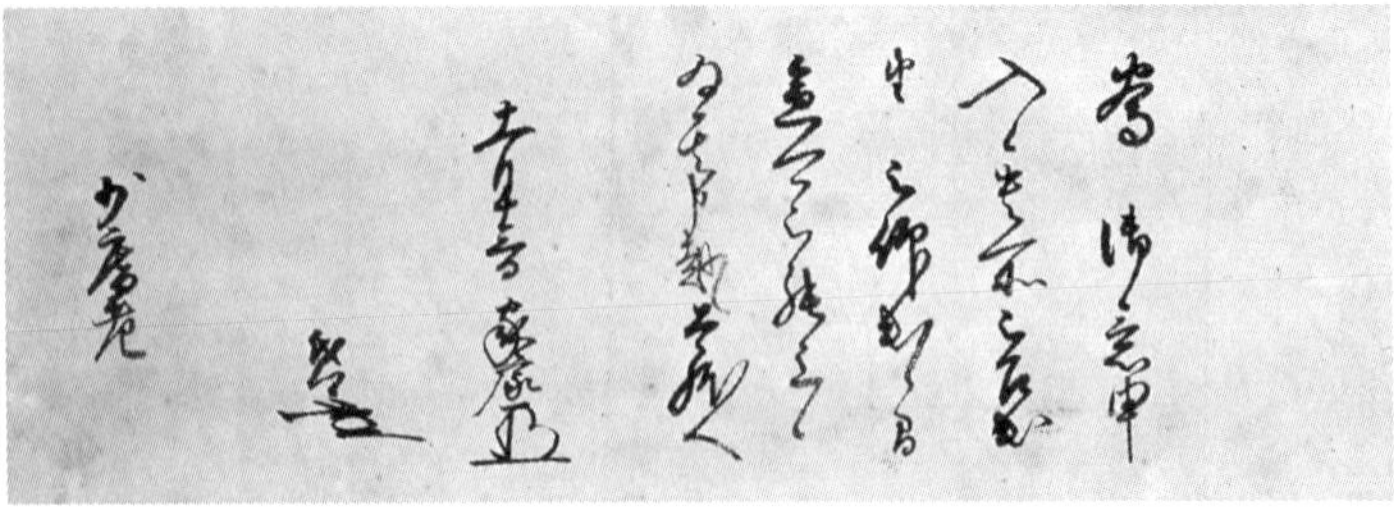

少庵召出状（徳川家康・蒲生氏郷連署状、表千家所蔵）

このとき氏郷は、織田信雄《のぶかつ》、細川忠興、上杉景勝《かげかつ》らの諸大名と共に、客人として招かれています（『茶湯古事談』）。

氏郷と利休、細川玄旨《げんし》（幽斎《ゆうさい》）の逸話としては、千鳥《ちどり》の香炉《こうろ》の逸話があります。茶会が終わったあと、氏郷が「千鳥の香炉を見たい」と言うと、利休はわざと香炉をひっくり返し、中の灰をこぼしたのです。これは順徳《じゅんとく》天皇の和歌に引っかけ、せっかく楽しい茶会が終わったのに、なぜ千鳥の香炉を見たいと無粋なことを言うのか、という意味だったと言われています。氏郷は意味がわからず、あとで細川玄旨（幽斎）に意味を尋ねたそうです。

天正十九年（一五九一）二月、利休は秀吉の逆鱗に触れ、切腹を申し付けられました。利休には嫡男道安《どうあん》と後妻の連れ子の少庵《しょうあん》という二人の子供がおり、累の及ぶことが予想されました。見かねた氏郷は少庵を引き取り、会津で庇護しています。

その後、氏郷は少庵に依頼し、会津若松城内に「麟閣《りんかく》」という茶室を建築しました。また、氏郷は少庵の赦免を秀吉に請うており、文禄三年（一五九四）に秀吉の許しが出ました。同年十一月十三日、氏郷と徳川家康は連署《れんしょ》で少庵に宛て、秀吉から召し出しの許可が出たことを伝えました（「不審庵所蔵文書」）。いわゆる「少庵召出状」です（年次は諸説あり）。現在、同文書は表千家《おもてせんけ》の家宝となり、年頭の初釜に掛けられています。

氏郷は茶器への造詣が深く、目利きもできたと言われています。それゆえ氏郷は、茶壺「双月《そうげつ》」「蒲生肩衝《がもうかたつき》」などの名器を所持していました。氏郷は自ら茶杓《ちゃしゃく》を製作し、東京国立博物館や本居宣長《もとおりのりなが》記念館に作品が所蔵されています。氏郷は文禄四年（一五九五）に京都伏見の屋敷で病死しました。秀吉や石田三成《いしだみつなり》によって毒殺されたという説もありますが、根拠が十分でないことから、現在では否定されています。

利休極上一の弟子――高山右近

高山右近《たかやまうこん》は、天文二十一年（一五五二）に摂津国高山（大阪府）で誕生しました。織田信長、豊臣秀吉に仕え、高槻《たかつき》（大阪府）と明石《あかし》（兵庫県）を領しています。永禄七年（一五六四）にキリスト教に入信し、ジュストと名乗りました。右近は利休七哲の一人であり、書院台子《しょいんだいす》の相伝を許された台子七人衆の一人でもあります。利休七哲にはキリシタンやその理解者が多いとされており、蒲生氏郷《がもううじさと》や牧村兵部《まきむらひょうぶ》などは、右近が入信を勧めたと言われています。

天正十五年（一五八七）にバテレン追放令が発布されると、右近は棄教《ききょう》しなかったため、秀吉からその地位を追われました。バテレン追放令が発布された際、秀吉は右近のもとに利休を遣わし、強く棄教を迫ります。その条件とは、肥後（熊本県）の佐々成政《さっさなりまさ》に仕えることで、拒否すれば中国に追放するというものだったのです。結局、右近は棄教を拒否しましたが、秀吉との間を仲介した利休とは懇意だったと言われています。

右近が茶の湯に関わったのは、天正五年（一五七七）の記録が最初です。同十一年（一五八三）には、津田宗及《つだそうぎゅう》らを茶会に招待し、同十二年には秀吉の茶会に招かれた記録があります。やがて、右近は利休のもとで茶を学ぶことになりました。右近は茶の湯の造詣が深く、「利休極上一の弟子也」と高い評価を受けているほどです（『茶道仰聞書』）。天正十五年十二月には、高山南坊《なんぼう》として『利休居士百会記』に名前が見えます。一説によると、南坊とは南蛮の坊主の略で、同年発布のバテレン追放令を受けて出家していたのではないかと言われています。

秀吉から追放された右近でしたが、その後も茶の湯の席に招かれました。天正二十年（一五九二）、秀吉の口から右近を出仕させようとの意思表示があり、右近は肥前・名護屋《なごや》城内で催された茶会に招待されたと言われています。二年後には、前田利家《まえだとしいえ》の主催する茶の湯の会に招かれ、秀吉ら諸大名と茶席に列しました。また、右近が作った茶杓《ちゃしゃく》は現在も残っています（滴翠美術館所蔵）。

ところで、キリスト教と茶の湯の精神は、相通じるところがあったと言われています。キリシタン武将は、茶の湯のなかに自己修練の場所と精神的礼式を求めたのです。右近も茶の湯が徳操《とくそう》、叡智《えいち》を養うための助けになると考え、またデウスに祈るために静かな茶室に逃れたと言われているほどです（『日本教会史』）。つまり、右近にとっての茶の湯とは、修練あるいは黙想であり、茶室は祈禱所だったと指摘されています。

右近は茶室を常に清潔にしたので、織田有楽《うらく》は「右近は侘び茶を理解していない」と強く非難したようです。しかし、右近の茶の湯が信仰と一体化しているなら、神聖な場所を清潔にするのは当たり前のことだったのでしょう。

正統な後継者—細川忠興

細川忠興《ただおき》は、永禄六年（一五六三）に山城国（京都府）で誕生しました。のちに三斎《さんさい》と号します。父は、文化人として名高い玄旨《げんし》（幽斎《ゆうさい》）です。それゆえ忠興は和歌、連歌《れんが》、蹴鞠《けまり》、有職故実《ゆうそくこじつ》を父から学び、豊かな教養を兼ね備えていました。茶の湯は、父と利休から手ほどきを受けたと言われています。忠興と利休との関係は『利休居士伝書』や『細川三斎茶湯之書』に見え、忠興は利休七哲の一人に数えられる高弟なのです。

天正十九年（一五九一）二月、利休は豊臣秀吉の勘気に触れ、切腹を申し付けられました。それより以前、忠興は利休と書状を交わしていたことが知られており、忠興は利休と秀吉との関係を修復すべく、調停を行っています。利休が蟄居《ちっきょ》を命じられた際、忠興は古田織部《ふるたおりべ》と共に淀《よど》（京都市伏見区）の船着場まで見送りました。しかし、そうした忠興の尽力にもかかわらず、利休は自刃して果ててしまったのです。

利休は切腹に及び、二本の茶杓《ちゃしゃく》を自ら削り、細川忠興と古田織部に与えました。忠興はその茶杓に「ゆがみ（命）」と、織部は「泪《なみだ》」と命名しました。「ゆがみ」という銘は、節の上が左に傾いているところから名づけられたようです。

利休の歿後、忠興は阿弥陀堂釜《あみだどうがま》、鉢開《はちびらき》の楽焼茶碗、古雲鶴《こうんかく》茶碗、石燈籠《いしどうろう》などの遺品を授けられました。それは、利休が特に忠興に目をかけていたことを意味するものと考えられます。ゆえに忠興は、利休の茶の湯を後世に伝えるべく努力を怠らなかったと言われています。なお、秀吉から忠興に与えられた名器としては、時雨《しぐれ》の茶壺、有明《ありあけ》の茶入があります。

のちに織部は利休を否定しますが、忠興は利休の茶の湯を正しく引き継ごうとしました。それは、忠興が利休の人間性に心酔していたからだと言われています。その点については、次の逸話が伝わっています。

あるとき福島正則《ふくしままさのり》が忠興に対して、「なぜ武勇伝もないような利休をそこまで慕うのか」と問うたことがありました。忠興はこれに答え、「利休は名誉のある人物であり、一度その茶をご覧になってはいかがか」と勧めました。その後、正則は利休の茶を体験し、「自身がいかなる強敵に向かっても恐れることはないが、利休に向かうと臆するところがある」と述べています。つまり、正則は利休の迫力に圧倒されたのです（『細川忠興家譜』）。それは、忠興も同じでした。

忠興の茶書としては、寛永十八年（一六四一）極月（十二月）吉日書写の奥書を持つ『細川三斎茶湯之書』があります。同書は忠興の茶法を論じたもので、茶の湯は師の茶を真似て、一心不乱に修練すれば、数寄者《すきしゃ》と評価されるようになると、独自の見解を提示しています。正保二年（一六四六）十二月、忠興は亡くなりました。

数寄者の随一──古田織部

古田織部《ふるたおりべ》は、天文十三年（一五四四）に美濃国（岐阜県）で誕生（生年は諸説あり）しました。諱《いみな》は重然《しげなり》です。もともと美濃の土岐《とき》氏に仕官していましたが、のちに織田信長、豊臣秀吉に仕えました。ちなみに美濃の織部焼は、織部の指導によって創始されたものです。慶長五年（一六〇〇）の関ヶ原の戦いでは、徳川家康の東軍に属して戦いました。

織部と利休との関係は、天正十年（一五八二）に確認できます。二年後の大坂城の茶会には、織部も代表的な数寄者《すきしゃ》と共に参加しました。以後、利休が秀吉から自刃を申し付けられるまで、二人の交流は続きました。二人の間には、いくつかのエピソードが残されています。

ある日、利休は弟子たちに対し、「瀬田（滋賀県大津市）の唐橋の擬宝珠《ぎぼうしゅ》のなかに素晴らしいものが二つあるが、知っている者がいるか」と尋ねました。すると織部は席を立って外に出ると、夕方になって帰ってきました。織部は馬を飛ばして現地へ行き、二つの擬宝珠を確認し、利休に報告したのでした。場にいた一同は、織部の執着心に感心したと伝わっています。

織部の活躍度が増すのは、利休の歿後でした。慶長三年（一五九八）八月に豊臣秀吉が亡くなると、その遺品の一部は御伽衆《おとぎしゅう》に分配され、織部はその二十二人のなかに含まれていました（『甫庵太閤記』）。秀吉の歿後、織部は家督などを嫡男重広《しげひろ》に譲り、伏見屋敷で茶の湯に専念していました。

織部の名声は広まり、慶長四年（一五九九）には「織部ト云茶湯名人」と評価されています（『多聞院日記』）。慶長十年（一六〇五）に織部は徳川秀忠《ひでただ》の茶の指南役を任され、同十五年（一六一〇）に織部は「数寄者の随一」として、江戸で秀忠を指導しました（『慶長見聞録案紙』）。やがて、織部は「数寄の宗匠」として（『駿府記』）、かつての利休のような地位を獲得したのです。

織部の茶の湯は、利休の精神を受け継いでいましたが、「作意」という一点では大きく異なっていました。利休は自然のなかに美を追求しましたが、織部は徹底した演出にこだわりました。沓形《くつがた》の茶碗もそうですし、明るく開放的な多窓式の茶室も利休のものとは対照的でした。織部は、利休の草庵の茶の湯や求道性を否定したのです。つまり、織部は新しい美を求める際、人工的な作意に徹底的にこだわったのでした。

ところが、利休の正統を自認する細川忠興《ただおき》は、「織部の茶の湯は昔の下手より劣る」と手厳しく非難しました。織部の作意を否定したのです。また、『江岑夏書《こうしんげがき》』では利休七哲のうち、あえて織部を最下位に位置づけ、しかもわざわざ織部の茶が最も良くないと注記しています。

慶長二十年（一六一五）に大坂夏の陣が勃発すると、織部は豊臣方に通じた嫌疑をかけられ、同年六月に伏見屋敷で切腹しました。織部は、一切弁解をしなかったと言われています。その後、嫡男重広も斬首され、古田家は断絶したのでした。

最も利休の書状を受け取った芝山監物

芝山監物《しばやまけんもつ》は、生歿年がわかっていません。最初、荒木村重《あらきむらしげ》に従っていましたが、のちに織田信長に仕えました。信長の歿後、監物は羽柴（豊臣）秀吉に仕官し、御伽衆《おとぎしゅう》の一人に加えられています。天正十六年（一五八八）に後陽成《ごようぜい》天皇が聚楽第《じゅらくだい》に行幸《ぎょうこう》した際は、その先導役を務めたことを確認できます。天正十八年（一五九〇）の小田原征伐にも従軍しています。

監物は、最も多く利休の書状を受け取っており、その親密度をうかがうことができます。二人は日常的に書状を交わし、利休が監物を茶会に誘った書状も残っているほどです。『天王寺屋会記《てんのうじやかいき》』などによると、監物は利休と共に茶会に参加したことが明らかです。『利休百会記』などにも、利休が監物を茶会に招いた記録が残っています。

利休から名物の黒楽茶碗「雁取《かんどり》」（長次郎《ちょうじろう》作）を贈られていることも、両者の強い関係を意味しています。監物が利休七哲に加わっているのは、高弟の一人と認識されたからでしょう。なお、監物が愛用した茶道具は、芝山型手水鉢《ちょうずばち》、芝山緞子《どんす》などとして、後世に名を残しています。

新しい点前を編み出した瀬田掃部

瀬田掃部《せたかもん》は、生年が不詳です。近江国瀬田（滋賀県大津市）の出身で、もとは北条《ほうじょう》氏に仕えたという説があります。その後、羽柴（豊臣）秀吉に仕えるようになり、天正十二年（一五八四）頃から茶会に参加した記録が残っています。翌十三年（一五八五）に従五位下《じゅごいのげ》掃部頭《かもんのかみ》に叙任され、以後も秀吉に従って各地を転戦しました。

掃部は、茶会で大ぶりの平高麗《ひらこうらい》茶碗を用いていました。そこで、師匠の利休は、掃部に大きな櫂先《かいさき》を持った茶杓《ちゃしゃく》を贈りました。以後、その茶杓は「掃部形」と呼ばれるようになります。掃部は、「さらし茶巾《ちゃきん》（洗い茶巾）」という点前《てまえ》も編み出しました。その点前は平茶碗に入れた水を琵琶湖に見立て、茶杓を瀬田の唐橋とし、なかに茶巾を入れて絞るというもので、実に涼しげな作法だったと言われています。

利休との逸話では、掃部が利休を茶会に招いたにもかかわらず、自身が忘れるという失態を犯したことがあったと伝わっています。文禄四年（一五九五）七月、豊臣秀次《ひでつぐ》が切腹を命じられた際、掃部も連座《れんざ》して切腹しました。

「ユガミ茶碗」を使用した牧村兵部

牧村兵部《まきむらひょうぶ》（利貞《としさだ》）は、天文十四年（一五四五）に誕生しました。美濃稲葉《いなば》氏の子孫で、のちに牧村家の養子となりました。織田信長の馬廻衆《うままわりしゅう》として仕え、のちに羽柴（豊臣）秀吉の配下となります。キリシタン大名でもあります。

天正八年（一五八〇）一月、兵部は信長の居城である安土城《あづちじょう》（滋賀県近江八幡市）で催された茶会に参加しており、「ユガミ茶碗」を使用したとの記録が残っています。「ユガミ茶碗」とは、文字通り形が歪んでおり、「不整形の美」を好む侘び茶の美を表現したものとされます。

利休との茶会は、四回の記録を確認することができます。天正十一年（一五八三）の茶会では、秀吉、利休と共に参加しています。翌十二年（一五八四）の大坂城の茶会では、客として招かれました。こうした利休との親密度合が、利休七哲に加えられた理由と考えられます。
利休と交わした書状は三通あり、うち一通は利休が兵部に茶杓《ちゃしゃく》と『古今和歌集』を贈ったことが記されています。ほかの二通も、利休との贈答のやり取りについての礼状です。私信を交わすほど、二人の関係は深かったのです。文禄二年（一五九三）、兵部は出陣先の朝鮮で病歿しました。

〔主要参考文献〕
小和田哲男監修・桑田忠親著『戦国武将と茶の湯』（宮帯出版社、二〇一三年）
熊倉功夫『茶の湯の歴史――千利休まで』（朝日選書、一九九〇年）
村井康彦『千利休』（講談社学術文庫、二〇〇四年）
矢部良明『戦国武将茶の湯物語――エピソードで綴る』（宮帯出版社、二〇一四年）
米原正義『戦国武将と茶の湯』（吉川弘文館、二〇一四年）

第十二章　戦国大名の名前の付け方

複雑な名前の構成

現代人の名前は、「姓」＋「名」で構成されています。「田中（姓）＋花子（名）」が一例ですが、戦国時代の名前はやや複雑です。その仕組みを考えてみましょう。

そもそも今の姓と同じものは、天皇から与えられた「氏《うじ》」であり、これは地名や朝廷の職掌にちなんだ同族集団を意味します。源氏、平氏、藤原氏、橘氏、豊臣氏などは、その代表です。ところが、生まれた子供が独立すると、同じ「氏」の人物が増えすぎてわからなくなってしまいます。つまり、各地に「藤原さん」が住んでいると、それがどこの「藤原さん」なのか混乱するということです。そこで、彼らは本拠とする地名などを「苗字《みょうじ》」としました。たとえば、播磨の浦上《うらがみ》氏は、揖保《いぼ》郡浦上荘（兵庫県たつの市）を苗字とするなどです。

「姓《かばね》」はもともと大和政権との関係や地位を示す称号で、国造《くにのみやつこ》、県主《あがたぬし》などが代表的なものです。その後、臣連制《おみむらじせい》が採用され、天武《てんむ》天皇の時代（六八四年）に「八色《やくさ》の姓《かばね》」が制定されると、「真人《まひと》」「朝臣《あそん》」「宿禰《すくね》」など八つが定められましたが、おおむね「朝臣」が主流となります。

子供から大人への名前の変遷もユニークです。子供は誕生すると「～丸」などの「幼名《ようみょう》」がつけられ、十三歳以降に元服すると、烏帽子親《えぼしおや》から「〜太郎」などの「仮名《けみょう》」と「諱《いみな》」（下の名前）を授けられました。「諱」は父祖伝来の通字《とおりじ》（足利《あしかが》将軍家なら「義」字）や主君から偏諱《へんき》（主君の諱の一字）を与えられることが大半です。

戦国時代の人々は、「諱」で呼ばれませんでした。もともと「諱」は「忌み名」と書き、死後に贈られる称号だったのですが、のちに生前の実名《じつみょう》を示すようになります。それゆえ、生前は「諱」ではなく、「仮名」などで呼ばれたのです。仮名とは諱を呼称することを避けるため、便宜的に用いた通称のことで、「太郎」「次郎」などが用いられました。たとえば、羽柴藤吉郎《とうきちろう》秀吉の場合は、「藤吉郎」が仮名になります。

「官途《かんと》」はもともと名前ではなく、受領《ずりょう》（尾張守など）や京官《きょうかん》（左大臣など）などの朝廷の官職でしたが、やがて名前の一部を成すようになります。たとえば、相手を「諱」で呼ぶことを避けるために、「備前守殿《びぜんのかみどの》」などと呼ぶようになったのです。なお、官途は朝廷からの正式なルートで授けられることもありましたが、多くの武将は父祖伝来の官途を私称していました。仮に「備前守」を名乗っていても、備前国の支配とは全く関係のないことが多かったのです。

姓名を名乗る場合は、「苗字」＋「仮名（あるいは官途）」＋「諱」を用いていましたが、口宣案《くぜんあん》（官職の辞令書）には、「氏」＋「姓」＋「諱」といった順で記されました。ちなみに「源朝臣家康」の場合は、「みなもとのあそんいえやす」のように「氏」のあとに必ず「の」を入れて読みます。

「諱」や「苗字」の付け方

このように、戦国時代の名前はかなり複雑だったのですが、「諱」はどのように名づけられたのでしょうか。

一番多いのが、先祖伝来の通字《とおりじ》を用いることでした。但馬（兵庫県）の山名《やまな》氏の場合は、ほとんどの場合が「豊」を用い、上に漢字を一字加えました。ただ、一般的に改名にはおおらかであり、何度も改名する例は珍しくありません。足利将軍家はその好例で、十代将軍の足利義稙《よしたね》はそれ以前に義《よし》材《き》、義尹《よしただ》と名乗っています。主君が変わると、それを契機として改名することもしばしばありました。

足利将軍家は、金銭などと引き換えに偏諱《へんき》を与えることがありました。十二代将軍の義晴《よしはる》は、「晴」の字を多くの武将に与えました。出雲（島根県）の尼子晴久《あまごはるひさ》もその一人です（後述）。地方の武将にとって、将軍から偏諱を拝領することには権威づけの意味があったのです。そのときは、同時に口宣案（辞令書）により、官途が与えられることもありました。

名づけで重要なのは、主君との関係です。家臣は主君から、「偏諱」を授与されることも多かったのです。摂津などの守護細川氏は、「諱」の「元」の字を家臣たちに与えていました。それゆえ、配下にあった香西《こうざい》氏、薬師寺《やくしじ》氏は、「諱」に「元」字を用いています（香西元盛《もともり》、薬師寺元一《もとかず》など）。

「諱」だけではなく、「苗字《みょうじ》」も同様に、主君から家臣に与えられることがありました。たとえば、備前・美作の大名の宇喜多《うきた》氏は、有力な家臣に「宇喜多」ではなく、読み方が同じ「浮田」という苗字を与えました。同じ苗字を与えることで、より一体感を高めたかったと考えられます。黒田孝高《くろだよしたか》（官兵衛《かんべえ》・如水《じょすい》）も、最初は主君の小寺《こでら》氏から与えられた「小寺」の苗字を名乗っていました。ただし、小寺氏が滅亡すると、もとの「黒田」に戻しています。

豊臣秀吉は天正十三年（一五八五）に関白に任官すると、その翌年には「豊臣」氏を正親町《おおぎまち》天皇から下賜されました。以後、秀吉は独自の武家官位制を創出し、「羽柴」「豊臣」を積極的に諸大名へ与え、大名統制を行ったのです。

ちなみに立花宗茂《たちばなむねしげ》は何度も改名しており、後世の研究者を困らせました。また、名前が変わらなくても花押《かおう》が変更されたり、その逆もありました。

通字と偏諱について

通字《とおりじ》とは、命名法の一つです。それは特定の家系において、代々にわたって名前に用いられる共通した字のことを意味し、系字《けいじ》と呼ぶこともあります。現在の日本においても同様の事例はよく見られ、前近代の日本においてはごく当たり前の慣習だったと言えます。

わが国において、諱《いみな》（下の名前）が漢字二文字の訓読みで普及したのは、平安時代初頭頃からとされ、漢風の諱は中国の影響を強く受けていたと指摘されています。したがって、戦国時代に諱が三文字以上ある例は、管見の限り確認することができませんでした。

通字のわかりやすい例として、足利将軍家を挙げておきましょう。足利家で初代の征夷大将軍に就任したのは、足利尊氏《たかうじ》です。はじめ尊氏は「高氏」と名乗っていましたが、後醍醐《ごだいご》天皇から諱の「尊《たか》治《はる》」の一字を与えられて、尊氏と名乗りました。室町時代以前の足利氏歴代の諱を確認すると、義康《よしやす》―義兼《よしかね》―泰氏《やすうじ》―頼氏《よりうじ》―家時《いえとき》―貞氏《さだうじ》とバラエティーに富んでいることがわかります。強いて言うならば、「氏」を用いる例が多いようです。

尊氏の歿後、二代将軍に義詮《よしあきら》が就任すると、以降、十五代将軍の義昭《よしあき》まで「義」の字を通字とし、「義」＋任意の漢字で諱をつけました（第一部第二章三六頁を参照）。ただ、なぜ「義」の字を採用したのか、詳しい理由はわかっていません。

通字の使い方は、さまざまです。たとえば、越前（福井県）の朝倉《あさくら》氏の場合は、代々「景」の字を通字としました。しかし、そのパターンは、①任意の漢字＋「景」、②「景」＋任意の漢字の二つに分かれています。①のパターンは、代々の朝倉氏の家督継承者が用い、②のパターンは、朝倉氏の庶流が用いたようです。なお、これは戦国大名全般に共通したルールではありません。

摂津（大阪府・兵庫県）などの守護職を一族で任された細川氏は、その庶流ごとに通字が異なっていました。それぞれ「元」「春」「久」「賢」などの字に将軍から与えられた偏諱、もしくは任意の漢字を一字加えて諱をつけています。

次に、偏諱《へんき》について考えてみましょう。そもそも偏諱の意味は、「貴人などの二字の名の一方の字」という意味があります。そして、「偏諱を賜う」とは、「天皇・将軍・大名などが、功臣や元服した者に名の一字を与える」ことを意味します。偏諱を賜った者は、与えられた一字に家で代々用いられる通字を組み合わせて諱とするのです。たとえば、戦国時代初期に実権を振るった細川政元《まさもと》の場合は、八代将軍足利義政《よしまさ》の「政」と細川家の通字の「元」を組み合わせたものになります。

上位者が下位者に偏諱を与える場合、正式には「一字書出《いちじかきだし》（一字状とも）」あるいは「加冠状《かかんじょう》」を与えました。「一字書出」とは、古文書の一様式です。烏帽子親《えぼしおや》が元服のときに命名する際、自身の実名《じつみょう》の一字（偏諱）を与えますが、「一字書出」はその証拠として、一字のみを書き記して与えた文書のことです（実際はさまざまなパターンがあります）。なお、加冠の儀式は形式的にであれ、主人の臨席のもとで挙行されました。

諱の一字を与える意味

諱《いみな》の一字を与えることは、烏帽子《えぼし》父子の間だけでなく、主従の間でも行われました。それは、血縁擬制のより強い紐帯《ちゅうたい》を意味したのです。同時に家臣にとっても、「一字拝領」として家格を高める効果があり、非常に名誉なことだったのです。

次に、「一字書出《いちじかきだし》」の例として、天文六年（一五三三）十二月十九日付けで大内義隆《おおうちよしたか》が毛利隆元《もうりたかもと》（元就《なりもと》の嫡男）に与えた加冠状《かかんじょう》を見ることにしましょう（「毛利家文書」）。

加冠　隆元

天文六年十二月十九日　義隆（花押）

毛利少輔太郎殿

当時、元就は実質的に義隆の配下にありました。それゆえ、嫡男の隆元が元服する際は、義隆から「隆」字の偏諱《へんき》を与えられ、毛利氏の通字の「元」と組み合わせて「隆元」と諱をつけたのです。その後、隆元は人質として山口に送られ、やがて義隆の養女を妻として迎えました。つまり、偏諱を与えることは、主従間の強化に繋がったのです。

十二代将軍の足利義晴《あしかがよしはる》は各地の大名の求めに応じて、自身の名前の「晴」の字を与えました。たとえば、天文七年（一五三四）以降、播磨国守護の赤松政村《あかまつまさむら》は出雲尼子《あまご》氏の播磨侵攻によって、国外へ出奔せざるを得なくなりました。そこで、起死回生の策として、政村は幕府に将軍からの一字拝領と官途の授与を申請したのです。結果、政村は義晴の「晴」の字を与えられ「晴政《はるまさ》」と名乗り、同時に左京大夫《さきょうのだいぶ》に任官されました（「赤松春日部家文書」）。むろん、これには多額の費用が必要でした。しかし、一字拝領と官途授与には成功したものの、実際に対尼子氏政策にどれだけの効果があったかは不明としか言えません。

一方、偏諱の授与を断ることは、大きな問題となりました。永享十年（一四三八）、永享の乱が勃発しました。乱が勃発した理由の一つとして、鎌倉公方《かまくらくぼう》足利持氏《もちうじ》の嫡男賢王丸《けんおうまる》が元服を迎えて名をつけるとき、通常は将軍から偏諱を与えられる慣例だったのですが（この場合は足利義教《よしのり》の「教」）、それを行わずに無断で「義久」と命名したこともありました。

天下人の改名事情

織田信長の先祖をたどると、越前劔《つるぎ》神社（福井県越前町）の神官だったと言われています。本来、織田氏は忌部《いんべ》氏を「氏《うじ》」としましたが、天文十八年（一五四九）と天文二十三年（一五五四）に藤原《ふじわら》氏を「氏」とした史料を確認することができます。「劔神社文書」の明徳四年（一三九三）の「藤原信昌・同兵庫助弘置文」に署名をした二人は、織田氏の先祖であると考えられていますが、真偽のほどは不明です。のちに信長は平重盛《しげもり》を先祖とし、「桓武平氏《かんむへいし》」の子孫と称しますが、それには政治的な意味があったと考えられます。

信長の「信」の字は、父信秀《のぶひで》と同じく織田家の通字です。官途は上総介《かずさのすけ》、尾張守《おわりのかみ》、弾正忠《だんじょうのじょう》を自称しました。弾正忠は父信秀、祖父信定《のぶさだ》も名乗っているので、織田家で代々名乗ってきた官途であるのは疑いありません。

次に天下人の座に着いた豊臣秀吉は、最初に木下を苗字としました。これは、母大政所《おおまんどころ》の夫である木下弥右衛門《やえもん》に関係するものと考えられます。羽柴に改めたのは、元亀四年(一五七三)頃のことです。羽柴の名乗りについては、信長の家臣である丹羽長秀《にわながひで》と柴田勝家《しばたかついえ》のそれぞれ「羽」と「柴」の一字を組み合わせたと言われています。しかし、その説には確固たる裏づけはなく、あくまで俗説に過ぎないと指摘されています。

最初、秀吉は「平氏」を自称していました。ところが、天正十三年（一五八五）の関白相論《かんぱくそうろん》に乗じて関白に就任した際、近衛前久《このえさきひさ》の猶子《ゆうし》となり、藤原氏を名乗るようになりました。翌年、正親町《おおぎまち》天皇から豊臣氏を下賜されています。

徳川家康の出自は、賀茂《かも》氏であったと言われており、有名な「葵《あおい》の御紋《ごもん》」がその証左であると指摘されています。のちに名乗る松平《まつだいら》は、三河国加茂郡松平郷（愛知県豊田市）にちなんでいます。ただし、その後の松平家では、世良田《せらだ》氏を先祖とする清和源《せいわげんじ》氏を自称するようになります。

家康は幼い頃から今川義元《よしもと》のもとで人質生活を送っており、元服の際に元信《もとのぶ》と名乗りました。つまり、義元から「元」の字を与えられたのです。のちに祖父松平清康《きよやす》の「康」の字を採り、元康《もとやす》と改名しました。永禄五年（一五六二）、家康は今川氏と手を切ると、義元の「元」の字を嫌って「家康」と改めたのです。

永禄九年（一五六六）、家康は松平から徳川へと苗字を改めました。このとき同時に三河守に任官しています。ところが、世良田氏が三河守《みかわのかみ》になった実績がなかったため、先祖の世良田義季《よしすえ》が得川を名乗った実績があること、同時に新田系得川氏も本姓が藤原だったことを根拠とし、家康だけが本姓を藤原に改めました。こうして家康は、三河守に任官しています。

たびたび改名した立花宗茂

立花宗茂《たちばなむねしげ》（一五六七〜一六四三）はのちに筑後柳川《やながわ》藩主となりますが、有名な宗茂という名前が晩年のものであることは意外に知られていません。

宗茂の父は、豊後大友《おおとも》氏の家臣吉弘鎮理《よしひろしげまさ》です。鎮理は高橋《たかはし》氏の名跡《みょうせき》を継ぎ、高橋鎮種《しげたね》（のちの紹運《じょううん》）と名乗りました。当然、宗茂の苗字も高橋に変わりました。天正九年（一五八一）、宗茂は同じ大友氏の家臣戸次鑑連《べっきあきつら》（のちの立花道雪《たちばなどうせつ》）の娘誾千代《ぎんちよ》を娶って婿入りし、戸次を苗字としました。翌十年（一五八二）、宗茂は大友氏の家臣立花氏の名跡を継いでいます。

宗茂は統虎《むねとら》を振り出しにして、何度も諱《いみな》を変えることになります。統虎（高橋）→統虎（戸次）→鎮虎（立花）→宗虎→正成→親成→尚政→政高→俊正→経正→信正→宗茂→立斎の順番です。文禄の三年間には、三度も諱を改名していますが、その理由ははっきりとわかっていません。また、名前が史料上には表れますが、改名の時期がわからないものもあります。慶長五年（一六〇〇）の関ヶ原の戦い後も、西軍に属して敗北した宗茂はたびたび改名するのです。

最終的に宗茂という諱に落ち着いたのは、慶長十五年（一六一〇）のときです。寛永十五年（一六三八）に出家して立斎《りっさい》と号しました。

宗教の影響を受けた大友義鎮の名前

キリシタン大名として知られる大友義鎮《おおともよししげ》（一五三〇～八七）は、仏教徒でもあったことがあまり知られていません。

義鎮の「義」の字は、父の義鑑《よしあき》と同じく大友氏代々の通字です。永禄六年（一五六二）、豊前・門司《もじ》城（福岡県北九州市門司区）の戦いで、義鎮は毛利《もうり》氏に敗北しました。その責任を取る意味もあり、義鎮は出家して「休庵宗麟」と号しました。もともと義鎮は、一般的な戦国武将のように臨済宗《りんざいしゅう》を信仰していたのです。

天文二十年（一五五一）、イエズス会の宣教師フランシスコ・ザビエルが布教のために豊後を訪ねると、やがて宗麟はキリスト教に強い関心を示すようになりました。しかし、洗礼を受けたのは二十七年後の天正六年（一五七八）のことで、このとき宣教師のフランシスコ・カブラルから「ドン・フランシスコ」という洗礼名を与えられました。

以後、宗麟は書状などで、「府蘭」という署名を用いました。「三非斎」「宗滴」などは別号なのです。このように宗麟は宗教上の理由から、和洋両方の名前を用いていました。

政治的な立場で改名した上杉謙信

「越後の虎」と称された上杉謙信《うえすぎけんしん》（一五三〇～七八）は、名門の長尾《ながお》家、上杉家の家督を継いだことにより、改名したことが知られています。

長尾為景《ためかげ》の次男として誕生した謙信は、天文十二年（一五四三）に元服して「景虎《かげとら》」と名乗りました。「景」の字は、長尾氏の通字です。

永禄四年（一五六一）閏三月、上杉憲政《のりまさ》の要請もあり、山内《やまのうち》上杉家の家督と関東管領職《かんとうかんれいしき》を継承し、「上杉政虎《まさとら》」と名を改めました。「政」の字は、もちろん憲政から与えられたものです。ところが、同年十二月、室町幕府の十三代将軍足利義輝《よしてる》から「輝」の字を与えられ、ほどなく「輝虎《てるとら》」と改名したのです。

永禄十三年（一五七〇）四月、実子のなかった謙信は、北条氏康《ほうじょううじやす》の七男三郎を養子に迎え、「景虎」と名乗らせました。自身の過去の名前を与えているのは、期待の表れと考えられます。そして、自身も同年十二月に「不識庵《ふしきあん》謙信」と号したのです。上杉謙信の事例は、ときの政治権力との関わりから苗字や諱を変えた好例と言えるでしょう。

勢力争いで名前を変えた有馬晴信

肥前の有馬晴信《ありまはるのぶ》（一五六七〜一六一二）はキリシタン大名であり、九州の勢力争いで改名を強いられた人物です。

晴信は同じ肥前の龍造寺隆信《りゅうぞうじたかのぶ》の攻勢にさらされており、やむなく豊後の大友義鎮《おおともよししげ》（宗麟《そうりん》）を頼りました。そのような事情から、天正七年（一五七九）頃に元服した際、義鎮の「鎮」の字を与えられ、「鎮純《しげずみ》」と名乗りました。翌八年（一五八〇）には、「鎮貴《しげたか》」と改名しています。

天正八年（一五八〇）、晴信はキリスト教に入信し、イエズス会の巡察使ヴァリニャーノから「ドン・プロタジオ」という洗礼名を授けられました。その理由は、当時死闘を繰り広げていた龍造寺氏に対抗すべく、イエズス会から武器、食糧、弾薬の提供を受けていたことも影響していると考えられます。実利的な理由によって、キリスト教に入信した可能性が推測されます。

天正十二年（一五八四）、晴信は薩摩の島津義久《しまづよしひさ》と協力して龍造寺氏を滅ぼすと、翌十三年（一五八五）

には義久から偏諱《へんき》を与えられ、「久賢《ひさかた》」と改名しました。つまり、大友氏の「鎮」を捨て、島津氏に従うことを意味しています。このように有馬晴信には、弱小大名の悲哀を見ることができ、それが諱にも反映されたことがわかります。

下剋上と連動して名前を変えた斎藤道三

斎藤道三《さいとうどうさん》（?〜一五五六）は、その生涯だけでなく、名前にも多くの謎が残っています。

道三は松波基宗《まつなみもとむね》の子として誕生し、幼名は峰丸と言いました。十一歳のときに出家し、法蓮坊《ほうれんぼう》と号しましたが、のちに還俗《げんぞく》して庄五郎《しょうごろう》と名乗っています。その後、道三は油屋の娘を妻に迎え、山崎屋を屋号としていました。ところが、行商の途中で美濃土岐《とき》氏の家臣長井《ながい》氏の知遇を得て、仕えることになりました。

道三は長井長弘《ながひろ》の家臣西村《にしむら》氏の名跡を継いで、西村正利《まさとし》と名乗りました。これが武将としての振り出しになります。しばらくして、美濃国守護の土岐頼芸《よりなり》の寵を受けた道三は、土岐家の家督争いで政《まさ》頼《より》を追放し、頼芸を当主の座につけることに貢献しました。やがて、道三は主君の長弘の排除を画策し、享禄三年（一五三〇）に殺害しました。道三はその名跡を継いで、長井規秀《のりひで》と名乗ったのです。

天文七年（一五三八）に守護代の斎藤利良《としなが》が亡くなると、その家督を継いで斎藤利政《としまさ》と名乗りました。出家して道三と号したのは、天文十七年（一五四八）のことです。道三の改名は、下剋上の経過と連動していたと言えるでしょう。

戦国武将名前詳解

◎氏《うじ》
同族集団を示すもので、地名（尾張氏など）、朝廷の職掌（大伴氏など）、天皇から与えられる（源氏、平氏、藤原氏、橘氏、豊臣氏など）などのパターンがあった。
◎姓《かばね》
古代における氏族の称号のことで、臣《おみ》、連《むらじ》など数十種類ある。六八四年の「八色《やくさ》の姓《かばね》」により、真人《まひと》、朝臣《あそん》、宿禰《すくね》など八種類が定められ、氏族の身分秩序の指標とした。
◎諱《いみな》
本来は「忌み名」と書き、死後に贈られる称号であった。のちに生前の実名《じつみょう》を指すことになった。通常、他人が諱（実名）で呼びかけることはなかった。
◎苗字《みょうじ》
血縁集団の家の拡大と共に、「氏」だけでは判別が難しくなったので、家族集団として地名などを苗字（名字）とした。
◎官途《かんと》
受領《ずりょう》（尾張守など）や京官《きょうかん》（左大臣など）などの朝廷の官職。本来は名前ではないが、「尾張守殿」などのように呼ばれた。自称することも多々あった。

◎幼名《ようみょう》

元服以前の幼年時代の名前で、「童名」とも。生まれてすぐにつけられる。「～千代」「～丸」などが多い。元服後に仮名《けみょう》と諱《いみな》を与えられて大人と見なされた。

◎仮名

のちに、烏帽子親《えぼしおや》につけてもらう名のこと。「～太郎」「～次郎」などが多い。諱を呼ぶことが忌避されていたため、仮名で呼ばれた。

〔主要参考文献〕
奥富敬之『名字の歴史学』（角川選書、二〇〇四年）
坂田聡『苗字と名前の歴史』（吉川弘文館、二〇〇六年）
豊田武『苗字の歴史』（吉川弘文館、二〇一二年）
大藤修『日本人の姓・苗字・名前――人名に刻まれた歴史』（吉川弘文館、二〇一二年）

第十三章　戦国大名と温泉

戦国時代の温泉

日本では古来、湯治《とうじ》が盛んでした。日本の温泉は火山性のものが多く、その成分が病気や怪我に有効であることは広く知られていたようです。それは現在も同じで、多くの湯治客が観光を兼ねて温泉を訪れています。

戦国大名と温泉は、意外に関係が深いと言えます。第一に、今のような家庭用の風呂が普及していない戦国時代において、温泉は二十四時間利用できる貴重な存在でした。鎌倉時代中期頃、大友頼泰《おおともよりやす》は別府《べっぷ》温泉（大分県別府市）に温泉奉行を置き、元寇《げんこう》の役の戦傷者が保養に来たことがわかっています。

戦国時代は戦乱の絶えない時代でしたが、高度な医療技術は発達していませんでした。合戦における怪我などを治癒するには、温泉の成分が効いたのです。それは、現代人が病気や怪我を治すため、湯治に行くのと同じことなのです。

名将と温泉の逸話

名将と温泉の逸話は、非常に多く残っています。以下、それらを挙げておきましょう。

上杉謙信《うえすぎけんしん》と生地《いくじ》温泉（富山県黒部市）のエピソードは、よく知られています。あるとき謙信が越中（富山県）に進軍すると、急に脚気《かっけ》となり、生命の危機に陥りました。家臣たちが新治《にいはる》神社（黒部市）に平癒の祈願をすると、謙信の枕元に老人が現れ、「白い鳩が杖にとまったとき、その杖の下を掘るとお湯が湧き、そのお湯に浸かると病気が治る」とお告げをしたと言われています。謙信がその通りお湯に浸かると、病は治ったと伝わっており、温泉の効能を謳った逸話になっています。

島津義弘《しまづよしひろ》と吉田《よしだ》温泉（宮崎県えびの市）にも深い関わりがありました。天文二十三年（一五五四）、薩摩国（鹿児島県）と日向国（宮崎県）の境にある霧島山が突如として噴火し、昌明寺《しょうみょうじ》地区（宮崎県えびの市）にお湯が沸き出しました。これが吉田温泉の始まりです。最初は、鹿がお湯で傷を癒しており、「鹿の湯」と称されていました。お湯が万病に効くとの噂を聞いた島津義弘は、湯治用の施設を造営し、入浴するようになりました。さらに合戦で怪我をした兵卒らを入浴させるため、湯屋の増改築、管理規則の制定、湯守を置くなどし、湯権現社《ゆのごんげんしゃ》を建立したのです。

織田信長と下呂《げろ》温泉（岐阜県下呂市）との関わりは、『羽渕家家系図』という系譜に書かれています。天正六年（一五七八）春、当時、飛騨（岐阜県）をほぼ制圧下に置いた信長は、下呂温泉へ湯治に出かけたと言われています。戦いの連続だった信長にとっては安らぎの時間であり、温泉の逸話が少ない信長にとっては貴重な例と言えます。

下部《しもべ》温泉（山梨県身延町）は、武田信玄（晴信《はるのぶ》）の父信虎《のぶとら》の代から「隠し湯」として知られています。川中島の戦い後、信玄や配下の者は、温泉に浸かって疲労回復に努めました。子息の勝頼《かつより》は天正三年（一五七五）の長篠の戦い後、傷ついた兵卒らの傷を癒すため、真田《さなだ》氏に命じて伊香保《いかほ》温泉（群馬県渋川市）を整備させたと言われています。

戦国大名にとって温泉とは、合戦で怪我を負った兵卒らの傷を治すための施設という位置づけにあったと言えるかもしれません。以上、戦国大名と温泉との関わりを述べてきましたが、なかには確かな史料では確認できない例があるのも事実です。観光が盛んになる江戸時代に至って、温泉の効能を謳う必要がありました。そのため、根拠もなく戦国時代の名将が温泉を訪れたことにしたと考えられ、それゆえに名将の「隠し湯」の伝承が数多く残っていると推測されます。

北条氏綱と走湯

走湯《はしりゆ》（伊豆山温泉。静岡県熱海市）は、奈良時代に役小角《えんのおづぬ》が発見したと言われ、「日本三大古泉」の一つと称されています。鎌倉時代には、源頼朝《よりとも》の庇護を受けたと伝わっています。戦国時代になると、伊勢宗瑞《いせそうずい》（北条早雲《ほうじょうそううん》）がこの地を支配することになりました。

走湯は伊豆山《いずさん》神社とセットになっており、永正十七年（一五二〇）六月に北条氏綱《うじつな》が相模徳延郷《とくのぶ》（神奈川県平塚市）を寄進していることが確認できます（「集古文書」）。信仰の場として重視されており、以後も走湯は北条氏の保護を受けることになりました。

天文十年（一五四一）二月二十二日、北条氏綱は伊豆山神社に法度を与えました（「集古文書」）。そこには「走湯には自国他国の人は身分の貴賤を問わず、湯治をしてはならない」と定められています。

一見して、氏綱が温泉を独占しようとしたように見えますが、そうではありません。多くの人が湯治にやって来ると、神官たちが入浴できないという事情がありました。また、伊豆山神社の聖なる場としての価値が損なわれることも考えられます。こうして走湯は、北条氏の保護を受けて発展したのです。

前田利家と草津温泉

草津《くさつ》温泉（群馬県草津町）は、「日本三名泉」の一つとして知られ、古来より多くの人々が訪れた湯治場です。天正十五年（一五八七）には、摂関家の近衛龍山《このえりゅうざん》（前久《さきひさ》）や本願寺顕如《ほんがんじけんにょ》・教如《きょうにょ》父子なども湯治に訪れたほどです。加賀百万石の礎を築いた、前田利家《まえだとしいえ》もその一人として知られています。

慶長三年（一五九八）四月、利家は嫡男利長《としなが》に家督を譲り、引退を決意しました。同年五月、利家は上杉景勝《うえすぎかげかつ》に書状を送り、草津で湯治をするとの報告を行っています（「上杉家文書」）。実は、これには諸説があり、『前田家雑録』には同年三月下旬のこととしています。いずれにしても利家は体調が万全ではなく、それゆえの湯治だったようです。

『陳善録《ちんぜんろく》』などによると、利家が草津に向かう際、布団や酒肴などが準備されたとあります。実は、利家には隠居料として、加賀国内などに一万五千石ほどが給与されていました。利家ほどの大名ですので、警護の者を多数従え、万が一に備えたことは言うまでもないでしょう。しかし、湯治の効果はあまりなかったのか、翌慶長四年（一五九九）三月に利家は病歿しました。

伊予河野氏と道後温泉

道後《どうご》温泉（愛媛県松山市）は、「日本三古湯」の一つとして知られる名湯です。古くは『万葉集』にも登場し、古代以来の確かな歴史を持っています。道後温泉の近くにある宝厳寺《ほうごんじ》は、時宗《じしゅう》の開祖一遍《いっぺん》が誕生した寺院として知られており、かつて道後温泉には、一遍の手になる「南無阿弥陀仏」の六字名号が掲げられたと伝わっています。

十四世紀になると、伊予国の守護河野《こうの》氏が湯築《ゆづき》城を本拠として支配を進め、道後温泉にも支配の手が及びました。道後温泉の近くには、四国霊場第五十一番の札所の石出寺《いしてじ》という古刹《こさつ》があります。同寺には、永禄五年（一五六二）十二月二十一日に河野通直《みちなお》が発給した「石出寺制札」が所蔵されています（松山市指定有形文化財）。

その制札には、石出寺僧侶の入浴日を毎月五日、十日、二十日、二十五日、晦日に定め、それ以外の留湯《とめゆ》（僧侶だけが優先的に入浴できる日）を一切禁止する旨が記されています。もともと石出寺の僧侶は優先的に入浴できる権利を持っていましたが、やがて一般の者も混じって入浴するようになったので、改めてルールを確認したのでしょう。温泉には、大名の権力も介入したのです。

徳川家康と熱海温泉

熱海《あたみ》温泉（静岡県熱海市）は古代以来の歴史を持ち、「日本三大温泉」の一つに数えられる名湯として知られています。

永正元年（一五四〇）に武蔵立河原《たちかわのはら》の戦い（東京都立川市）で、今川氏親《うじちか》は伊勢宗瑞《いせそうずい》（北条早雲《ほうじょうそううん》）と出陣し、関東管領《かんとうかんれい》の上杉顕定《うえすぎあきさだ》に勝利しました。『宗長手記《そうちょうしゅき》』（連歌師宗長の紀行日記）によると、合戦を終えた氏親は同年十月に鎌倉へ帰陣し、その後、熱海温泉に湯治をしたと書かれています。氏親らは、戦いで疲れ切った体を癒そうとしたのでしょう。

慶長九年（一六〇四）には、上洛の途次にあった徳川家康が熱海を訪れ、湯治をしたと伝わっています（『伊達政宗記録事蹟考記』）。家康は連歌を楽しみ、伊達政宗《だてまさむね》の家来である猪苗代兼如《いなわしろけんにょ》が合点《がてん》（優れた作品に丸などをすること）を施したと記録に残っています。

その後、家康はよほど熱海の湯が気に入ったのか、熱海を幕府の直轄領とし、江戸城に温泉を運ばせるなどしました。以来、参勤交代などでも大名らが湯治を兼ねて宿泊し、熱海は大いに発展したのです。

最も栄えた有馬温泉

有馬《ありま》温泉（神戸市北区）は「日本三古泉」として知られ、その歴史も確かな史料により、古代まで遡ることができます。奈良時代には、僧侶の行基《ぎょうき》が温泉寺《おんせんじ》を開きました。有馬温泉は京都から近いこともあり、頻繁に天皇や公家も有馬で湯治を行いました。あの清少納言《せいしょうなごん》も、『枕草子』のなかで有馬温泉に触れているほどです。

有馬の湯は、京都に運搬されていました。康永二年（一三四四）、播磨国守護代の宇野頼季《うのよりすえ》は大部荘《おおべのしょう》（兵庫県小野市）に将軍家湯治料を賦課し、有馬の湯を同荘の者に京都まで運搬するよう命じました。将軍家では、運んだお湯を沸かし直し、有馬の湯を楽しんだのです。こうした類例は事欠かず、わざわざ有馬へ赴かなくても、湯を京都まで運ばせていました。

珍しいことに、京都から有馬までの路程がわかっています。

文亀二年（一五〇二）九月、前関白・太政大臣の近衛政家《このえまさいえ》が有馬温泉に向かいました。政家の日記『後法興院記《ごほうこういんき》』の記事から、その路程を確認しておきましょう。政家は九月二十四日の未明に京都を出発し、夕方には瀬川宿《せがわ》（大阪府箕面市）に到着しました。翌二十五日は早朝に出発したのか、朝八時頃には有馬温泉に到着しています。そして、西国街道を通って、途中から有馬街道に合流したのです。

帰りの路程は以下の通りです。十月十日、政家は午前六時頃に有馬温泉を出発しました。午後四時には瀬川宿に到着して休憩を取り、大田宿（大阪府茨木市）で宿泊しています。翌十一日に大田宿を発つと、山崎宿《やまざき》（京都府大山崎町）で休息を取り、午後四時頃には京都に到着しました。

これとは別のルートもありました。天正二十年（一五九二）三月七日、前左大臣の近衛信尹《のぶただ》は、宇治五ヶ庄（京都府宇治市）を出発し、伏見指月《ふしみしづき》（京都市伏見区）へと向かいました。翌八日、指月から舟に乗ると、淀川《よどがわ》を下って尼崎《あまがさき》（兵庫県尼崎市）に到着し、その日は尼崎の宿に泊まっています。九日は、早朝から馬を借りて、陸路で有馬温泉を目指しました。途中、小浜《こはま》（兵庫県宝塚市）で馬を交換し、午後には有馬温泉に到着しています。

有馬温泉は、京都を早朝に出発すれば翌日の夕方には着く距離でしたので、かなり近い湯治場だったのですが、公家などは途中で和歌を詠みながらのんびりと向かったのです。有馬では滝を眺めたり、連歌に興じたりするるなど、すっかり観光気分に浸っていたことが確認できます。室町時代以降、守護や戦国大名が京都を訪れる機会が多くなり、有馬の名声は多くの記録に残ったのです。

有馬温泉と戦国武将、公家、僧侶、文化人

京都から行きやすかった有馬温泉には、身分を問わず多くの人々が湯治に訪れました。そのなかから、著名な人物を取り上げることにしましょう。

永正十四年（一五一七）閏十月、十代将軍足利義稙《あしかがよしたね》は中風《ちゅうふう》に悩まされていたため、有馬へ湯治に向いました（『守光公記』）。中風とは脳の疾患に伴う運動障害や手足の麻痺のことで、義稙も手が不自由だったと伝わっています。しかし、義稙を支えていた大内義興《おおうちよしおき》（周防など七ヵ国の守護を務めた大名）は「世上物騒」という事情から、朝廷を介して義稙の有馬下向を延引させようとしました。

こうした動きにもかかわらず、義稙は有馬への下向を強行します。義稙の旅は御供衆五人のほか、二十余名のお供を引き連れての旅でした。義稙は有馬で大いに楽しみ、中風は改善したと伝わっています（『二水記』）。有馬のお湯の効能は、十分に認められたようで、以降も義稙は有馬を訪れることになるのです。

黒田孝高《くろだよしたか》（官兵衛《かんべえ》・如水《じょすい》）も、有馬温泉の恩恵を受けた一人です。天正六年（一五七八）十月、孝高

は織田信長に反旗を翻した荒木村重《あらきむらしげ》を翻意させるため、単身で有岡城《ありおか》（兵庫県伊丹市）に乗り込みました。しかし、孝高は捕らえられ、土牢のなかで一年余の幽閉生活を余儀なくされました。開城後、解放された孝高は、足が曲がって不自由になったと伝わっています。

『黒田家譜』には、幽閉生活で体が著しく弱った孝高は、そのまま有馬温泉で湯治に専念したと書かれています。するとお湯の効能によって、孝高は見事に回復したというエピソードが伝わっています。有馬温泉では、池坊左橘右衛門《いけのぼうさきつえもん》の家に寄寓し、随分と世話になったようですが、そもそも孝高が土牢で幽閉されたという逸話を疑問視する向きもあります。孝高は、その後も何度か有馬を湯治で訪れたことが確認できます（「神谷文書」）。

このほか諸大名の妻たちも、たびたび湯治で有馬を利用しました。天正十四年（一五八六）一月に蒲生氏郷《がもううじさと》の妻が有馬を訪れた際、豊臣秀吉は湯治の費用として、八十石を湯山代官を務めていた善福寺《ぜんぷくじ》に与えました。翌十五年（一五八七）二月、織田信雄《のぶかつ》の妻が有馬を訪れた際にも、同様の措置を行っています（「浅野文書」）。湯治には、さまざまな経費がかかったのです。

このほか連歌師の宗長《そうちょう》や宗祇《そうぎ》は、有馬を訪れて湯を楽しんだことがうかがえます。彼らは現地で連歌に興じ、優れた作品を残しました。このほか、本願寺顕如《ほんがんじけんにょ》は夫妻で何度も有馬に下向し、関白・太政大臣を務めた近衛政家《このえまさいえ》らの公家も有馬の湯を愛しました。娯楽の少ない戦国時代にあって、有馬へ出かけることは、湯治や旅と娯楽をも兼ね備えた楽しみの一つだったのでしょう。

以上の例は、ごくわずかなものに過ぎません。癒しの空間としての有馬温泉が、戦国の人々を魅了したのは間違いありません。

豊臣秀吉と有馬温泉

天正十年（一五八二）六月、織田信長が本能寺の変で横死すると、代わって台頭したのが羽柴（豊臣）秀吉でした。信長の後継者として権力を掌中に収めた秀吉は、有馬温泉（地名としては湯山《ゆやま》）を愛したことで知られています。

天正十一年（一五八三）九月、秀吉は本願寺顕如《ほんがんじけんにょ》の有馬湯治に際して、湯山惣中へ馳走を命じています（「余田文書」）。顕如夫妻は有馬で湯治を行い、そのお礼として秀吉に贈り物をしました。では、こうした秀吉の顕如夫妻への接待は、単なる遊興の一部なのでしょうか。

長らく大坂本願寺と織田信長が死闘を繰り広げており、秀吉も本願寺の力を認識していました。そして、秀吉の居城である大坂城が大坂本願寺跡に築かれたことは、両者の関係を示すうえで重要な意味を持っています。したがって、秀吉による顕如の有馬湯治への援助は、互いの友好関係を築く政治的な意味を持ったことは確かなことと考えられます。

天正十四年（一五八六）以降、秀吉は配下の者（関係者含む）が湯治を行う際には、料米を湯山衆に給し、費用の一部を弁じています。つまり、滞在にかかる費用を賄っていたのです。天正十三年（一五八五）二月、秀吉の正室おねは、薬師堂建立のために、公用として千五百貫（約一億五千万円）もの寄進を行い、加えて毎年の地料として百石を寄進することも約束しています（「善福寺文書」）。その二年後には、

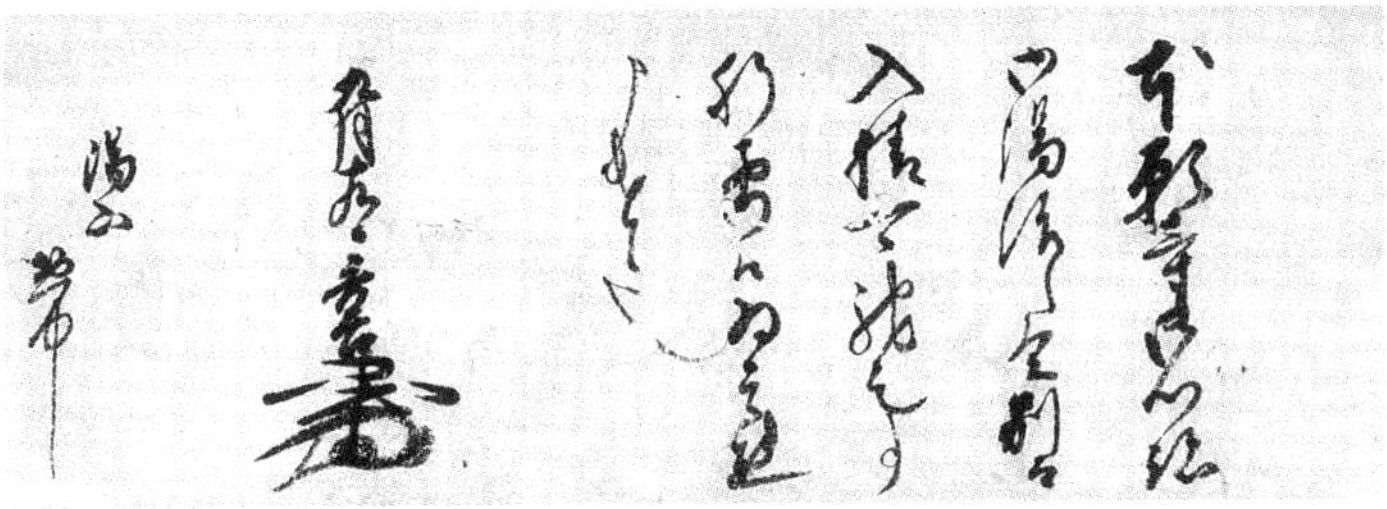

天正11年（1583）９月19日付け羽柴（豊臣）秀吉書状案（余田家所蔵）

薬師堂に新しい仏も作りました。このように、秀吉は有馬の薬師堂建立や新仏の作製などによって、有馬支配への強い意欲を示したと考えられます。

湯山が秀吉の蔵入地《くらいりち》になったことは、よく知られています。蔵入地とは、豊臣政権の直轄領であり、そこからの年貢によって政権の財政が賄われていました。摂津国には、約十万石程度の蔵入地があったと推測されています。湯山の地もその一つでした。そして、蔵入地の収入からは、有馬温泉の運営費用が賄われており、莫大な額になったと推測されます。

蔵入地からは湯山惣中に百石が与えられ、そのほかにも秀吉の湯治の費用が賄われていました。特に、秀吉専用の「御殿」が造営されたことは、注目に値すべきところでしょう。従来、湯治に際しては、現地の宿を借りていましたが、専用の宿泊施設が造営されたのです。

御殿が造られた理由は、秀吉の体調不良によります。のちに秀吉は腕や足の痛みを訴えるようになりますが、この頃から前兆があったように推測されます。つまり秀吉は単なる湯治にとどまらず、本格的に体調を整えるため、有馬温泉を積極的に利用したのです。その一部には、行楽としての意味合いもありました。

文禄三年（一五九四）十二月、秀吉はさらに積極的に湯山の開発を進めました（「善福寺文書」など）。具体的に言えば、六十五軒の家を壊し、新たに御座所・御屋敷を造営したのです。そのため六十五軒の家の者には、蔵入地の収入により、弁済として銀十一枚と米百石が与えられました。壊されたのは家だけでなく寺院も含まれており、その費用として十石が与えられたことを確認できます。こうして秀吉専用の施設が整備されました。

以上のように有馬温泉は、秀吉の手によって、大々的に開発が進められました。この大掛かりな開発は、現地にいかなる影響を与えたのでしょうか。有馬温泉の開発は、蔵入地の収入によって賄われましたが、多くの夫役《ぶやく》は現地の人々に転嫁されたと考えられます。この点を考慮すると、有馬の人々にとっての有馬の開発とは、大きな負担だったと推測されるのです。

慶長の大地震と有馬温泉

このように、秀吉は有馬温泉の発展に力を尽くしましたが、水を差すような出来事が勃発しました。いわゆる「慶長の大地震」です。文禄五年（一五九六）閏七月十二日夜、山城・摂津・和泉国を中心とする地域が大地震に見舞われ、甚大な被害がもたらされました。その被害とは、伏見城《ふしみ》（京都市伏見区）の天守が倒壊し、東寺《とうじ》（京都市南区）の塔が崩れるなど、目を覆わんばかりのものでした。地震に伴って、多くの死者が出たことも記録されています。

もちろん有馬温泉も例外ではありませんでした。地震によって秀吉の造営した御殿が大破し、多くの屋敷も同様に崩壊しました。さらに、山や川の形が大きく変形し、有馬温泉の一湯・二湯が共に熱湯になったと伝わっています。何よりも旅人の出入りが不自由になり、往来する人々が絶えたことが大きな問題でした。結果、地震の傷跡はあまりにも大きく、その復興には約一年を要したと言われています。

有馬温泉の復興が開始されたのは、慶長二年（一五九七）六月二十七日のことです。発起衆として、有馬の人々が積極的に関わりました。工事の期間、地獄谷《じごくだに》（射場山《いばやま》と愛宕山《あたごやま》との間の谷）を発見したとの記録を確認できます（「有馬縁起」）。地獄谷では炭酸ガスが異常に発生し、人や動物が近づけなかったと言われています。地獄谷の掘削では、村人らとトラブルになったとあり、必ずしも円滑に作業が続かなかったようです。

翌慶長三年（一五九八）、秀吉は無事に有馬温泉の復興を果たしました。しかし、その費用は莫大なもので、蔵米によって賄うことができなかったほどです。蔵米の納入が三百六十石九斗三升に対して、費用は四百石二升にのぼりました。不足は三十八石一斗二升ですが、これらの支払いは、無事に済ませたようです。このほか銀子四十八枚が費用に充てられたこともわかっています。

このように秀吉は有馬温泉の振興と再興にかなりの精力を傾けましたが、慶長三年八月に病歿しました。ところが、秀吉が亡くなったからといって、決して有馬温泉の発展がストップしたわけではありません。以後も現在に至るまで、有馬温泉は発展を続けていくのです。

〔主要参考文献〕

風早恂編『有馬温泉史料　上巻』（名著出版、一九八一年）
日本温泉文化研究会『温泉をよむ』（講談社現代新書、二〇一一年）

おわりに

冒頭で少し触れましたように、戦国時代は政治史を中心として研究されています。とりわけ近年では、史料集が充実した関係もありまして、合戦の実態や経過などが詳しくわかり、二次史料に基づく俗説などは排除されつつあります。

ところが、戦国時代は戦いばかりが研究テーマではありません。文化史、宗教史、生活史、商業史など、分野は実に多彩です。本書はそうしたテーマのほんの一部を取り上げたに過ぎませんが、より広く戦国時代に関心をお持ちいただけたらと思って執筆しました。

各章末には、主要参考文献を掲出しています。基準としては、入手し難い雑誌論文や論文集は避け、書店や図書館で入手しやすいもの（新しいもの）を中心に数点を選びました。ご関心を持ったテーマについては、さらに知識を高めるべく、お読みになっていただけると幸いです。もちろん、これ以外にも重要な研究が多々あることを申し添えておきます。

戦国時代については、未だに多くの課題があります。たとえば、「戦国大名と温泉」のテーマについては、主要参考文献が一つだけになっています。関係史料が乏しいことや、政治史が主流となっているなかで、取り残された分野になると思います。個人的に関心がありますので、「戦国大名と温泉」をテーマにして、一書を成すことができたらと思います。

なお、本書は一般書であることから、本文では読みやすさを重視して、学術論文のように逐一、史料や研究文献を注記しているわけではありません。執筆に際しては多くの論文や著書に拠ったことにつきまして、厚く感謝の意を表したいと思います。

最後に、本書の編集に関しましては、東京堂出版編集部の小代渉氏のお世話になりました。小代氏には原稿を丁寧に読んでいただき、種々貴重なアドバイスをいただきました。ここに厚くお礼を申し上げる次第です。

二〇一八年七月

渡邊大門

【著者略歴】

渡邊大門（わたなべ だいもん）

1967年生まれ。1990年、関西学院大学文学部卒業。2008年、佛教大学大学院文学研究科博士後期課程修了。博士（文学）。

現在、株式会社歴史と文化の研究所代表取締役。

著書は『性と愛の戦国史』（光文社・知恵の森文庫）、『流罪の日本史』（ちくま新書）、『常識がくつがえる！　戦国武将の「闇」100のミステリー』（ＰＨＰ研究所）、『進化する戦国史』（洋泉社）、『宮本武蔵 謎多き生涯を解く』（平凡社新書）、『謎とき東北の関ヶ原 上杉景勝と伊達政宗』（光文社新書）、『人身売買・奴隷・拉致の日本史』（柏書房）など多数。

戦国《せんごく》時代《じだい》の表《おもて》と裏《うら》

2018年７月30日　初版印刷
2018年８月10日　初版発行

著　者　渡邊大門
発行者　金田　功
発行所　株式会社 東京堂出版
〒101-0051　東京都千代田区神田神保町1-17
電話　03-3233-3741
http://www.tokyodoshuppan.com/

装　丁　鈴木正道（Suzuki Design）
組版・印刷・製本　富士リプロ株式会社

ISBN978-4-490-20990-7 C1021